高职院校科研育人理论与实践模式研究

伍凤　姚杰　著

吉林摄影出版社
·长春·

图书在版编目（CIP）数据

高职院校科研育人理论与实践模式研究 / 伍凤，姚杰著. —— 长春：吉林摄影出版社，2022.8

ISBN 978-7-5498-5476-9

Ⅰ.①高… Ⅱ.①伍… ②姚… Ⅲ.①高等职业教育－科学研究－人才培养－研究－中国 Ⅳ.①G718.5

中国版本图书馆 CIP 数据核字（2022）第 164932 号

高职院校科研育人理论与实践模式研究
GAOZHI YUANXIAO KEYAN YUREN LILUN YU SHIJIAN MOSHI YANJIU

著　　者：	伍　凤　姚　杰
出 版 人：	车　强
责任编辑：	罗　晗
封面设计：	刘　华
开　　本：	787mm×1092mm　1/16
字　　数：	260 千字
印　　张：	11
版　　次：	2022 年 8 月第 1 版
印　　次：	2024 年 1 月第 2 次印刷
出　　版：	吉林摄影出版社
发　　行：	吉林摄影出版社
地　　址：	长春市净月高新技术产业开发区福祉大路 5788 号
	邮编：130118
网　　址：	www.jlsycbs.net
电　　话：	总编办 0431—81629821　发行科 0431—81629829
印　　刷：	北京市兴怀印刷厂

ISBN 978-7-5498-5476-9　　　　　　定　价：48.00 元

版权所有　侵权必究

前言

自科研职能被正式引入大学，世界著名大学普遍把科学研究和知识创新作为工作的中心。为了推动科研建设，高职院校纷纷引进科研技术人才、搭建科技交流平台、创建科研创新团队、出台科研激励政策并给予科研项目经费。此外，由于科研是系统式的创造性工作，因此高职院校科研工作承担着绝大多数的研究项目，在科技论文发文量、获项目经费资助和获科技奖项上已占据半壁江山，正在世界范围内被给予更多关注与厚望。眼下，研究科研育人已是当务之急。首先，健全并丰富高等教育职能理论，促进高等教育学科发展，这有助于进一步厘清高职科学研究中存在的诸多争论和问题。其次，指导并促进科研育人，协调科研工作中知识探索和人才培养的关系，提升人才培养质量，推动科研育人进程。

科研育人其实有着一定的历史渊源。大学的起源为科研的孕育提供了母体，而科研育人在中世纪之前只是教师个体化的实践，未形成规模和体系，科研并非真正意义上的科研。随着科研的社会地位与日俱增，高职科研的受重视程度也在不断增强。本书从科研育人理论介绍入手，针对高等职业院校科研育人的源起与发展、高等职业院校科研育人的机理与任务、高职院校科教融合育人体系构建进行了分析研究；另外对高职院校科研育人的科研创新团队建设、高职院校科研育人的科研平台构建做了一定的介绍；还对高职院校科研育人实践模式探索做了研究。

在撰写本书时，作者得到一些学者的支持，同时也参考借鉴了一些国内外学者的有关理论、材料等，在这里对此一并表示感谢。由于本人水平有限，书中难免会有不妥之处，还望读者不吝指正，以便本人后续修改。

作　者

2021 年 12 月

目录

第一章 绪论 ······ 1
 第一节 高等职业教育人才培养目标与特征 ······ 1
 第二节 科研育人的内涵与理论基础 ······ 18
 第三节 科研育人国内外文献综述 ······ 30

第二章 高等职业学校科研育人的机理与任务 ······ 33
 第一节 高等职业学校科研育人的必然性 ······ 33
 第二节 高等职业学校科研育人的任务 ······ 35
 第三节 高等职业学校科研育人的机理 ······ 36

第三章 高职院校科教融合育人体系构建 ······ 41
 第一节 高职院校科研育人体系的构建思路 ······ 41
 第二节 高职院校科研育人保障体系的构建 ······ 45
 第三节 高职院校科研育人质量提升体系建设 ······ 49
 第四节 高职院校建构科研育人体系的动力机制 ······ 51

第四章 高职院校科研育人的科研创新团队建设 ······ 57
 第一节 高职院校科研创新团队建设理论基础 ······ 57
 第二节 高职院校科研创新团队建设现状 ······ 67
 第三节 高职院校科研创新团队建设分析 ······ 69
 第四节 高职院校科研创新团队建设优化策略 ······ 75
 第五节 学科交叉型高职院校科研创新团队管理 ······ 94

第五章 高职院校科研育人的科研平台构建 ······ 109
 第一节 高职院校科研平台概述 ······ 109
 第二节 高职院校科研育人的科研平台建设对策解决的方案 ······ 118
 第三节 高职院校科研育人的科研平台构建策略 ······ 121

第六章 高职院校科研育人实践模式探索 … 145
第一节 科教融合育人模式实践研究 … 145
第二节 工匠精神与科研协同育人模式探究 … 147
第三节 "七位一体"科研育人模式的构建与实践研究 … 151
第四节 "1+3"科研育人模式实践探索 … 155
第五节 科研团队—小组二元育人模式实践探索 … 159
第六节 "1+6式"科研育人模式建构与实践研究 … 161

参考文献 … 165

第一章 绪 论

第一节 高等职业教育人才培养目标与特征

一、人才培养的目标取向

"教,上所施,下所效也","育,养子使作善也"[①]。所谓教育,乃是把本是作为自然人而降生的儿童,培育成为社会一员的工作,教育是有意识的以影响人的身心发展为直接目标的社会活动。教育就是把人类时代积累起来的文化成果转化为受教育者个体的智慧、才能与品德,使他们的身心得到发展,成为社会发展所要求的人。对教育的解说尽管是见仁见智,但都是围绕一个核心问题展开的,那就是人的培养。通过培养人,造就社会实践和社会生活的主体,解决人的发展水平与社会发展需求之间的矛盾,是教育的根本主题和永恒课题,在各个不同的发展阶段,由于人们的价值取向侧重点不同,教育的人才培养的目标取向也不同。明确人才培养目标的重大意义,是我们研究作为新生事物的高职教育的人才培养目标的基础。

(一)人才培养目标的内涵

我们总会从各种各样的教育专著、期刊、杂志上看到有关"教育目的""人才培养目标"的论述,乍一看其探讨的内容,似乎很难看到二者的区别。事实上,"目的"和"目标"是相关而不相同的两个概念,找出二者的联系,澄清二者的区别,有利于我们更精确地把握人才培养目标的内涵。"目的:所追求的目标;想达到的境地","目标:射击,攻击或寻求的对象。想要达到的境界或目的。"这是《汉语大辞典》对二词所作的解释。《现代汉语辞典》释为:"目的:想要达到的地点或境地;想要达到的结果","目标:射击,攻击或寻求的对象;想要达到的境地或标准"。在英语中,"目的"一般称为"aim","目标"则称为"goal"或"object"。从种种释义中我们不难看出,"目标"与"目的"的根本区别在于,目的是想达到的结果,目标是想达到的标准,目的是总方向,目标是具体对象、要求。

教育目的是指一定社会培养人的总要求,是根据不同社会的政治、经济、文化、科

---

① (汉)许慎. 说文解字[M]. 北京:中华书局,2020.

学、技术发展的要求和受教育者身心发展状况决定的，它反映了社会对受教育者的一定要求。从教育的系统及其组成结构看，教育目的系统包括教育理想、教育标的、培养目标、课程目标四个层次，人才培养目标在教育目的系统中位居第三个层次，是指各级各类学校对受教育者身心提出的具体标准和要求。人才培养目标服务并服从于教育目的，不同社会不同时代不同类型不同层次不同专业的培养目标也不相同。

高等学校人才培养目标指高等学校在培养学生的素质（德、智、体、美、劳等诸方面）和规格（培养过程完成后，学生所能从事的工作类型与层次）方面的目标。主要取决于国家、社会的需要和发展状况及学校、专业的性质与条件。人才培养目标规定了专门人才的基本条件，反映了专门人才的基本规格，表明了社会对专门人才的基本要求，体现了具体学校具体专业的基本特点，指出了专门人才未来工作的基本去向、职业范围和具体工作。因此，人才培养目标是由培养方向和素质规格两个部分组成的。培养方向是指受教育者将来应在社会中扮演什么角色，而培养规格是指受教育者的科学文化、专业素质、思想品德、身心素质所应达到的规格水平和程度。

（二）人才培养目标的重大作用

教育之所以重要，归根到底还在于人的重要性。培养人是教育的立足点，是教育价值的根本所在，是教育的本体功能。人才培养目标作为各级各类学校对其培养的人的具体标准和要求，无论对整个教育还是对具体学校具体专业的发展都有重大意义，主要体现在以下三个方面。

第一，导向作用。导向，顾名思义，引导方向。目标具有未来的指向性，是人们对自己工作的一种设想或期望，引导着工作的开展与实施。人才培养目标的导向作用是指人才培养目标在教育工作中表现出来的方向性作用。首先，引导教育内部结构调整的趋向。以我国高等教育发展为例，近些年来，社会对人才层次和类型多样的高要求导致很多大专、中专学校原有的人才培养目标越来越不适应社会的需求，人才培养目标的调整使大批这样的学校被裁减、合并或转向，其直接结果就是大批高职院校的兴起。目前虽不能与发展根基深厚的普通高校相媲美，但不可否认要与其平分秋色的发展态势。其次，引导着学校的发展方向。在教育国际化环境中，特色是学校生存发展之本。人才培养目标特色是学校特色的本质反映，因而也表明了学校的发展方向。随着社会产业结构调整的加快，人才需求的类型结构也有大幅度的改变。

第二，稳定作用。"在稳定中求发展"，这是长期以来我国的基本发展思路，教育发展同样如此，人才的培养是一项系统工程，学校各项工作既不能朝令夕改，也不能"东一榔头，西一棒槌"，盲目地追求所谓的高效率，要统筹规划，协调统一，通力合作，稳步前进。当前，随着国内外教育市场的逐步开拓，许多国外教育理念和教育方式方法的涌入，使我国许多学校教育开始探索新的发展之路。"无根不稳"，我们不否认教育发展应与时俱进，及时吸收先进的教育理念、学习先进的教育教学方法的必要性，但这些都应是围绕一个根本问题——人才培养目标进行的。人才培养目标是学校教育教学工作的出发点，培养目标一经确定，学校各项工作就要围绕这一目标而展开，包括制定相应的培养方案、精心设计课程结构、精心选择教学内容、精心安排教学环节。因此，它对学校教育教学工作稳打稳扎、健康稳定地发展具有重要作用。

第三，激励作用。心理学认为，人的一切行为都是动机性行为，打算达到一定的目的和目标。美国行为科学家赫兹伯格（Frederick Herzberg）将影响人的行为因素分为两类：一类是与成就、赏识、工作本身、责任、进步等有关的因素，称为激励因素，这类因素能使人产生满意的、积极的效果；另一类是与管理、监督、工资、同事关系、工作条件等有关的因素，称为保健因素，这类因素不能直接起到激励作用，但能防止人们产生不满情绪。人才培养目标是学校各项工作的落脚点，学校各项工作的绩效评价从根本上说在于是否达到人才培养目标的要求，而绩效评价的结果往往与激励因素紧密相关。因此，人才培养目标能对学校各项工作的实施者产生巨大的鞭策力和驱动力，激励他们为人才培养目标要求的实现而努力奋斗。

（三）当代高职人才培养目标的国际标准

英国教育家阿比什（Abish）有句名言：任何类型的大学都是环境和遗传的产物。社会的人才类型是随着社会的发展而产生和发展的，社会的教育类型也随着人才类型的不断发展而发展。高等职业教育是工业化发展到一定阶段的产物，从20世纪50年代起，世界发达国家才相继建立和发展了这一职业教育的新层次。以中国为代表的发展中国家近些年也有迅速地发展，这是当今社会对高职人才需求的必然结果。那么，当前高职院校培养的这类人才到底有怎样的特点，国际上对这类人才有怎样的共同要求，这是我们的研究需要首先探讨的问题。

1. 高职的双重属性

职业教育的属性是指职业教育的特性、特征。职业教育的本质属性是指它必然具有并能与其他各类教育区别开来的属性。非本质属性则指不必然具有且不能与其他各类教育区别开来的属性。同样，高等职业教育的本质属性是指它必然具有，并与其他各类教育区别开来的属性。把握高职的本质属性是我们研究高职人才培养目标的前提和基础。

高等职业教育作为一种新事物，不同的国家还存在着某些方面的差异，最突出的表现是在其名称的表述上。在国外通常称为"高等专业技术教育"，用英文表示为technical education或professional education。我国一般称"高等职业教育"或"高等职业技术教育"，有些学者提出，应采用国际习惯使用的"高等专业技术教育"来表述，还有的认为应称为"高等技术与职业教育"。如，还有学者认为应称职业高等教育。目前，高职具有双重属性已得到国内外教育理论界和实践界普遍认同。

(1) 层次属性：高等性

如果教育按层次划分，大体可分为初等教育、中等教育和高等教育。那么，怎样的教育才能称为高等教育，同时具有高等性。最后的结论是只有建立在中学知识基础之上，除了少数天才之外无法在早期教育阶段获得时才是"高等"的。有专家把高等教育解释为学者、科学家和其专业是以继续研究为基础的专业人员的教育。并且认为学习这种课程必须有六种品质：创造力、智力、好奇心、抱负、勤奋和坚韧。

高等职业教育是社会经济、科技发展的产物，同时又是社会对高级人才需求多样化发展的要求，是高等教育大众化的必然结果。随着高职功能的越来越明显，它的高等性毋庸置疑。当前大部分发达国家，如德国、美国、英国等都把高职作为高等教育的重要组成部分，高等职业学校是实施高等教育的主要机构。

(2) 类型属性：职业性

高等职业教育与普通高等教育是同一层次的教育，但两者类型不同。联合国教科文组织称当代高等教育的发展趋势为"两元现象"，指在原有的高等教育中分化出了一种新的类型，这种类型就是指的高等职业教育。它与普通高等教育相比，其突出的特点就是具有明显的职业性。

高等职业教育是高层次的职业教育。职业教育无论是就业前的准备教育还是就业后的在职教育，培养目标都十分明确，就是培养能够掌握从事某种社会必备的文化科学知识、专业理论知识和技能的应用型人才。对于就业前的准备教育而言，学生入学后便确定了职业方向，实行定向培养，毕业后对口就业，使学校中的所学与未来的职业方向直接挂钩，目的明确，职业针对性强，易于调动学生的学习积极性和主动性。对于在职教育而言，主要是让学生在原有知识、技能的基础上进修提高，以适应知识、技术更新的需要，同时，学习新兴的专业知识和技能，以适应改变职业、转换职业的需要。职业教育为特定的职业培养专业人才，按职业对从业者的素质要求培养人才，这就是它的职业性。

2. 高职的层次目标

高职的高等性决定了高职人才培养目标层次的高级性。联合国教科文组织指出高职的人才培养目标是"承担具有高度技术性和负责性工作"的技术人员或经营管理人员。高等职业教育的培养目标是高级的"实现"能力，这些人善于把设计和方案"物化"，把思想"转化"为产品、商品和财富。在这些人才培养目标的表述中，都突出强调了人才层次的"高级性"，"高级"集中体现在"素质高"，具体表现在以下几个方面。

(1) 知识结构的复合性

高职人才具有符合现代化社会要求的知识结构。一是具有适应职业岗位所必需的宽广的基础性知识，主要指基本的文化知识，如语文、数学、外语、计算机等知识。这类知识是学生终身学习的基础，是学生就业、转业、创业的基本知识条件，能使学生在选择职业时不致受到本人所受教育的限制，甚至在一生中可以从一个活动领域转向另一个活动领域。二是具有较深厚的专业技术性知识，侧重岗位工作所需的最新科技知识。例如，计算机、三通信和电子专业的学生除了岗位技术知识外，还应注意多媒体、网络技术、计算机模糊控制技术、人工智能技术、卫星通信技术、移动通信技术等现代新兴技术的介绍和掌握。三是具有较多的相关专业知识。指相关行业所需要的市场营运知识、组织管理知识、公关协作知识和法律法规知识，现如今，熟悉 WTO 的相关协定就是高职学生的必需知识。

（2）能力结构的综合性

知识是能力的基础，无知必然无能。但是，知识与能力不同，知识是指人们所掌握的人类改造自然和改造社会的历史经验，而能力是一种个性心理特征，是顺利实现某种活动的心理条件。人们要完成某种活动，往往不是依靠一种能力，而是依靠多种能力的结合，这些能力互相联系，就保证了某种活动的顺利进行。高职人才具备三类高度综合的能力。

第一，专业能力。指某一职业活动领域内的技术能力，是从业者胜任本职工作，赖以生存的核心本领。高职人才除了具备一般的专业能力外，还必须具有不同于中职人才的高级专业能力。如数控技术应用专业人才就必须具有诊断及维修数控机床故障的能力、操作数控机床和调试数控机床常用参数的能力等一般专业能力，同时还必须有制定数控加工工艺、编制与调试数控程序的能力等高级专业能力。

第二，方法能力。恩格斯（Engels）说过：体系都是暂时的东西，但包含在体系中的真正有价值的方法却可以长久地启人心智，发人深思。方法能力是指从业者在职业活动中不断获取新的技能与知识、掌握新方法的能力，是人才素质不断提升的基础。随着社会发展步伐的加快，新工艺新技术的不断涌现，终结性职业教育转化为终身性职业教育，各国对高职人才方法能力的要求越来越高。

第三，社会能力。"学会认知、学会做事、学会共同生活、学会生存"是 21 世纪教育的四大支柱，也是社会发展对社会成员的素质要求。社会能力是指从业者在职业活动中，特别是在一个开放的社会生产中必须具备的基本素质，包括语言能力、合作能力、交流能力、自我推销的能力等。

高职人才强调这三类能力的有机结合，形成综合职业能力，国外称为"关键能力"。德国重视在高等职业教育中实施综合能力教育，明文规定学生要具备"关键能力"，他们提出以下七个方面的具体能力：一是对技术的理解力、掌握能力；二是决策能力；三是独立解决问题的能力；四是质量意识；五是合作能力；六是环境保护意识；七是社会责任感。德国自明确提出培养"关键能力"这一要求以来，德国企业界和职业技术学校纷纷响应。

(3) 人格素质的全面性

全面的人格素质是指具有远大的理想、高尚的道德情操、广泛的兴趣、积极地情感、坚强的意志和独立的性格等。这是影响人的发展的非智力因素，是高级人才的必备素质。

人格素质的培养已引起教育界的关注。要培养高素质的毕业生与负责任的公民，即要培养高度负责任的高层次人才。德国高职很重视学生人格素质的培养，强调使青年在接受职业技术教育的过程中，除了掌握普通职业所需要的知识和技能外，还更多地培养了民族观念和民族情感。大学不仅承担对学生的专业教育，同时必须培养学生的智慧、道德和运用方面的能力。

3. 高职的类型目标

高职的职业性决定了其人才培养目标的技术性。英国高职的培养目标是技术工程师（Technician Engineer），主要职责是将特许工程师（Chartered Engineer）的意图转化为实际工作。法国高职培养的是高级技术员，德国则主要培养擅长解决现场技术问题的"桥梁型"工程师和善于经营管理的"运筹型"经济师。这些人才我们将其统称为技术型人才。不同类型的高等院校培养不同类型的高级人才：普通高等院校培养学术型人才和工程型人才；高等职业院校培养技术型人才。学术型人才要求理论深厚，有较好的学术修养和较强的研究能力，特别是在某一专业方向上有较高的造诣。工程型人才要有较强的应用知识、解决实际工程问题的能力，更强调工程实际经验的积累。与工程型人才比，技术型人才有两个鲜明的特征。其一，综合运用各种知识，解决生产第一线和工作现场直接问题的能力更强些，特别是具备处理突发性问题的应变能力，具有一定的操作技能（主要是高级技术设备的操作）。其二，生产第一线或工作现场的劳动常常是协调同步的群体活动。因此，人际交往能力和组织协调能力是技术型人才极为重要的素质。能力人才就是国际教育分类标准中的技术型人才，这种提法并非改变高职人才培养目标，而是强调培养技能，以解决当前高级技术工人严重不足的问题，适应经济发展的迫切需要。

二、我国高职人才培养目标的定位

(一) 高职学院人才素质要求

1. 高职教育人才培养模式的特征

高等职业教育是高等教育的重要组成部分，要大力发展高等职业教育，培养一大批具有必要的理论知识和较强的实践能力，生产、建设、管理、服务第一线和农村急需的专门人才。从近年来我国高等职业教育的实践来看，高等职业教育发展的效果不尽如人意。一方面，随着社会经济及科技的发展，国家建设需要大量技术应用型人才，另一方面，高职毕业生的工作能力及就业状况差，用人单位对人才的需求（消费）偏高，尚未趋于理性需求。但其根本的原因还是在于我们高职教育本身，我们的高职教育没有突出适应社会和市场的需要，教育者在教育教学过程中不注重职业技能、素质和能力的培养。教育部高教司钟秉林司长谈到高职高专教育人才培养模式的基本特征时，将之归纳为以下六条：

第一，以培养适应生产、建设、管理、服务第一线需要的高等技术应用型人才为根本任务；

第二，以社会需求为目标、技术应用能力的培养为主线设计教学体系和培养方案；

第三，以"应用"为主旨和特征构建课程和教学内容体系，基础理论教学以应用为目的，以必需够用为度，专业课加强针对性和实用性；

第四，实践教学的主要目的是培养学生的技术应用能力，在教学计划中占有较大比例；

第五，"双师型"师资队伍的建设是高职教育成功的关键；

第六，产学结合、校企合作是培养技术应用性人才的基本途径。

这对我们研究高职教育的人才培养目标有着很好的指导意义。我们应当认识到，高职教育培养目标的较为准确的界定应该是高级技术应用型人才。技术应用型人才指掌握和应用技术手段为企业或其他社会组织实现利益的人才，他们处于生产、管理、服务的第一线，在人才链中，他们的上游是工程设计型人才，他们将工程设计型人才的劳动成果如设计、规划、决策等通过自己的劳动转化为物质形态或产生具体作用。他们的下游是技能操作型人才，在他们实现自身价值的过程中，往往必须与技能操作型人才密切合作并指导后者的工作。

随着政府就业准入制度和职业资格证书制度的大力推广，我国正在从学历社会向资格社会转型，随着生产环节技术含量的提高，拥有各种资格证书的技术应用型人才已开始成为各地人才市场上招聘的主流，而且市场缺口很大。随着新型工业化（即以信息化带动工业化）的深入，高素质的技术人员的需求缺口会越来越大，越来越多的企业感受到：普通员工和研究人员好找，最缺乏的就是高级技术人员。

高职教育的培养目标应当具体落实在其专业上。教育的培养目标是指学生经过一定的教育与培养过程最终达到的状态或标准。培养目标有层次、类别、范围的限定。高职教育的培养目标应区别于普通高等教育的培养目标，应充分体现高职教育培养人才的特点，它必然随着科学技术的发展产生相应的变化。高职培养目标既是分析社会需求的归结，又是制定教学计划的开端，所以它是社会需求与教学实践的结合点。高职院校的专业设置应贴近社会需要。如果一些专业不为社会所需，则应停办或调整，应增开学校有能力开设同时又为社会所急需的新专业，各校还可根据所在地经济建设需要或行业需要及学校本身状态，开办一些针对性专业，以发挥学校本身所长，办出各校自己的特色。

实践证明，我们既需要一大批从事科学研究、工程设计的人才，也需要一大批在生产一线从事制造、施工等技术应用工作的专门人才。否则，即使有一流的产品设计、最好的研究成果，也难制造出一流的产品。高等职业教育目标培养是与我国社会主义现代化建设要求相适应的，是掌握本专业必备的基础理论和专业知识，具有从事实际工作的综合职业能力和素质，并在生产、建设、管理与服务第一线工作的高等技术应用型人才。这类人才应具有以下鲜明特点。

第一，人才层次的高级性。高职人才必须具备与高等教育相适应的基本知识、理论和技能，掌握相应的新知识、新技术和新工艺，以较强的实践动手能力和分析解决实际问题的能力区别于普通高等教育，以较宽的知识面和较深厚的理论知识区别于中等职业教育。

第二，知识能力的职业性。高职教育以职业岗位的需要为依据开发教学计划，在对职业岗位进行职业能力分析的基础上，确定培养目标和人才规格，明确列出高职毕业生应具备的职业道德、职业知识和职业能力，进而组织教学。其中，职业知识和职业能力的提高要着眼于产业结构和产品结构的调整，面向21世纪，不断更新教学内容，体现知识的先进性和应用性，培养学生掌握新技术的能力。

第三，人才类型的技术性。高职教育的培养目标是面向生产建设管理和服务第一线的高等技术应用型人才，因此，高职毕业生应具有某一岗位所需要的生产操作和组织能力，善于将技术意图转化为物质实体，能够在现场进行技术指导和组织管理，解决生产中的实际问题，并且还应善于搜集、处理与使用相关科技信息，指导设备、工艺和产品的改进，是一种专业理论够用、技术和能力俱佳的人才。

(二) 高职人才特色——知识、能力、素质的要求特点

1. 经济全球化的时代、经济结构和产业结构战略性调整、就业市场竞争日趋激烈的背景要求

在20世纪，世界形势发生了许多重大变化，其中一个最重要的变化是全球化。经济全球化对世界格局以及各行各业和人类生活各领域产生了深刻的影响。它促使教育的知识基础发生了变化，也促使人们对教育的社会功能进行了重新认识，更重要的是，全球化正在促使教育的社会结构基础发生变化。

经济全球化和中国加入世贸组织也将对中国的社会生活产生巨大影响。在新的国际背景下，我国以经济结构调整为主线的经济发展战略，从根本上对产业结构进行调整，对社会资源进行重新配置，以促进经济结构的优化。经济结构的调整从一定的意义上讲就是人力资源的重新整合，就是人才结构的整合，其内核则是人力资源的整合。因此世贸组织、经济全球化带来的调整，正在深刻影响着中国高等教育。

调整人才培养结构和高等教育结构，采取超常规办法培养高新技术人才以及培养懂得WTO规则的各类急需人才，以适应我国新形势的需要已成为当务之急。高职教育办学的灵活性与实践性强的特点恰好适应了这一新需求。

2. 高等职业教育人才规格的构成要素

人的基本素质是一种基础性素质，对于其他素质的形成和发展有很大影响，对世界观、人生观、价值观的形成具有基础性的决定作用，并能在更深层次上反映人才的质量。高职教育人才规格体现在德、智、体、美、劳五个方面，概括地说，由以下几个要素构成：

（1）知识素质要素

知识素质要素包括文化基础知识、现代科技知识、专业基础知识和专业知识，以及足够的人文社会科学知识。文化基础知识和现代科技知识是高职人才必备的基本知识，专业基础知识是学习本专业所必须的基本知识，是专业学习的基础。专业知识是从事本专业工作所应具备的专业理论知识。对于高职人才来说，拥有必备的文化基础知识和专业基础理论，不仅是胜任当前技术密集型岗位的需要，也是知识再生和迁移，进一步学习与提高以适应将来岗位变革的出发点。随着科学技术的进步和发展，不同领域的科技知识交叉、渗透和组合，使社会上出现了许多跨学科职业岗位，这就要求高职人才还必须具备与专业相关的多学科基本理论知识，这样才能加强自身的"接口"能力。

我们应把职业技能教育与加强基本理论教育和拓展学生知识面相结合，重视基础知识对人的总体提升价值，使"学术性"在高职教育中有所体现。为此我们的教育教学必须考虑到以下情况。以育人为本，以人的发展为中心。育人就是让学生全面发展，培养学生具备全面的素质；从新世纪人才培养着眼，处理好基础知识、基本技能与职业发展能力的关系。我们既要考虑到基础知识的全面性和综合性，又要考虑到新世纪对基础知识的新内涵和新要求，鼓励学生的创新精神；在实践中我们应充分重视潜移默化的作用，帮助学生在乐于参与的活动中获得知识技能，从而实现学生的个性发展、创新精神与实践能力的培养。

值得我们重视的是，我们应当坚持人文精神与科学素养的统一，加强哲学社会科学的教育。人文精神泛指人对自然、人对社会、人对他人以及人对自己的态度。而科学素养则是指具有分析解决实际问题的能力和养成实事求是、追求真理、独立思考并勇于创新的科学精神。今天，科学技术突飞猛进，社会竞争日趋激烈，知识经济已见端倪，文工结合、文理渗透更加深刻。时代强烈呼唤人文与科学两种文化的融合。在这种形势下，坚持人文精神与科学素养的统一，培养大学生既有高尚的人文精神又有良好的科学素养，无疑是当代高等教育追求的教育理念。

对于高职教育而言，人文精神是指学生应以积极地心态去适应社会，善于维系良好的人际关系，有较强的与人沟通的亲和力。特别是我们要教育学生树立正确的世界观、人生观和价值观，德才兼备须以德为先，高职学生尤须有爱岗敬业的事业心、责任感和务实作风。社会各行各业越来越看重毕业生的团队合作精神，必须具有一种为集体、为国家、为民族前途着想的思想品质，也就是说，要把学生培养成德、智、体、美、劳全面发展的人才。

（2）能力素质要素

能力素质要素是人才规格的核心，是学校为社会培养有用人才的具体体现。能力要素包括本专业技术能力、工作能力、社会能力和创新能力。高职人才不仅要熟练掌握本专业技术能力，在工作岗位上表现出较强的工作能力，而且要具备一定的社会能力，在急剧变革的21世纪，工作环境、人际关系、思想环境的动态变迁和国际化、开放化的社会环境的形成，对高职人才的岗位适应能力、人际合作能力、公关能力和国际交往能力等提出了新的要求。

在知识爆炸、科学技术日新月异的今天，创新能力对高职人才显得尤为重要，在大学，如果不能营造充满创新精神的氛围，就不能培养充满创新精神的学生。创新的内容和形式是多种多样的，层次也有高低之分。高职教育培养的是应用型人才，也应具有自身的创新要求。这就是要在应用的手段、方法和过程上进行创新。同时，毕业生在基层工作中要勇于开拓，不因循守旧，要善于根据实际需要，灵活地运用知识和技术，解决问题力争最佳效果与最大收益。因此创新教育任重道远。

（3）思想政治素质要素

思想政治素质要素体现了培养目标的政治标准和思想素质，它要求高职学生热爱社会主义祖国和社会主义事业，拥护党的基本路线，有强烈的社会责任感、明确的职业理想和良好的职业道德，勇于自谋职业和自主创业；具有面向基层、服务基层、扎根于群众的思想观点；理论联系实际、实事求是、言行一致的思想作风；踏实肯干、任劳任怨的工作态度以及不断追求新知识、独立思考和勇于创新的科学精神。

我们还应当意识到，构建德育体系重在思想道德素质、社会责任感、事业心在学校期间是学生勤奋学习的动力，在工作岗位上则是爱岗敬业的源泉。敬业精神是成才的核心，是做人最重要的基础。

（二）高等职业教育的市场定位

当今时代，高等职业教育已在世界范围内取得了飞速发展，由此高等教育进入大众化阶段。高等教育大众化既为我国高职教育提供了发展的机遇，又使其面临着激烈的竞争。我国高职教育只有办出特色，才能在国内外激烈的教育竞争中求生存、求发展。这就涉及我国高职人才培养目标的定位问题。要解决好这一问题，需要在了解高职人才培养目标的国际标准的基础上把握我国高职教育的特性。只有认识了高职特性，才能准确定位，朝着既定目标，办出自身特色。

1. 高职之"高"不宜越位

与基础教育相比，高等教育的特性是高层次的教育，是在中等教育的基础上培养高级专门人才。但是，教育的发展水平受制于经济的发展程度，一流的教育要以一流的经济作为物质基础。在高教大众化进程中，我国高职之"高"不宜与高职起步较早，早已普及高等教育的经济发达国家等量齐观。高教大众化的进程，本身就是一个逐步发展的过程，是量变积累到一定的程度才发生质变的过程。入世后，我国高等教育既要与国际教育接轨，也要立足于现实，面向未来，从基本国情出发，既尽力而为，又量力而行，通过持续不断地小步子，达到跻身世界前列的大目标。专才与通才是相对而言的，专才并非只专一事，通才并非通晓一切，就人才个体而言，"专"与"通"融为一体，不能非此即彼，总是在某个方面比较专精，其他方面触类旁通。"专"和"通"所达到的程度是人才层次的标志，基本上可以划分为高、中、低三个层次。作为高等教育组成部分的高职，培养高级专门人才不能理解为培养高层次的专才，有以下三点的理由：其一，"专"与"通"是相互依存，彼此渗透的。其二，高度专业化不符合科学技术的发展趋势。20 世纪 50 年代后的科学发展，综合化占主流，表现为交叉学科和边缘学科层出不穷。因此，技术趋于融合，如机电一体化技术、自动化技术、多媒体技术等。

"有为才能有位"，大有作为才大有地位。就我国的人才培养来说，大有作为指培养的人能够对四化建设作出较大的贡献。为此，人才培养要考虑人才使用，人尽其才，才尽其用，以用促学，学以致用。这样，才能使人才的有效需求拉动人才的有效供给，保障教育的正常运行，提高办学的人才效益。与普通高校一样，高职的人才培养要保持供求均衡，通过提高毕业生就业率来带动新生入学率，实现可持续发展。如果供大于求，就会在高教大众化的进程中因毕业生总数的高增长而形成人才滞销的高存量，不但会降低办学效益，浪费人才资源，而且会引起教育的大起大落，出现社会的大震荡。高、中、低三个层次的专才和通才都要培养，需求量最大的是中层次。中层次的专才精于某一专业，能够胜任与专业对口的高技术设备操作岗位；中层次的通才掌握覆盖面较大的技术基础理论，有较强的基本技术综合能力。

2. 高职之"职"不可错位

高职之"职"，指职业技术学校，它与普通学校的最大区别是有职业性，为特定的职业群培养人才，按这个职业群对从业者的素质要求培养技术型人才，即应用科学原理于技术实践的人才，其直接取得的具体效益可见、可闻、可测、可评。这一特性决定了高职的专业是职业型专业,即与职业群对口的专业。而普通高校的专业是学科型专业,即以学科的分类为专业设置的依据,侧重培养学术型人才,其效益具有间接性、抽象性、长远性等特点。高等教育的特性是有学术性,高职设置职业型专业,是否具有学术性呢?职业型相对于学科型而言,分别培养两种类型的人才,两者不能绝对化,应用型人才是应用科学原理的人才,学术型人才也不能摆脱科学原理的应用。学术一词可分为两个名词,学为学理,术为应用,学必借术以应用,术必以学为基础,二者并进始可。高职的学术包括原学科理论内部逻辑发展的理论知识和行业技术实践中发展的科学技术,两者互联、互补、互动。科学与技术是既有联系又有区别的两个概念,联系两者的中介是技术实践,具备中介的三大特性:一是位置上的居间性,居于理论与实践之间;二是内容上的兼容性,兼容知识与技能;三是作用上的联结性,把理论与实践联为一体。当代高职师生的实践是技术实践,以主体着重支付脑力、输出信息为特征。

不能说高职为特定的职业群培养应用型人才,地位就降低了。普通高校虽以培养学术型人才为主,也有不少职业型专业培养应用型人才。

普通高校与高职属于同一层次,不是学术层次上的差别,只是学术类型上的差异,没有高低之分、深浅之别、雅俗之异。应用型人才内部有三个层次:工程型人才、技术型人才、技能型人才,分别由高等工程教育、高职教育、中职教育承担培养任务。国外的职业带理论揭示:职业技术教育的层次不同,实施的课程体系就不同,理论教学与实践性教学的课时比例和学分比例也不同。高职理论教学的课时和学分在总课时、总学分中的比例大于中职,小于高等工程教育。高职将基础理论课、专业理论课、专业技术课三类课程统筹兼顾,以专业理论课为重点。因为专业理论按专业培养目标综合和提炼基础理论,是掌握多种同类技术的前提,把专业技术深化为理论技术,帮助学生认识技术的本质,掌握技术的发展规律,获得技术创新的理论指导,克服专业技术容易老化的弊病。这是高职层次高于中职层次的表现。与高等工程教育不同的是:理论的深度、广度低些,应用的力度大些,换言之,更注重通过实践性教学加强能力培养。虽然普通高校也注重能力培养,但是,侧重点不同:普通高校理科、工科侧重培养学生的理论研究、工程设计能力;高职侧重培养学生的技术方案实现能力,包括职业岗位的专项能力、综合能力、创新能力和不同岗位的协作能力。在高教大众化进程中,高职与普通高校同步发展,各具特色,只有精心地进行比较和鉴别,才能防止人才培养目标的错位。

职业技术教育的职业性还派生出了社会性:依靠全社会协同办学,人才培养规格适应社会需求。当代社会,科学技术突飞猛进,知识经济初见端倪。新职业不断产生,职业劳动呈智力化趋势,对从业者知识水平和能力水平的要求越来越高,导致职业流动的流向越来越多,流量越来越大,流速越来越快。高职培养的技术型人才要适应社会需求,专业适应面不能过窄或者过宽，过窄，必然就业难，没有应变能力；过宽，专业水平低，没有竞争力。社会是由社区构成的，不同的社区有不同的自然条件、不同的产业结构、不同的人才需求。因此，职业技术教育的职业性又派生出地方性，即专业设置、教材内容、教学方法、教学评价和教学管理等都应有地方特色，专业适应面的大小要因地制宜。

3. 高职教育不能缺位

高职定位既要从纵向上进行层次定位，又要从横向上进行类型定位，更要从方向上进行整体定位。要强化高职教育的功能，先要优化高职教育的结构。高职教育的结构是一种立体网络型结构，从教育目的上看，并不单纯是提高受教育者的知识水平和能力水平。进行教育创新，根本目的是要推进素质教育，全面提高教育质量。当代高职教育的本质属于全面发展教育，表现为受教育者素质要求的全面性，从这个意义上讲，高职教育就是全面提高受教育者的职业素质的教育，哪一个方面都不能缺位。职业素质是现代职业所要求的从业者的素质，即要以基本素质为基础，又要根据职业发展趋势提高素质要求，包括两个层次、五大要素。第一个层次是心理发展层次，有三大要素，即职业道德素质、职业知识素质、职业审美素质；第二个层次是身心和谐发展层次，指职业身心素质；第三个层次是创业能力发展层次，指职业劳动素质。三个层次都着眼于人的发展，最高层次是发展创业能力，指创造就业岗位、创造职业"三效"（效率、效果、效益）的能力。与普通高校培养创新人才相比，高职培养的创业者既要创新，还要创效，这是高职教育与国际教育接轨的标志之一。高职侧重培养学生的技术方案实现能力，符合发展创业能力的时代要求，职业素质的五大要求好比人手的五指，是紧密联系、不可分割、相对稳定的整体。

高职全面实施职业素质教育，以提高学生的创业素质为重点，要从各方面突出这个重点。在专业设置方面，调整旧专业与开发新专业要统筹兼顾，适应经济全球化带动劳动力市场国际化的新形势，增设外向型专业，引导学生开辟创汇的新渠道。在教材内容方面，实用知识与先进技术要统筹兼顾，教材版本要由固定型向创新型转化，注重介绍国内外的新理论、新工艺、新设备、新材料、新产品。在教学方法方面，教学改革与学法指导要统筹兼顾，把教学过程视为构建学习主体的过程，致力于树立学生的创业意识，弘扬学生的创业精神，增强学生的创业能力，努力做到教为不教，学为创造。在教学手段方面，改进传统教学手段与推广现代化教学手段要统筹兼顾。加强教育信息化基础设施建设，发展高职网络建设，完善远程教育体系，提高优质教育资源的利用率。在教学评价方面，智力因素与非智力因素要统筹兼顾。以技能评价为例，英国的教学论专家罗米索斯基（Romisoski）将动作技能和智力技能各分为再生性技能和创造性技能，创造性智力技能使人在活动中有进取心、成就感和愉悦的情绪体验，能克服简单重复劳动以及与机械电器同步造成的生理疲劳和心理疲劳。因此，加大创造性智力技能在评价指标体系中的权值，可以使学生达到陶行知先生提出的要求；在劳力上劳心，用心以制力，在劳力上劳心，是一切发明之母，事事在劳力上劳心，便可得事物之真理。

在教学管理上观念创新与体制创新要统筹兼顾。在师生中树立创新光荣、守旧可耻的新观念，设立新的创业咨询机构和金融服务机构，建立新的教师优绩优酬制和学生创业学分制等。总之，各个方面都不能缺位，只要合力提高创业素质，就能使高职不断升迁新的品位。

三、高等职业教育人才培养的基本特征

我国高等职业教育发展三十年来，呈现出一些不同于过去传统高等教育在人才培养方面的特点，本文从高职教育的培养目标、育人理念、课程体系、培养途径等四个方面做了具体的阐述并得出六点启示。

（一）高职教育的培养目标：技术人才为主，按需上拓下延

我国高职教育在几十年的发展历程中，对培养目标在不同时期有过不同的表述，在这里稍作分析，从中找出一些规律性的内容。

工作方向都是经济建设第一线，人才类型有不同的提法。本文认为任何类型的高等教育，主动适应社会发展需要的宗旨是永恒的，其培养目标会随着时代的前进、社会的进步而变化的。培养技术型人才应是高职的基本定位，根据市场的需要和教育结构的调整，可向上拓展和向下延伸。

（二）高职教育的育人理念：素质为核心，能力为基础

高等职业教育是高等教育发展中的一个类型，它为经济建设第一线培养具有较强实际工作能力的应用型专门人才，这与传统精英教育的培养方向和培养目标有着显著的区别。二者的教学质量标准也是很不相同的。

根据高职教育的培养目标，高职毕业生主要是在基层一线从事实际的技术工作、管理工作、服务性工作。他们除了必须掌握工作需要的职业技能，还要具有良好的职业素养，要学会如何做人，如何与人相处合作等。要高度重视学生的职业道德教育和法制教育，重视培养学生的诚信品质、敬业精神和责任意识、遵纪守法意识，培养出一批高素质的技能性人才。教育学生学会交流沟通和团队协作，提高学生的实践能力、创造能力、就业能力和创业能力。因此，树立"素质为核心，能力为基础"高职教育的育人理念，突出素质教育和能力培养这两个重点，以彻底改变传统教育以培养知识为本的育人理念，创新高职的人才培养模式，切实提高学生的实践能力和综合素质。例如，积极推进"双证书"制度，这是提高毕业生综合素质、实践能力和就业能力的有效措施，是落实中共中央、国务院关于"在全社会实行学业证书、职业资格证书并重制度"要求的重要举措。职业资格是职业

技能的标准，是能力培养的一种载体。推行"双证书"制度，也必将对高职教育构建能力培养的课程体系、开发特色教材起到极大的推动作用。

（三）高职教育的课程体系：适应职业需要，坚持可持续发展

学校的人才培养主要是通过向学生提供的课程来实现的。为学生提供的课程决定了人才培养的规格。高等职业教育既是高等教育，又是职业教育，肩负着为生产、建设、服务和管理第一线培养高技术、高技能人才的使命，培养的学生既要有从事职业的能力，也要有一定可持续发展的能力。因此其课程的设置既要满足专业对理论知识的基本要求，又要按专业对应的职业岗位（群）的任职要求进行改革，形成自身的课程体系，尤其是后者，这是有别于其他类型高等教育的重要标志。因此，"高等职业院校要积极与行业企业合作开发课程，根据技术领域和职业岗位（群）的任职要求，参照相关的职业资格标准，改革课程体系和教学内容。改革教学方法和手段，融"教、学、做"为一体。"

培养职业能力是高职教育人才培养中的重点，构建职业能力培养的课程体系成了高职教育教学改革的关键性的、根本性的任务。现在的问题是按什么样的模式和方法构建满足职业岗位工作要求的课程。显而易见，首先要搞清楚的是工作岗位需要什么能力，这需要进行职业分析，并且这种分析应主要依靠用人单位在相应职业岗位上工作的技术专家来进行。第一步要确定专业培养的人才主要覆盖哪些职业岗位，每个岗位需要哪些知识和能力，再分析这些能力之间的逻辑联系并结合专业对应的职业资格证书的要求，归纳该专业应培养的核心能力。专业的核心能力将成为专业培养的重要目标。第二步要研究这些核心能力通过何种载体（可以是某种项目、任务或某种产品）进行训练，这些训练项目作为项目课程列入培养计划，并且是培养计划中至关重要的组成部分。第三步要开发项目课程，需要学校的专任教师和企业行业的技术专家一起研究制定课程标准、教学内容，编写校本教材。

专业基础理论也要通过职业分析，弄清需要哪些专业理论知识。在对职业能力分析的过程中，将与能力培养联系紧密、针对性很强的知识融入能力培养的项目课程，实现理论与实践的一体化；能力培养中的共性知识经过整合和重组，作为专业基础课单独设课。

由公共文化课和素质拓展课组成的通识课程也必须进行大力度的改革。比如，如何通过课内教育和课外活动相结合，培养学生的人文素养、提高学生的综合素质；数学课如何结合专业的需要来选择；体育课怎样按强身健体、养成习惯、掌握某项技能的要求来开展；政治理论课如何按注重实效的目标进行改革；公共英语、计算机文化课应该按课内、课外相结合，重在课后多练上下功夫。这些问题都需要用一种创新的意识、改革的精神，才能形成有特色的高职教育理论知识体系。

（四）高职教育的培养途径：开展校企合作，坚持工学结合

国内外职业教育的经验告诉我们，校企合作、工学结合是培养应用型人才的必由之

路。这里讲的工学结合是指以工作要求为目标,通过学校和用人单位的合作,共同培养人才。工学结合的本质是教育通过企业与社会需求紧密结合,要积极推行与生产劳动和社会实践相结合的学习模式,把工学结合作为高等职业教育人才培养模式改革的重要切入点,带动专业调整与建设,引导课程设置、教学内容和教学方法改革。校企合作、工学结合培养应用型人才,是高职教育改革和发展的必然选择。它的内涵很丰富,方式多种多样,其结合点贯穿于人才培养的全过程。

高职教育的专业设置必须要进行人才需求调查。调查的方式、途径很多,但最直接最可靠的是需要了解用人单位的需求,和用人单位一起分析经济发展对人才的需求,这是建立新专业的第一要素。建立在用人需求基础上设置的专业,学生就业必然通畅。

课程改革更是需要工学结合的方式进行。除了前述的课程体系的构建需要通过工学结合的方式开发外,精品课程和培养能力的核心课程的建设必须坚持工学结合,才有可能向学生提供符合工作要求的课程内容和教学方法。这些改革仅依靠学校的专任教师是难以胜任的。这就需要我们的教师要和在第一线工作的富有实践经验的专业人员一起,共同开发课程,使课程内容紧密结合工作的要求。

实训条件的建设也离不开企业的支持。对学生能力的培养,要分析哪些在学校进行,哪些需要在企业进行。除了校外实训基地需要与企业合作外,校内实训基地的建设也要尽可能与企业合作,引进与专业相关的企业共建校内生产性的实训基地,让学生在真实的生产环境中学习专业技能。不仅要在实训条件方面与企业合作共同建设,而且要在实训基地的管理上一起策划和研讨,共同制定出一套有利于学生的教学实习,也有利于企业经营的管理制度。

在建设"双师结构"的教学团队上,一方面要聘请富有实际工作经验的专业技术人员和能工巧匠作为学校的实训指导教师,另一方面,专任教师不仅要有实际工作的经历,还需要定期到企业的实际工作中去锻炼,切实提高教师的"双师素质"。

学生学习阶段的顶岗实习,是培养学生职业技能、职业素质、增强学生工作适应性的关键环节。顶岗实习可分成两类。一类是与学生就业相结合的,另一类学生只是完成实习任务。前一类,企业和学生都十分重视,实习效果良好。后一类,学校要加强管理,建立一套管理制度和办法,同时与实习单位密切合作,发挥实习单位的积极作用,以获得良好的实习效果。

在培养计划实施过程中更需要探索多种工学结合的人才培养模式,比如"学工交替""订单培养"等,充分利用行业企业资源,培养学生的实践能力。

当我们研究高职教育的人才培养模式时,除了上述几方面特征能够体现高等职业教育的独有特色外,我们还必须看到,高等职业教育作为一种独立类型的高等教育,要想在日新月异的科技化时代，在产业结构和劳动力结构正在发生不断地、深刻的变革时代有所发展，其必须具有国际化视野，不断创新人才培养模式，接受国家定期的高等职业院校人才培养工作评估，才能使高职教育不断注入活力，从而永葆生命力。

通过实施国家示范性高等职业院校建设计划，使示范院校在办学实力、教学质量、管理水平、办学效益和辐射能力等方面有较大提高，特别是在深化教育教学改革、创新人才培养模式、建设高水平专兼结合专业教学团队、提高社会服务能力和创建办学特色等方面取得明显进展。

开展高等职业院校人才培养工作评估，旨在促进高等职业院校加强内涵建设，深化校企合作、产学结合的人才培养模式；推动教育行政部门完善对高等职业院校的宏观管理，逐步形成以学校为核心、教育行政部门为引导、社会参与的教学质量保障体系，促进我国高等职业教育持续、稳定、健康发展。高职评估不再是对整个学校的评估。学校多大面积、多少楼房、多大的图书馆等已不在评估范围之内，只是作为参考数据。有的领导将高职评估定位为最基本的两条：一是评软不评硬。"软"，是指人才培养模式，也就是学校怎么样培养人才，培养什么样的人才，这是学校办学的根本。二是评动不评静。就是评学校的人才培养过程，从人才培养的全过程看学校和社会经济发展的结合程度。依靠信息技术，让数据说话，建立网络化的数据库系统，不是只看静态数据，而是要看长期的动态变化过程。

（五）启示

第一，建立新的人才培养模式，对广大教师是一次极大的考验。它要求广大教师要眼光向外，转变教学观念，从原来的学科型教学思维中摆脱出来，从单纯的课堂教学中摆脱出来，把自己转变为一个真正的具有丰富实际业务能力的职业人，而不是一个单纯的"知识传授者"。

第二，把"工学结合"作为高职院校的最重要的人才培养模式，把工学交替、任务驱动、项目导向、顶岗实习作为一种教学模式。对这一内容的认识与把握，需要在实践中不间断地探索运行方式。

第三，要深刻认识"高职教育"不是"高等教育"中的一个层次，而是"高等教育发展中的一个类型，具有不可替代的作用"。高职教育肩负着培养面向生产、建设、服务和管理第一线需要的高技能人才的使命。

第四，要深刻认识高等职业教育全面提高教学质量的重要性和紧迫性。当今世界，生产力正在发生革命性的变化，产业结构和劳动力结构也正在发生深刻变化，知识经济和新型工业化道路对劳动力的知识技能的要求进一步提高，全面提高高职教育质量是时代赋予高等职业教育者光荣而艰巨的历史任务。

第五，应重视内涵建设提高质量，树立科学的人才观和质量观，把学校的发展重心放到内涵建设、提高质量上来，确保教学工作的中心地位，保障高等职业教育持续健康发展。

第六，高职院校在今后的发展中，不能单纯追求数字之类的结果，而是必须注重动态的发展过程，扎扎实实做好学校发展建设过程中的每一步工作、每一个环节。这既是高职院校未来的努力方向，也体现着高职教育未来的发展特征。

第二节 科研育人的内涵与理论基础

一、科研育人的内涵、特征及价值

科研育人是我国高等教育变革的动力，是高校人才培养模式改革的突破口，是高校开展大学生思想政治教育的有效途径。厘清科研育人的相关概念，解析科研育人的丰富内涵，是高校开展科研育人的前提条件。科研育人与"十大"育人体系中的其他育人方式相比，具有鲜明的实践性、突出的主体性、深入的探索性和潜在的引导性等特征。高校开展科研育人，不仅能够促进学生优良品质的形成和人性的完善，而且能够促进学校优良学风的形成和竞争力的提升，还能够培养更多高素质的创新型人才和推动社会进步，最终能够实现国家科技创新的发展和建设科技强国。

深入实施创新驱动发展战略，培养大批高素质的创新型人才，是建设创新型国家和世界科技强国的必由之路。高校肩负着培养高素质创新型人才的重要使命，而科学研究是培养高素质创新型人才的重要途径。科研不仅是一种研究性和创造性的活动，而且还具有十分重要的育人意蕴。高校科研必须担当起育人的神圣使命。科研育人已成为学界关注的焦点和研究的热点，科研育人既是高等教育发展的时代呼唤，又是高等教育的重要组成部分，更是高等教育变革的动力所在。可以说，科研育人越来越成为教育教学本身的内在要求，越来越成为大学生培养的场合和途径。在新的时代条件下，深入剖析高校科研育人的相关概念，深度把握科研育人的内在特征，深刻探寻科研育人的潜在价值，显得尤为必要和紧迫。

（一）科研育人概念的解析

要准确理解科研育人是什么，首先要厘清科研育人的相关概念。科研育人是一个复合词，由科研和育人两个部分组成。科研，是科学研究的简称，科研是采取一定的技术、手段和方法去探求反映自然界、人类社会和人的思维等客观规律的创造性活动。而创造性的活动是一种创新，其本身就具有研究属性。育人是人才培养的一个重要方面，它是指通过一定的载体而达到培养人的目的,其更侧重于人格的塑造、品德的培养和素养的提升。科研育人作为一个整体词汇,也就意味着要把科研作为新的载体进而达到育人的目的。科研具有育人的意蕴,这给科研育人提供了生长基因。由于知识是高校教育的基本材料,而这种基本材料的发现与创造离不开科研,可以说高校科研是制造这种基本材料的主要技术。高校科研不仅要对现有的知识进行更新和创造,更要探求事物的内在本质与客观规律。高校科研与社会中其他科研机构的本质区别在于,高校科研不仅要发现新的知识和产出新的科研成果,还要承担着人才培养的重任和落实育人铸魂的职责。高校科研有着天然的育人意蕴,这是高校科研育人的生长基因。

通过对高校科研育人意蕴的分析,能够准确理解科研育人是什么。关于科研育人的概念,学者们从不同的角度进行了有益的探讨,并形成了一定的见解:观点一,要通过科研这种特殊的载体使学生获取知识,提高学生的能力素质。观点二,应把科研与思想政治教育有机结合起来,学生在科研活动中即能够掌握科研基本知识,又能够提升思想政治素质和道德品质;观点三,科研的教育性与教育的科研性应是内在统一的关系,教学促进科研,而科研反哺教学;观点四,要从不同的维度来理解科研育人。科研育人的关键在于深挖科研中的思想政治教育元素,将思想政治教育的价值观念贯穿于科研全过程。基于已有的科研育人研究进展,结合科研育人被提及的时代背景,可以说,科研育人的现实紧迫性正愈来愈凸显出来。准确地讲,科研育人是指教师依托科研成果或科研活动等载体,通过科研熏陶和科研训练等环节,激发学生浓厚的科研兴趣,传授学生基本的科研方法,培养学生应有的科研能力,在丰富和拓展学生科研知识和提高学生科研水平的同时,提高学生的思想政治素质和道德品质,从而培养学生至诚报国的理想追求,敢为人先的科学精神,开拓创新的进取意识和严谨求实的科研作风,努力使学生成为高素质的创新型人才和能够堪当民族复兴大任的时代新人。

(二)科研育人的特征分析

在高校思想政治工作"十大"育人体系之中,科研育人与课程育人、文化育人、网络育人、心理育人、管理育人、组织育人等其他育人方式相比,有着突出的内在特征。学界对科研育人的特征有一定的研究成果,学者们从多个角度深入挖掘科研育人的不同特征:观点一,大学科研具有综合性、基础性、前沿性等基本特点;观点二,大学科研具有人性的完整性、探索的超越性、活动的体验性等三大特征。基于已有的研究成果,结合科研育人的构成要素、所处的时代背景以及高等教育改革发展的需求,经过进一步凝练与总结,将科研育人的特征归为鲜明的实践性、突出的主体性、深入的探索性和潜在的引导性。

1. 鲜明的实践性

传统的教书育人以课堂为主渠道,而课堂教学最大的优势在于教师可以在固定的时间和场所将已有的理论知识传授给学生。科研育人与传统的教书育人相比，最大的不同在于教师需要通过科研这一载体来培养学生的科研能力、科研道德、科学精神和科研作风等。而科研载体能否有效实施，关键在于学生能否参与科研实践。教师在科研育人的过程中，要充分运用好实施载体，做好常规性的科研训练活动，抓好竞技性的科研比赛活动，开展好创新性的科研实践活动，开发好优质的课程科研资源，使科研与教学深度融合；学生在科研育人的过程中，要提高科研认知能力，积极参与各种科研活动，走进实验室了解实验操作，由浅入深地参与到教师的科研课题之中，经过科研氛围的感染与科研活动的训练，逐渐培养自己的科研兴趣，锻炼科研思维，挖掘科研潜能，遵守科研道德，弘扬科学精神。本质上来看，科研活动是一种特殊的人类劳动，而人类劳动最基本的特征便具有实践性。由于科研过程的不确定性，学生在参与科研活动中需要投入更多的时间和精力去搜集、整理、加工和分析相关的文献资料，需要对各种实验进行反复的操作与演练，最后经过自己不断地实践而得出的结论更具有成就感。可以说，学生在科研实践过程中，经过多次艰辛的探索与努力，既有科研成果的获得感，也有自己人格上的提升和精神上的满足。

2. 突出的主体性

科研育人是一项主体性很强的活动，具有双向互动性，必须要注重科研育人中教师主导性与学生主体性的作用发挥。从教师这个教学要素看，科研育人能够激活教师在科研中的主导性，一方面教师通过规范操作、言传身教、榜样示范等可以引导和感染学生；另一方面，教师在科研中能够进一步反思自己做科研的初衷，增强做科研的本领，牢记教师的育人职责，增强育人的责任感和使命感，从而进一步提升教师的优良品德。教师必须要参加科研活动，要对本学科前沿发展状况有自己的体会。当然，科研育人对教师所起的积极作用，不论是教师科研初心的回归，还是科研本领的增强，其最终目的仍然是通过科研来培养学生，以达到育人的目的。从学生这个教学要素看，科研育人能够激发学生的主体性，一方面学生在科研方向、选题依据、资料收集、项目论证、实验操作等方面需要自己主动去做；另一方面，学生在科研过程中能够锻炼各方面的素质，比如科研进展中的抗压与抗挫折能力以及科研成果产出的获得感与自信心等。总而言之，科研育人在提升教师科研水平和增强教师育人职责的同时，能够激发学生在科研过程中的主体性，更有助于人才培养目标的实现。

3. 深入的探索性

科学研究是高校的重要职能，高校不仅要传播知识，更为重要的是要发现知识和创造知识，而发现知识和创造知识离不开科学研究。做科研有最基本的学术规范和学术表达，有一定的规范性和程序性，比如科研项目选题时要了解和掌握所选课题的国内外研究现状、现有的研究基础、创新点、实施的方法与步骤、技术路线图、实施的内容以及实施的路径等,这是做科研比较通用的规则与程序,也是做好科研的必备环节。当然,在掌握了科研最基本的规范性与程序性的基础上,科研更为重要的特性是不确定性与未知性。因为科研本身就是一种探索,是对事物内在规律探究的一个过程。科研育人既增强了科学性和信息量,又增加了自主探索的特点,科研选题的方向、研究思路的形成、研究方法的运用、研究方案的设计与实施、研究结果的预测与说明等一系列科研过程,都充满着不确定性,都非常具有探索性的意蕴。当前,科技创新被摆在更加突出的位置,知识更新速度加快,科研育人能够很好地解决知识增长的无限性与学生学习时间有限性之间的矛盾,学生可以在有限的时间内根据自己的科研方向,经过多种方式与途径获得新的知识。比如,有的学生在确定一个科研课题时,可以投入大量的时间和精力去研究课题的合理性,这种育人方式要比传授已有的知识更能深入学生心中,而且学生经过艰辛探索得出的结论印象最为深刻。总体上讲,科研育人的探索性特征十分明显,这也是科研育人与其他育人方式最为明显的不同。

4. 潜在的引导性

高校的一切工作,包括科研在内都应围绕着人才培养而展开。人才培养是高校的根本任务和基本职能,而科学研究既是高校的重要职能,又是高校人才培养的重要途径。可以说,在某种程度上,科学研究本身就是一种效率很高和非常有力的教学形式,应当成为高校学生一个重要的基本学习模式。德国著名的教育学家威廉·冯·洪堡(William von Humboldt)在创建柏林大学时就确立了高校的科研职能,在对高校科研进行定位时强调到大学科研的育人作用,并提出了"由科学而达致修养"的科研教育观。也就是说,高校的科研不仅要发现未知,还要在科研过程中使学生献身于不含任何目的的科学,从而也就是献身于他个人道德和思想上的完善。科研育人的潜在引导性主要体现在教师的个人魅力和优良品质对学生的教育引导以及教师通过系列科研活动对学生的教育引导这两个方面。具体来说,一方面,教师在从事科研活动时能够通过亲身示范、榜样引领、实践锻炼、自我修养等对学生产生积极地暗示,培养学生对科研的兴趣,坚定学生做科研的信心;另一方面,学生在参加科研活动时,教师要把思想价值引领贯穿于学生科研训练的全过程。教师在科研育人的过程中,必须要把思想价值引领作为科研育人的核心,把创新精神、创新能力培养作为科研育人的重点。通过科研这一载体,引导学生树立正确的政治方向,确立科学报国的远大理想,坚定崇高的理想信念;引导学生树立正确的价值取向,发扬科学研究中的钻研精神、奉献精神、艰苦奋斗精神和吃苦耐劳精神;引导学生树立正确的学术导向,规训学生恪守学术道德,坚持实事求是,严格遵守学术规范;引导学生注重能力的培养与素养的提升,着力塑造学生良好的科研态度与意志品质。

(三)科研育人的价值追求

科研育人的核心在于科研与思想政治教育的深度融合,科研与思想政治教育是一种

"你中有我，我中有你"的相融状态；科研育人的关键在于深入挖掘科研中的思想政治教育资源，在科研中融入思想政治教育元素。随着时代的发展变化和高等教育变革的需要，现如今，科研育人被摆在了更加突出的位置，地位和价值日益凸显，成为加强大学生思想政治教育的有效途径，同时也成为人才培养模式改革的重要突破口。在深入剖析科研育人的相关概念以及科研育人显著特征的基础上，科研育人的价值追求应从个人层面、学校层面、社会层面和国家层面等多个维度进行阐释。

1. 个人层面：促进学生优良品质的形成和人性的完善

人具有劳动性，人的整体性是在劳动中生成的，人的优良品质也是在劳动中形成的。而科研育人是一种特殊的人类劳动，它更能激活人的主体性和促进人性的完善。科研育人的主要对象是学生，其主要目标在于：一是在科学研究中培养学生最基本的科研能力，使学生掌握科研的基本知识，培养学生对科研的兴趣，在教会学生做科研的同时，进一步提升学生做科研的能力，多种方式与多种途径锻炼学生的观察力、想象力、分析力和思维力，使学生具备文献检索能力、资料分析能力、归纳演绎能力、调查研究能力、数据处理能力和问题思考能力等。二是在科学研究中培养学生优良的品质。科研探索的是自然界未知的奥秘以及人类社会和人的思维领域规律性的认识，科研的探究属性也就决定了科研工作并不是一帆风顺的，面对失败与挫折是一种常态。科研育人的核心是通过理论思维、逻辑思维、抽象思维、辩证思维等科学思维方法锻炼学生的创新思维，培养学生的创新精神，激发学生的创新潜能。科研育人能够激起学生专心致志、攻坚克难的决心与勇气，增强学生大胆质疑、理性批判的问题意识，锻炼学生吃苦耐劳、愈挫愈勇的坚强意志，培养学生矢志不渝、勇攀高峰的科学精神，陶冶学生甘于奉献、求真务实的高尚情操。三是在科学研究中提升学生的思想道德素质。科研育人就是要结合科学研究过程对学生进行思想政治教育，在提高学生科研水平和能力的同时提高学生的思想道德素质。科学本身并无国界，但科学家是有祖国的。科研育人的最终目标在于，培养的创新性人才具有过硬的思想政治素质，既有崇尚科学的理想信念，又有至诚报国的理想追求，不仅能够掌握马克思主义科学和辩证唯物主义的世界观和方法论，还能够树立科学报国、服务人民的崇高理想。

2. 学校层面：促进学校优良学风的形成和竞争力的提升

随着科研在高校中所起的作用越来越大，当今衡量一所大学的综合实力越来越看重该学校能否凝练一流课题、产出一流成果、引育一流师资和培养一流人才。科研是高校优良学风形成的催化剂，也是高校提升核心竞争力的关键所在。尽管大学按照现有科研规模大小分为研究型、研究教学型、教学研究型、教学型等类型，但不论哪种类型的大学都有科研的需求，都需要科研的助推。大学与中学最大的不同之处在于，中学教师的教学方式与学生的学习方式具有演练性和习得性，而高校教师的教学方式与学生的学习方式具有开放性和探索性，高校教师只有在教学内容中融入本领域学术前沿知识和最新的科研成果才能进一步启发学生。高校教育最为看重的不是学生掌握了多少已有的知识，而是学生看问题的角度和思考的方式，以及所培养的学生是否有创新意识和创新思维。科研育人是高校人才培养模式改革的突破口，是将教师的"教"与学生的"学"有机结合的一种特殊的教学模式。科研育人不仅能够规范教师的科研行为，提升教师的科研能力，增强教师的育人本领，而且更为重要的是能够培养学生争创一流、勇攀高峰的创新精神，勤奋刻苦、顽强奋斗的拼搏精神，敢为人先、敢于质疑的科学精神，不骄不躁、再接再厉的坚强意志，严谨求实、团结合作的优良品质。科研育人对教师和学生的双重作用，有助于在学校形成浓厚的科研育人氛围，推进学校优良学风的形成，增强学校的核心竞争力。

3. 社会层面：培养更多高素质创新型人才和推动社会进步

在科学社会化和社会科学化的今天，高校已成为教学中心和科研中心，科学研究与人才培养互为支撑的协同效应使高校科研逐步发展成为经济社会的发动机。随着科技创新成为经济社会发展的新引擎，我国对高素质的创新型人才需求比以往更加强烈。高校是培养高素质创新型人才的摇篮，而科研育人是培养高素质创新型人才的重要途径。高校科研育人在推动社会进步方面主要体现在：一是高校科研形成的最新研究成果，可以通过专利技术转让、科技成果转化、技术转移服务等多种形式转变为生产力，直接促进经济社会的发展。二是高校科研育人既能够教会学生做科研的方法，使学生掌握做科研的基础知识，又能够培养学生追求真理的求实精神、勇于创新的批判精神、吃苦耐劳的奋斗精神、团结协作的拼搏精神和敢为人先的科学精神，能够为社会源源不断输送高素质的创新型人才。三是高校科研育人理念的提出及落实，在塑造学生正确的科研价值观和培养学生社会责任感、良好的科研道德以及科研精神的同时，有助于在全社会形成科研育人的浓厚氛围，在科研育人理念的助推下推动社会的进步。

4. 国家层面：能够实现国家科技创新的发展和建设科技强国

科学技术是第一生产力，创新是引领发展的第一动力。我国曾在人类科学技术发展史中有过辉煌的时期，取得了瞩目的成就，造纸术、指南针、火药和印刷术深刻改变了世界原有的面貌，推动了人类社会的向前发展。全球新一轮科技革命和产业革命正在加速发展，新技术、新工艺、新产品、新设备层出不穷，科技竞争日趋激烈，谁占据了科技创新的制高点，谁就能走在科技发展的前沿，进而掌握主动权。随着科教兴国战略、人才强国战略和创新驱动发展战略的相继实施，我国科技创新取得了重大进展和重要成就。大学是培养创新人才的高地，也是科技创新的排头兵。科研育人中所"育"的人一定具有至诚报国的理想追求、敢为人先的科学精神、开拓创新的进取意识和严谨求实的科研作风等良好的素质，不仅能够解决"为谁"做科研的问题，而且还能够激发学生的创新潜能，培养学生的创新思维，坚定学生的创新信念，激发学生的创新精神，历练学生的创新品格，增强学生的创新信心，在具体的实践锻炼中为国家的创新发展和为建设科技强国贡献力量。

二、科研育人的理论基础

（一）人的全面发展理论：马克思主义视野中的科研育人

马克思主义理论体系中关于人的论述很多，其中人的全面发展理论是一个十分重要的学说。马克思（Marx）、恩格斯明确提出"新社会的本质"——"每个人自由的全面发展是一切人自由全面发展的条件"。他们分别从哲学、政治经济学和科学社会主义的角度对人的全面发展进行了探讨。从哲学角度来说，人的全面发展符合人的本质需要和社会发展规律；从政治经济学角度来说，大工业生产要求人的全面发展；从科学社会主义的角度来说，人的全面发展是社会发展的目的本身，也是社会主义的基本原则和前提条件。作为马克思主义追求的最高价值目标，"人的自由全面发展"主要包括以下几个方面：人的全面发展是人的个性的自由发展，其意是指不仅人的智力和文化素质、人的道德素质也应得到自由而均衡的发展；人的全面发展是全体社会成员的均衡发展，它强调要根据个人兴趣和社会需要充分发展人的潜能；人的全面发展是人的需要的充分发展，不仅仅包括物质需要的发展，还包括精神生活中的各种需要的自由而充分地发展。

马克思主义的人的全面发展理论的核心就是马克思主义的教育思想。把人的全面发展具体化为使受教育者在德育、智育、体育几方面都得到发展，成为有社会主义觉悟和有文化的劳动者。研究这一理论，我们不难发现马克思主义关于人的全面发展理论与科研育人有着不可分割的内在联系。

第一，从学生全面发展的角度来看，科研育人是促进学生全面发展的重要手段。高等学校是培养高级专门人才的机构，根据马克思主义关于人的全面发展理论，高等学校首先要着眼于学生整体性、系统性与和谐性的全面发展。从学生知识能力发展方面而言，科研育人是学生学习知识与发展能力的重要途径。学生不仅需要从课堂上接受知识，还要从包括科研环节在内的一切实践活动中学习知识；学生不仅需要接受知识，还需要发现知识；不仅需要增强学习能力，还需要增强包括科研能力在内的各方面全面发展的能力。在发展学生知识能力的手段和方法上，科研是一个重要的环节，甚至是比课堂教育更为重要的环节。科研面向前瞻性基础研究、关键共性技术、前沿引领技术和颠覆性技术创新，是发现知识的重要途径，教师将学生引入科研，不仅能促进学生获得知识，还有利于学生发现知识。此外，在培养高级专门人才的事业中不仅要着眼于学生知识、能力方面的发展，学生其他非智力因素的发展也同样重要，不仅要提高学生的科技素质、身体素质和个人能力，还要提高他们的道德素质和政治素质。特别是要激励学生将个人的发展与国家的发展和前途命运联系起来，把个人的理想追求融入国家和民族的事业中。高校科研育人所强调的正是高校教师寓思想道德教育于科研过程之中，通过科研活动，在提高学生科研能力和水平的同时，培育学生正确的世界观、人生观和价值观，提高学生的政治、思想与道德素质。可见，科研育人不仅能增强学生的科研素质、文化素质，还能提高学生的道德素质和政治素质；不仅能提高学生的知识和能力，还能提高学生的综合能力。可以说，科研育人正是促进学生全面发展的重要途径。

第二，从师生共同发展来看，教师不仅自己要发展，还要引领学生发展。马克思说：环境正是由人来改变的，而教育者本人一定是受教育的。要坚持教师先接受相关的教育，再对学生进行教育。学校要采取一系列措施对教师特别是导师进行宣传、教育，引导教师自觉地培育和践行社会主义核心价值观，严格遵守学术道德、加强科研自律、严谨治学、求真务实；同时导师要充分发挥积极主动作用，树立科研育人意识，将学生的科研能力与思想道德素质紧密联系起来，推动育人目标任务。通过教育教学活动贯彻到大学生的学习生活中。可见，科研不仅有利于教师发展，还有利于学生发展，为师生共同发展提供了平台和机会。可以说，科研育人是促进师生共同发展的重要手段。

第三，从人的精神层面来看，人不仅有物质层面的追求，还有精神层面的追求。高等学校不仅要满足学生思想道德、政治修养、科研能力、身体素质等方面的发展，还要满足他们精神层面的发展。科研育人是一个重要途径，科研能为学生精神层面的发展提供条件和机会。学生都有自我实现的精神追求，教师带领学生在科研中攻克难关，取得成果，学生也会有成就感，会感觉到自己的努力和能力得到了大家的认可，个人价值得到了实现；教师引导学生自由探索，无论探索的结果如何，学生都在精神层面得到了自我发展，享受到了精神上的快乐。学生在精神层面的追求还包括对音乐、舞蹈、绘画等文化艺术方面的追求，追求文化艺术的过程本身就是一个研究、创新、创作的过程，是艺术领域的科研，这个过程能陶冶学生的情操，净化学生的心灵，促进学生的全面发展。艺术作品的创作给人以无穷的遐想，能够激发人们的研究灵感，爱因斯坦（Einstein）伟大的发现与他的小提琴拉出的优美的旋律不能说没有关联，伟大的科学家在艺术方面有不错的造诣不是个案，这是科研与艺术相得益彰的结晶。此外，培养良好的意志、情绪和性格等心理特征，也是精神追求的一个重要方面。科研对人的意志、情绪和性格等要素有很大的影响。科研能够锻炼人的意志，培养良好的性格，养成学生勇于探索、勤于思考的学习习惯；能够帮助学生端正追求真理、探求真知的学习动机；能够激发学生敢于突破的创新创造精神。可以说，科研在满足教师与学生对知识和真理的探求的同时，也极大地促进了他们精神层面的发展。

总之，马克思主义的全面发展理论是科研育人的理论基础。基于这一理论，我国确立了德智体美劳全面发展的教育方针,并使之成为我国的教育价值观,也是确立我国教育目的和教育内容的重要理论依据。践行人的全面发展理论,贯彻党的教育方针,促进师生全面发展,科研育人使命光荣、责任重大。

(二) 教学的教育性原则:赫尔巴特教育观中的科研育人理论

赫尔巴特(Herbart)于十九世纪提出了"教学的教育性"原则,早在1804年,赫尔巴特就在《论世界之审美描述是教育的首要工作》一文中指出:"我们可以将教育唯一的任务和全部的任务概括为这样一个概念:道德","道德普遍地被认为是人类的最高目标,因此也是教育的最高目标。"在1806年的《普通教育学》中,赫尔巴特对教育性教学有了更加明确的阐述,进一步论述了教育性教学的必要性和可能性,提出不存在"无教育的教学"和"无教学的教育"。关于教育与教学两者的辩证关系,他认为"教学形成思想内容,而教育则形成性格。没有前者后者是做不到的。"可以看出,在赫尔巴特看来,教育的根本目的在于培育德行,即使人"高尚而不是变坏",教育是目的,而教学只是实现教育的手段。赫尔巴特教学的教育性原则给了我们两点重要的启示。

第一,科研具有教育性。"不存在'无教育的教学'"强调教育是教学的目标,教学要围绕教育这个目标进行。"不存在'无教育的教学'"告诉我们,在高校科研中,没有无教育的科研,科研不能偏离教育这个目标,即没有纯粹的科研。从高校科研的属性来看,不同于科研院所的科研和企业的科研,科研作为高校的重要职能,其本质属性是既要出成果,又要出人才,而人才培养的首要任务就是"立德树人",高校科研履行育人职责只是自身天职而已。从科研活动的全方位来看,科研的教育性渗透在科研活动的每一个环节之中,科研目标的设计能够培育学生的创新精神与远大的科研理想;科研环节的艰难曲折能够帮助学生养成不畏艰难、越挫越勇的顽强作风;科研工作的寂寞枯燥能够培养学生潜心钻研、心无旁骛的坚强毅力;科研程序的严谨规范能够培养学生诚实守信的学术道德和严谨治学的求实精神;科研方法的科学适切能够帮助学生形成正确的方法论;科研产出的科学价值和社会贡献能够影响学生的名利观和成就感,帮助他们树立正确的世界观。

第二,育人不能没有科研。"不存在'无教学的教育'"强调教学是育人的手段,它告诉我们,高校同样没有无科研的教育,即在高校育人中科研是一个重要的手段,科研是育人的有效途径。从教学的组织形式上看,科研不仅要求传授知识,而且强调发现知识。科研是一种创造性的教学,是没有教学大纲的教学,是高水平的教学,是建立在传授知识基础上的旨在发现知识的教学,可以说科研是高校教学的一种特殊形式,承担着特殊的教育任务。从教学的环境场所上看,实验室不仅是传授知识的课堂,还是一个发现知识的课堂,存在大量的教学活动,因此,究其本质而言,实验室也是教学的教室,是实施教学的重要平台,是育人重要的阵地。

可见，高校科研是具有教育性的，育人是不能没有科研的。无论高校的科研职能如何发展，传播真理与探索真知、培养德智体美劳全面发展的高级专门人才始终是高校的第一要务；无论高校科研形式如何创新，其作为育人的重要手段不会改变。赫尔巴特的教学的教育性原则，是科研育人理论的重要来源，为科研育人指明了方向。

（三）由科学而达至修养：洪堡大学观中的科研育人

大学是什么？作为新人文主义者在教育领域的杰出代表，洪堡的大学理念是西方大学史上最经典的大学理念之一，他的教育思想成为指导大学发展的重要定律，他的科研观为科研育人指明了发展方向。

第一，大学必须育人。大学的任务之一就是促进学生个性与道德的修养。洪堡指出，大学兼有双重任务：一是对科学的探求，二是个性与道德的修养。"由科学而达至修养"概括了大学的双重任务和这两个任务之间的内在关系，即大学的活动为从事科学研究，但其根本目标则是促进学生乃至民族的精神和道德修养，科学天然地适于修养的进行。所谓修养，洪堡认为是人的个性全面发展的结果，是作为人应该具有的素质，它与专门的能力和技艺无关，相反，任何专业性、实用性学习会使人偏离通向修养的正途。惟有探求纯科学的活动是达至修养的不二门径。纯科学是用于"精神和道德修养……天然合适的材料"。"纯科学"的研究，不含任何目的的科研既是洪堡的大学理念，也是洪堡对大学科研的定位，这样的大学理念和科研定位要求研究者去除私心杂念，心无旁骛，潜心钻研，这也正是科研育人的主要内容之一，这一理念本身对参与科研的师生是一种思想的引领和行为的规训，为大学科研育人作了厚重的铺垫。

第二，科研应该育人。大学科研归根结底是为了培养人，凡是科研机构都要研究学术，当然在开展科研过程中也培养年轻人，但那是其衍生物，不是主要的任务。只有大学既要开展科研，又要培养人才，而且要用科研成果来培养人才。高校科研不同于院所科研，院所科研更加注重研究的学术性，研究的目的是为了促进理论的发展和前沿领域技术的创新，而高校科研则同时具有学术性和教育性，研究的目的不仅是为了发展学术，更要通过科研进行育人，育人是其不可推卸的职责。在"由科研而达至修养"这一理论中，个人的修养所提供的是一种"生活规范"，具备修养的国家公民是一个国家兴旺发达的基础和前提，个体自由地发展与修养的完善能够促进整个国家和社会的和谐发展，会更有益于国家的发展和社会的进步。也就是说，科研不仅能促进个人的自我发展与自我完善，对于社会、国家和人类的发展同样具有重要的意义。修养虽然建立在个人主义的原则之上，但从根本上与国家和民族的利益息息相关。科研育人是洪堡对大学科研的鲜明定位，为大学科研明确了方向、提出了目标，育人是大学科研的本质特征，也是科研育人重要的理论基石。

第三，科研可以育人。科研活动是一种特殊的认识和实践活动，它对于正在学习和从事这一活动的人来说，具有培育良好的思想品德的特殊功能。科学应该被引入社会生活，但不是通过它在经济上的运用，而是通过促进充满灵感的青年一代的精神、每一个公民的理性以及国民的整体理性来引入。由此可见，科学的社会重要性正是通过人的修养来体现的，即修养由科学产生，又依赖于科学。洪堡认为科学研究"天然地"能够促进人的思想道德的完善，能够达至修养。科学是尚有待于去发现、无法穷尽，并需要不懈进行探索的事物。科学发展本身是一项极具创造性的活动，是通过探索未知领域获得新知识的过程，是一个关于知识的不断发展、更新、改造的过程，科学每一次的具体化都只是在当时某一阶段暂时的理解，只有这样科学才能够进行交流，从而得到丰富、发展和升华，而科学知识只有在人们经历了自身的修养过程时才能够被理解，在这一过程中，科研行为与个人的思想品德相互作用，无形中对研究者的道德修养进行了影响和塑造。

"由科研而达至修养"是洪堡关于大学科研功能的界定，它构成了大学科研育人的核心价值，揭示了科研育人的运行机理，帮助我们加深了对科研育人可行性的认识。

可见，洪堡大学观中的"由科研而达至修养"，明确提出了科研是为了育人、科研应该育人、科研可以育人的思想。可以说，洪堡是科研育人理论的奠基者和开创者。探讨这一理论，对我们加深对科研育人重要性和可行性的理解、找到科研育人方位和途径、增加科研育人的底气和动能，都是大有裨益的。

（四）教书育人理论：思想政治教育学视野中的科研育人

教书育人是指教师在专业教学过程中，通过学科渗透、师生互动和人格感染，引导学生树立正确的世界观、人生观和价值观，激发科学精神和创新意识，形成健康的心理和健全的人格，促进学生的全面发展，从而使学生成为适应社会发展所需要的"有理想、有道德、有文化、有纪律"的合格的专门人才。其内涵主要体现在三个方面：第一，教书必须育人。现阶段，我国的教育目的是造就"有理想、有道德、有文化、有纪律"的全面发展的社会主义事业建设者和接班人。因此，对于高校教师而言，必须有目标、有责任、有意识地育人，按照我国教育目的的要求确定育人的方向，培养社会所需要的人。第二，教书必然育人。教学工作不仅能传授学生知识和技能，还能形成学生的价值观念和道德品质。教师在教授知识的过程中，教师的一言一行，不管是有形还是无形的，都在对学生的身心、精神面貌和知识体系起到影响和作用。第三，在教书中育人。从本质上来说，教书育人是高校教师将自身内在的品德修养通过教学活动"外化"出来，与此同时，学生对教育内容进行选择、理解和吸收，完成"内化"，从而促进学生的全面和谐发展。

科研育人作为高校开展思想政治工作的重要途径，从宏观层面而言，科研育人是教书育人的延伸，是教书育人理论在科研系统的践行；从操作层面而言，科研育人是教书育人的孪生伙伴，与教书育人一脉相承。坚持全员全过程全方位育人，把思想价值引领贯穿教育教学全过程和各环节。即要求"全员、全过程、全方位"的"三全育人"，从"三全育人"这一视角来看，三个方面都有科研育人的位置，各环节都有科研的身影。思想政治教育系统的基本要素主要有四个，即思想政治教育的主体、客体、介体和环体。根据这一观点和教书育人理论，我们从思想政治教育的主体、介体和环体三个要素的视角，以教书育人理论对科研育人的支撑作用为切入点，作一些分析。

从教书育人主体来看，教书育人自古以来就是我国对教师的职业要求，教书育人生命力顽强，历史久远，经久不衰，历朝历代都非常重视。唐代的韩愈在《师说》中对教师的职责和使命如是说："师者，所以传道授业解惑也。"传道在教师的职责中占据着首要位置，而这里的传道，指的就是育人之道。教师是人类灵魂的工程师，是人类文明的传承者，教师承载着传播知识、传播思想、传播真理、塑造灵魂、塑造生命、塑造新人的时代重任。教师不能只做"授业、解惑"的教书匠，更要做能够塑造学生的道德和品行的"大先生"，要把对学生的知识教育同能力教育、价值观引领结合起来，把思想引导和价值观塑造融入每一门课的教学之中。科研人员作为教师的重要组成部分，是教师队伍中的骨干，是教书育人的中坚力量，科研教师开展科研育人不仅是教书育人的践行，也是全员育人的体现，全员育人强调人人育人，科研教师作为全员育人的一支重要力量，必须承担育人的使命。

从教书育人介体来看，教书育人的介体包括教学过程和教学内容，科研过程、科研内容作为传递教育内容的载体，也是教书育人的介体之一。教师不仅要在教学时育人，在科研中也要育人；教学内容是育人的载体，科研内容同样是育人的载体。就科研过程而言，从科研立项到科研成果推广的全过程，对于培养学生爱国情怀和远大目标、拼搏精神和创新意识、团队精神与合作意识、奉献精神和责任意识、学术道德和严谨学风都是大有作为的。就科研内容而言，追求真理、探索未知本身对学生的世界观和方法论就是一种修炼；产出的科研成果，特别是人文社会科学领域的许多研究成果本身就是具有教育性的，能够对人的价值观产生正面的引导；同时教师还能通过挖掘科研中的思想性内容，加以正确的提示和阐述，有意识地引导学生从学习知识中吸收思想营养，使知识转化为引领行动的精神力量。

从教书育人环体来看，学校必须做到处处育人，实现全方位育人无遗漏。教育环境和教育者、教育对象、教育介体一样，是构成思想政治教育活动的有机组成部分。育人环境包括硬件条件与文化环境两大类，就硬件条件而言，除了教室以外，研究大楼、实验室及仪器设备、研究室、会议室、办公室甚至校外的科研基地等都应该成为育人的场所；就文化环境而言，除了课堂教学之外，学校的科研环境也能够对学生的思想进行无声的影响，科研作用于师生，潜移默化地影响着师生的科研行为，又反过来被师生认识、利用与改造。一方面，科研不仅是大学的重要职能、学校的重要活动，更是学校工作的一个重要方位，理应将育人充分渗透其中；另一方面，科研教师在科研场所育人也是全方位育人的要求，是教书育人在科研维度上的体现。

可见，科研育人渗透在思想政治教育的主体、介体和环体之中，贯穿在"全员、全方位、全过程"之中，科研育人在育人的主体、介体和环体中都有自己的责任，在人人育人、处处育人、时时育人中都能找到自己的位置，科研具有不可忽视的育人职责。可以说，教书育人理论为科研育人实践提供了行动指南。

综上所述，马克思主义人的全面发展理论、赫尔巴特教学的教育性原则、洪堡教育观中的由科学而达至修养以及思想政治教育学中的教书育人理论中都蕴含着科研育人的元素，是科研育人的理论基础，体现着对科研育人的呼唤和期盼，是当下践行科研育人重要的指导思想。

第三节　科研育人国内外文献综述

一、高校科研职能的研究现状

（一）国外研究综述

关于高校科研的研究，国外始于19世纪初。这一时期大学开始关注知识的发展，科学研究成为大学的重要职能。伴随科研活动的兴起，打破了大学传统单一教学职能的现状，从而引发了关于大学职能问题的争论。其中具有代表性的人物和著作有：德国洪堡的《论柏林高等学校学术机构的内部和外部组织》及英国约翰·亨利·纽曼（John Henry Newman）的《大学的理想》。洪堡指出，如果规定，大学的任务仅仅是教学和传播科学，科学院则是发展科学，这对大学显然是不公平的。大学的根本原则是在最深入、最广泛的意义上培植科学，并使之服务于全民族的精神和道德教育。为实现自己的职责，理想的大学应该成为一个能获得真才实学的学府、一个自由研究的中心、一个智慧之光的聚合点。进入20世纪，以高等校科研职能为主题的研究逐渐增多，如加塞特（Gasset）写道：科学对大学的发展有很大作用。科学是高等教育赖以生存的土壤，而高等教育从科学中获取营养。科学是大学的"灵魂"和"本原"，但是他依然坚持大学的基本职能就是传播文化和把普通人培养成为优秀的职业活动家，坚决主张把科研活动从大学中排除出去。他的观点被认为激励了那些试图在大学或一些学部完全放弃科研职能的学者们。20世纪60年代以后对大学科研职能的研究进入全面展开阶段，以博克（Bock）《走出象牙塔》、弗莱克斯纳《现代大学论—美英德大学研究》和克拉克·科尔（Clark Cole）《大学的功用》等为代表。他们对大学的本质职能做出判断，并就科研和教学的关系做出阐释。如菲利普格里弗斯（Philip Grievous）认为大学本质上是探究真理的场所；魏格纳（Wegener）认为，科研是博亚大学多种内在的必要活动之一。克拉克·科尔在哈佛大学发表了以"大学的功用"为题的著名演讲，用"多元化巨型大学"来描述当代美国哈佛大学、加利福尼亚大学等的发展状况。雅斯贝尔斯（Karl Jaspers）《什么是教育》认为大学教育的特色在于教育的科学性上，它强调培养学生基本的科学态度。在著作《高等教育哲学》中指出教学和科研的时间安排是一个道德性的问题，研究和教学应是高尚的，价值在于给学生带来自我满足而非为了得到报酬。

（二）国内研究综述

国内关于高校科研职能的研究，大体从以下三个方面展开。

首先，关于西方大学科研职能的历史研究。朱国仁（中共中央党校（国家行政学院）研究生院常务副院长、教授）在期刊论文《西方大学职能观演变之历史考察》研究了大学从单一职能到两职能再到三职能观念上的变化，认为持大学两职能观的观点存在分歧，且尤为突出地表现在对科研的认识。高晓清（研究员，博士研究生导师）《论大学科研》一文从19世纪科研职能确立的历史角度，针对是否大学生都要进行科研、大学科研应以学术还是社会需要为主导、大学科研是否有确定的范畴与明确的边界等问题，分别论述了大学科研的地位、导向和范畴，分析了教学和科研理论争论的原因、提出加强大学科研的应用性思考，强调大学生的科研活动与"大学科研"职能是两个范畴的概念。王明洲（硕士研究生学历，现任河北省邯郸市卫生健康委党组成员）在其学位论文《大学职能转变与组织创新的历史考察》中，研究了从8世纪大学起源到19世纪发展知识职能的确立，认为此时的科研职能是发展知识，柏林大学的突出特点即是实现了传播知识和发展知识的统一。周川（现任苏州大学二级教授、教育科学研究院院长、高等教育学博士点学科带头人）在《从洪堡到博耶：高校科研观的转变》一文中描述了从19世纪初洪堡确立大学"教学与科研相统一"的原则，再到两个世纪后博耶（Boye）提出四种学术类型，将教学纳入科研的范畴。他认为这种观点的变化，是高等教育与科研本身性质的历史性变化。因此当前有必要确立高校"科研的教育性原则"，并以此作为高校科研的道德底线。郑蔚（南开大学日本研究院副教授）的《英国新大学运动与英国高校科研职能的发展》揭示了新大学运动时期英国高校科研职能发展的原因、表现方式和对英国高等教育的影响。

第二，关于我国高校科研职能的历史研究。大学科研职能的形成与发展，是一个历史的、动态的过程。从我国现代意义的大学创建至今百余年里，科研职能在曲折中发展演变，走过了科学研究与大学职能相结合—相分离—相结合的道路，得出我国大学科研职能发展变迁是曲折性与必然性的统一的结论。同时指出新时期我国大学科研职能发展还面临着政府意识、社会认同与大学自身建设构成等内外因素。

第三，关于高校科研问题的影响因素研究。刘昌明（法学博士，经济学博士后，现为山东大学国际政治学教授、博士生导师、山东大学东北亚学院院长、政治学与公共管理学院副院长。）在《强化高校的科研职能》一文中，结合美国、英国、德国等发达国家高校科研在国家科学研究中的突出地位和重视程度，分析了我国高校科研的现状，提出要深化改革，加强高校的科研工作。韩骅（曾任湖北大学教育科学研究所教授、硕士研究生导师、所长、高等教育学硕士点负责人和学科带头人）《现代高校科研问题的分析与思考》剖析了高校科研面临来自政府和工业两个方面的严峻挑战，分析了科研问题产生的原因。赵群（教授、博士研究生导师）在《知识经济时代大学科研的趋势与隐患》一文中指出在知识经济时代，基础研究与应用研究之间单向连接的线性模式被彻底打破，大学的研究更多涉及的是基础研究和应用研究双向影响的"巴斯德象限"。

（三）述评

关于高校科研职能的研究，目前有许多较为深入和成熟的国内外文献研究，为本文研究提供了很好的研究基础。但研究科研如何育人的文章不多，因此也给本文留下了大量探索空间。

二、述评

国外学者并没有明确提出"科研育人"这一概念，而是分别是对"科学研究"和"人才培养"做了相关研究。有学者深入分析论证了高校科研和教学的关系，但观点不一，未能达成一致；有学者提到教学和科研是一体的活动，但总体而言，忽视了科研的育人功能；有学者研究了高校科研职能出现的问题，但是没有找出解决的方案。总的而言，国外学者更多是进行客观性地分析研究，对探索式的解答不够。

从国内高校科研育人的研究现状来看，一方面，产生了一些比较有价值的研究成果，对于科研职能的起源、发展、存在的问题以及科研育人的内涵、方向和途径等诸多问题进行了研究。另一方面，由于时代的发展，科研和育人都发生了变化，被赋予了不同的含义，科研育人的内涵在不断发展和完善。

第二章 高等职业学校科研育人的机理与任务

第一节 高等职业学校科研育人的必然性

一、科研育人是我国社会主义办学的必然要求

高等教育发展水平是一个国家发展水平和发展潜力的重要标志。党和国家事业发展对高等教育的需要，对科学知识和优秀人才的需要，比以往任何时候都更为迫切。教育兴则国家兴，教育强则国家强。不同的社会制度决定着不同的高等教育目的，不同的高等教育目的决定着大学不同的办学方向，决定着大学举什么旗帜、走什么道路、办什么样的大学的问题。这是高等教育发展的根本性与方向性的问题。

我国是社会主义国家，人才培养的方向不能脱离社会主义办学的要求。我们的高职是党领导下的高职，是中国特色社会主义高职。而坚持社会主义办学的方向，离不开对学生进行思想政治教育。对学生进行思想道德教育，其一是通过各种形式的思政课程对学生进行系统的思想政治教育，其二是在科研活动过程中对学生进行思想道德教育的渗透。当今，世界各国之间的竞争实际上是科技的竞争、人才的竞争，科技在国家发展进程中的地位越来越突出，高职的科研活动越来越普遍，高职对于科研也越来越重视。深入挖掘科研中的育人要素，将思想政治教育工作渗透到科研过程中，培育德智体美劳全面发展的社会主义事业的建设者和接班人，为改革开放和社会主义现代化建设服务。

二、科研育人是贯彻立德树人的现实需要

高职立身之本在于立德树人。国无德不兴，人无德不立。育人之本，在于立德铸魂。培养什么样的人，这是教育要解决的首要问题。立德首先要求教师要教育引导学生坚定理想信念，厚植爱国主义情怀，树立共产主义远大理想和中国特色社会主义共同理想，以国家富强和民族振兴为己任，以高远的志向砥砺奋斗精神，立志扎根人民、奉献国家，在人生道路上刚健有为、自强不息。立德还要求教师要加强学生的品德修养，引导学生从点滴小事做起，在日常学习生活中培育践行社会主义核心价值观，完善品德，成为有大德大爱大情怀的人。立德还要求教师要增强学生的综合素质，促进学生全面发展。综合素质的培

养既包括教育引导学生珍惜时间、一心向学；又包括引导学生发展各方面能力，培养学生的创新思维和批判能力；还包括帮助学生在体育锻炼中增强体质，锤炼意志；还要坚持以美育人、以文化人，提高学生的审美能力和人文素养；最后还要弘扬劳动精神，在劳动过程中引导学生崇尚劳动、尊重劳动。

要把立德树人作为教育工作的主线，融入思想道德教育、文化知识教育、社会实践教育各环节之中。在实践中，科研育人是立德树人的重要途径，科研的育人功能是其他德育途径所不能替代的，它有着独特的功能和作用。不仅要把立德树人贯穿到教书育人之中，还要贯穿到科研育人等育人的全过程和各环节，形成教书育人、科研育人、实践育人、管理育人、服务育人、文化育人、组织育人的长效机制，围绕立德树人进行学科体系、教学体系、教材体系、管理体系的设计，构建起以德为先，智体美劳全面培养的教育体系，为培养社会主义的建设者和接班人筑牢更高水平、更加科学的制度基础。

三、科研育人是实现高职"三全育人"的重要途径

把思想政治工作贯穿教育教学全过程，把思想价值引领贯穿教育教学全过程和各环节，坚持全员全过程全方位育人的"三全育人"。从我国当前科研育人的实践来看，科研教师是"全员"中的重要组成部分，学生参与科研过程是"全过程"的重要环节，高职所具有的科研职能和进行的科研工作属于"全方位"的重要方面。可见，"三全育人"引领科研育人活动的开展，科研育人是实现"三全育人"的重要途径。

三全育人的出发点是培养人。培育德智体美劳全面发展的社会主义事业的建设者和接班人，要求学生价值观端正，知识丰富，能力全面。科研活动具有其他教学活动所不具备的育人性质，这一点是由科学研究本身所具有的性质所决定的。科学研究是探索性的活动，研究和思考能够产生深层次的学习，敢于对未知的事物进行质疑和探索，有助于培养和发展学生实事求是、勇于创新、自我钻研、自我探索的精神和意志。三全育人的中心在"育"。科研育人不同于传统的教学形式，从"教"走向了"育"，育人不仅仅局限在课堂，而是渗透到科研活动开展的全过程之中，构建育人新模式，营造育人新生态，全面提升人才培养水平。三全育人的中心在"全"。"全员育人"，要求全体教职员工都要成为"育人者"，一言一行、一举一动都要履行育人之责、产生育人之效，实现育人无不尽责。"全程育人"，要求将立德树人贯穿高职教育教学全过程和学生成长成才全过程，实现育人无时不有。"全方位育人"，要求将立德树人覆盖到课上课下、校内校外，实现育人无处不在。科研育人具有不可替代的德育功能和作用，教师既能通过口头教导，又能通过自身行为品行示范给学生带来潜移默化的影响，还能将育人渗透到学生学习探索的全过程之中，将德育贯穿在学生的科研过程和日常生活中。

第二节 高等职业学校科研育人的任务

一、育人为本，高等职业学校科研理应立德树人

高等职业学校是以培养人才为根本任务的地方，理应育德为先。高职从诞生的那天起，一路发展变革历约千年而不废。因为高职里的文化传承，尤其是对人德育的培养，使高职有了精神的命脉历久弥新。正如一位教授指出，因为人性的净化是非常缓慢的，那些触动到了人根本的东西是拥有长久生命力的。弗莱克斯纳认为，无论民族传统和民族气质差异大小，高职的学者和研究人员都应关注四大任务：知识和思想的保存；知识和思想的解释；寻求真理，训练青年学生成为将来继起的工作者。只有高职注重智力的发展，鼓励学者去研究社会问题，人类社会才能避免盲目、自私的发展，走上理智发展的轨道。这种重视对人精神素养和道德修养的培育，就是高职精神自古至今的延续。高职的科学研究本身也是人才培养的方式和路径，是对学生品德的培养，人格的塑造，重在"育德"。大学生教育是高职人才培养的基础性工作，更应摆到重中之重的位置。

二十世纪八十年代美国开展了针对性的教育改革，教育界重新定位了高职教育的培养目标，着重将科研训练作为创新人才培养的重要举措之一。在广义上，高职生研究本身就是最纯粹的教学方式。教师认为学生参与科研有助于构建学生认知水平，培养技术水平、沟通表达能力、促进个人发展等。学生认为参与科研有助于深入学术领域主题、处理解决问题和学习道德标准等。

科研育人可以作为是高职德育的一个方式，不仅因为科研本身的教育性，还因其特殊性。科研是一柄双刃剑，科研与育人结合，能达到和教书育人一样甚至事倍功半的效果，高职肩负着为社会主义现代化建设培养建设者和接班人的重任，而且是培养具有较高科学文化素质和思想道德素质的人才。科研育人是两者的有机结合，是新形势下高等教育改革的时代召唤。教师把科研带进课堂，使学生了解最新的科研成果，有助于学生知识体系丰富和更新；学生参与科研活动的过程，有助于思维能力锻炼、科研精神养成，团队意识增强。科学研究的参与者，不光是教职人员，本科生和研究生都应参加其中。通过形式多样的科研活动，使学生认识科研、了解科研、走进科研，不仅有助于科研精神的培育和道德素养的养成，在今后的学习工作中学以致用，独善其身，更能激发爱国主义和弘扬民族精神，科研育人是对学生"育德"的一个过程，符合高职以德为先的育人根本。

二、职责使然，科研必须同步育人

高职是育人之地，高职一切工作的中心均围绕人才培养而展开，高职的思想政治工作

更关乎到高职培养什么样的人,如何培养人以及为谁培养人的问题。高职科研也承担着培养人的重要职责,科研工作须围绕育人而展开。高职科研育人通过科研活动促进学生思想政治层面的提高和人格素质的完善,符合高职思想政治工作的精神。高职科研的特点也体现了人才培养的特殊要求,高职既是教育中心,又是科研中心。存在主义哲学家雅斯贝尔斯甚至认为:高职的首要职能是科研,其次是教学。因而,科研是先于教学的高职职能。雅思贝尔斯(Karl Jaspers)并非忽视高职教学,而是看到了科研在育人方面和教学一样的重要性和必要性,他认为教育的科学性是高职教育的特色。科研培养人基本的科学态度,科研育人符合教育的基本规律。

我国高职人才培养和科学研究是显著相关的,科学研究(自然科学研究和社会科学研究)不仅对研究生培养,对本科生、高职生培养都发挥着重要的作用。不管是理工、综合、师范还是其他类型高职,人才培养与科学研究已经没有出现负相关关系,全部呈现出正相关的关系。由此可见,人才培养终究不能离开科学研究,科研的教育性使其必然具备育人功能。重点高职既是教育中心,又是科研中心,在科学研究上担负着更加重要的任务,因而也就需要更加充分地发挥科研的育人功能,这是高职发展的必然要求。

第三节 高等职业学校科研育人的机理

高职科研育人的机理主要体现在以下几个方面:首先,参与科研的整个过程便是科研的育人过程,科研过程是对学生良好品质的塑造、正确价值观的引导和健全心理素质的培养;其次,科研过程中使用的研究方法是对学生运用能力的培养和综合能力的开发,不仅丰富学生的理论知识,也使学生在学习运用科研方法时培养思维能力、动手能力和问题处理能力;最后,科研结果是对学生运用科研方法解决研究问题的印证,科研结果开阔学生的视野,激励学生再攀高峰的斗志。

一、科研过程的育人机理

(一)勇于开拓,敢为人先的创新精神引领学生

科研是未知的,科研的价值取向是探求未知,因而科研过程也是一个创新和创造的过程,需要不断开拓向前。但通往科研的道路充满艰难险阻,这就需要有超越常人的勇气来面对困难。科研过程培养学生立志高远、面向前沿、敢为人先、勇攀高峰的创新精神。创新精神能是人内在的一种潜能,运用不同的方法、得出不同的结论都是创新。通过科学研究可以激发学生的求知欲,对未知领域探索的兴趣、和创造能力,培养学生的好奇心,发挥自主学习的主观能动作用来进行科研探索。通过科研训练,培养学生积极进取,通过自

己所学的科研知识来分析和解决实际问题，培养学生的运用能力，还可以深化对理论基础的认识。

（二）不计名利，大公无私的奉献精神教育学生

真正的科研是一门学问，不夹杂任何功利的成分。科研需要保有平常的心态的，研究人员需不计名利，心无杂念，全身心投入到研究事物上。对科研的追求，应更多地看重科研过程而非科研结果。这就需要不计较得失，不贪图名利，怀揣一颗奉献于科研的精神参与科学研究。科研过程对人们道德品质的影响和精神境界的塑造，可以在爱因斯坦《追悼玛丽·居里》的追悼词中体现：所以能取得，不仅是靠她大胆地直觉，而且靠着崇高的品德，靠着在那难以想象的极端困难的条件下工作的热忱和顽强，这样的困难在实验科学历史中是罕见的，她之所以伟大，除了发现放射性元素——镭，还因为她有无私的品德，她对青年一代的影响和历史的整个进程的意义在道德品质方面，……居里夫人的品德力量和热忱，哪怕只有一小部分在欧洲的知识分子中间，欧洲就可以面临着一个光明的未来。科研过程中培养大公无私，默默奉献的科研精神。

（三）勤奋刻苦，百折不挠的拼搏精神感染学生

科研不是一蹴而就的，面对科研工作的复杂性和艰巨性，需要研究者远离浮躁，潜心研究以及艰苦地探索。科研不是一帆风顺的，科研过程中可能出现各种诸多困难、波折和反复，并伴随随时出现的挫折和失败，甚至需要常人无法忍耐的漫长时间。一个理论的得出往往要经历被证明、被推翻再被验证。著名科学家钱三强说过，科学经历的是一条非常曲折、非常艰难的道路。科研工作的复杂性和漫长性，需要长时间的积累和磨练，能否经受住默默无闻和无人问津，非常考验科研工作者的抗压能力和科研素质；对科研过程中可能出现的各种挫折和失败要有预见性并保持良好的心态，科研成果是在反复实验求证中获得的；考验学生排除各种消极因素的影响，坚定、坚持和坚信已经确立的研究方向，正确面对压力和挑战，面对成功与过失，面对困苦和挫折，面对批判与检验，在"胜不骄败不馁"中培养矢志不渝的行为习惯和勇往直前、百折不挠的执着精神。

（四）严谨治学，实事求是的科学精神熏陶学生

科研是严谨的，容不得半点的马虎和敷衍。胡适认为，科学精神在于寻求事实，寻求真理。在科研起步阶段就需要培养研究者养成良好的行为习惯，用规范的学术道德约束自己，是科研活动开展中必须恪守的行为准则，也是社会主义道德思想和原则在科研工作领域的现实要求。科研过程是追求真理的过程，必须做到实事求是，自我努力，尊重科学知识和科研劳动，培养良好的心态。通过科研，引导高职生在科研起步阶段养成良好的行为习惯，恪守学术道德规范，通过科研，培养学生严谨治学的学风和诚实守信、独立思考的科学态度；研究者在科研过程中也应时刻保持一颗怀疑批判的心，许多研究成果都是在挑

战和质疑已有结论基础上得出来的。对自身在科研过程中运用的理论方法也该审慎反思，不断改进，使研究过程和结论更为严谨并经得起检验。

（五）分工合作，团结互助的集体主义精神启发学生

科研程序繁多，需要不断试验，而个人精力有限，只有发挥团队每一个人的力量，才能形成合力攻坚克难，摘取科研道路上更丰硕的成果。团结合作能力与合作精神自古至今都是科技工作者必备的素质和能力。通过科研分工的形式，引导高职生参与或组建科研创新团队，让学生在团队中相互借鉴，取长补短，互相鼓励，不断完善，培养科研创造的勇气和信心来面对科研过程未知的困惑，使学生学会分享、学会包容，增强团队荣誉感，培育他们积极参与合作的集体主义精神，将团队的研究成果汇聚成科研创新的巨大动力和能量推动科研进步。综上所述，科研过程对培养人的品德、磨炼人的意志、提升人的心理素质，即科研作风和科研精神都有着潜移默化的作用。

二、科研方法的育人机理

爱因斯坦说过，学习知识要善于思考，思考，再思考。我就是靠这个方法成为科学家的。成功＝艰苦劳动＋正确方法＋少说空话。科研方法的育人功能蕴含在学习并运用科研方法的过程中，正确的方法是科研成功的保障。对于科学研究方法体系的构成，学术界的观点尚未达成一致。一种有代表性的观点认为：可以根据科学研究方法的地位划分为上、中、下三个不同级别的方法。哲学方法是最上层的方法，科学研究方法在中层，下层是较为特殊的研究方法，只适用于个别科研领域、某类学科分支或者某个科研项目中需要用到的方法。概括地表述为哲学方法，一般研究方法和具体研究方法。这三个级别的方法相辅相成，构成科学研究方法体系的有机整体。哲学方法论是方法的方法，就哲学层面而言的，是高职进行科研活动中最高级最普遍的方法论。哲学方法来自马克思主义，揭示了一切自然界、人类社会和思维运动的客观规律，需要研究者自觉学习并运用马克思主义的哲学观去研究问题。从一般层面而言，科研中主要用到分析与综合、归纳与演绎等基本方法。分析法是从未知到已知的过程，需要研究者以被分析事物的个体和主体的关系为客观基础，把研究对象拆分成各个要素和组成部分，通过研究现象判断事物的本质属性。综合法则是从已知到未知的过程，把被研究对象的各个组成部分和方面因素联系起来，通过逻辑推理，最终推断出待论证的问题，揭示研究事物的规律。归纳法和演绎法是另一对具有辩证统一关系的方法，也是研究者经常使用的两种方法。归纳法是从特殊到一般，由个别材料中概括出普遍的结论，其主要环节是归纳推理。演绎法则是从一般原理（包括假设和前提）引出若干事物的结论的思维方法，是从一般到特殊的思维运动。因此演绎法也对科研人员提出更高的要求，需要判断选题的可行性，确保选题的严谨性并对研究结果有预见

性。具体研究法是指在需要进行研究的某一领域，通过科学的逻辑方式，采用（提出假设、编拟研究方案、严格实施研究方案、收集大量资料、定性定量分析资料、得出结论、建立理论等）严密而规范的标准化的程序和严谨的科研态度进行研究的某种特殊方法。教育科学研究的具体方法主要包括观察法、实验法、临床法、问卷法、测验法、经验总结法、历史法、文献法、比较法、统计分析法等。通过科研方法培养学生勇于创造的学术道德，开阔学生的视野，突破原来的学习范围获得新的知识，参与科研的高职生通过调查、分析、观察、综合、概括、总结等方法，不仅学习了科学的研究方法作为自身知识的扩充，理论上得到升华，同时也培养了缜密的逻辑思维能力、统筹规划能力、实践动手能力、应变和解决问题能力，做到辩证地看待事物并能够举一反三。

三、科研结果的育人机理

首先，科研结果的处理和应用，是对科研数据一个整合的过程，在科学研究整个过程后画龙点睛的一笔。不仅需要研究者对研究数据的分析、综合，对研究过程的选择、概括，还需要对研究结果的预测能力。学生在实际生活中的应用能力，是对科研结果的检验。应用不仅仅是体现在生产实践中，也体现在学科发展上，科学研究的应用价值在于其对学科发展的贡献上。这对培养人的综合能力意义重大，而且可以检验科研结果是否可以育人。其次，科研结果是揭示事物发展客观规律的过程，这需要研究者尊重自然本身的发展规律，不违背生存法则，研究活动始终保持生态平衡，从科研结果中培养热爱自然，珍惜资源的社会公德。科研结果是去伪存真的，这也为人类道德批判和评价能力提供了依据，科研结果的论断有助于培养学生正确的人生观、价值观和世界观。再次，对于研究结果的认识，能使学生认识到国内外研究水平和差距所在，鼓励他们带着祖国的前途、社会的需要和个人的发展进行科研活动，增强为国家富强和人民富裕而刻苦钻研的斗志，激发努力发展现代科学技术的内在动力，增强关心和推动我国改革开放和社会主义现代化建设的历史使命感和社会责任感。由此可见，科研育人最终培养的是全面发展的人才。不断壮大高职主流思想舆论，扎实推进高职思想理论建设。科研结果培养包括学生的科研创造意识、创新情感，从而将学习科研知识与报效祖国的爱国情感结合起来，开展科研活动与服务人民的民族精神结合起来，取得科研成果与贡献社会的道德情操结合起来。通过参与科研的全过程得出的结果，给高职生上了一堂理想信念教育、爱国主义教育、公民道德教育与养成教育的实践课。科研是站在前沿的攀登。教师带领学生科研活动，接触的都是最新的情报信息、最新的科技成果。了解和掌握科学技术发展的最新动态，有助于开阔学生视野，让学生进入学科前沿，站在更高的起点。最后，科研是前沿的，科研结果丰富了教学成果，增添了许多前人未曾得出的研究结论。教师开展科研活动，学生参加教师的科研活动，接触的都是最新的情报信息、最新的科技成果。洞察和把握科学技术发展的最新动态，有助于引导高职生科研内容朝着面向世界，面向未来，面向现代化的方向发展；有助于培养高职生积极向上、勇攀高峰的精神状态和面向前沿，立志高远的思想认识，在科研领域取得进步和成绩；有助于形成厚积薄发和居安思危的忧患意识：只有不断学习创造，才能跻身科研的最前端。教师在科研过程中也能了解当前社会对高职的动态需求，把握该学科国内外发展趋势，将科研最新成果及时有效地运用在教学上。同时，科研结果激励着学生对知识不断追求，对理论不断探索，对未知领域不断创造，也为努力形成全民学习、终身学习的学习型社会奠定了坚实基础。科研育人作为高职思想政治工作中的一个重要环节被提上议案，符合新形势下高职的发展道路。科研过程、科研方法和科研结果贴近实际、注重实践，是对人全方位的培养，能提升社会主义核心价值观建设的持续推进，引领高职意识形态领域主流积极健康向上。

第三章　高职院校科教融合育人体系构建

第一节　高职院校科研育人体系的构建思路

如何有效扭转高校科研的"错位"现象，实现科研工作与人才培养的相互促进与发展，是当下亟待解决的问题。在新的时代背景下，科研育人一再被提上重要日程，这与高校培养有创新思维、反思意识、科学作风的新时代高水平人才的目标是紧密相关的。要真正落实科研育人工作，高职院校应从观念更新、目标设定、操作手段、保障机制等方面理清思路，搭建有效可行的科研育人框架，构建教学、科研、育人三者共生共荣的良性循环的科研育人体系。

落实立德树人根本任务，发展素质教育，推进教育公平，培养德智体美全面发展的社会主义建设者和接班人。在此背景下，教育部提出了建设"十大育人"体系的任务，科研育人是其中重要和关键的一环。在新时代背景下，如何有效扭转高校科研的"错位"现象，实现科研工作与人才培养的相互促进与发展，是当下亟待解决的问题。2019年1月24日，国务院印发了《国家职业教育改革实施方案》（简称"职教二十条"），提出未来职业教育改革的目标是要牢固树立新发展理念，服务建设现代化经济体系和实现更高质量更充分就业需要，对接科技发展趋势和市场需求，完善职业教育和培训体系，优化学校、专业布局，深化办学体制改革和育人机制改革，以促进就业和适应产业发展需求为导向，鼓励和支持社会各界特别是企业积极支持职业教育，着力培养高素质劳动者和技术技能人才。该方案进一步明确了高职院校育人工作的重要性，也指出了育人与理念创新、机制改革、人才培养的紧密联系。中国特色社会主义进入新时代，对教育改革发展提出了更高的要求，把"立德树人"的人才培养目标贯穿于全过程，将"改革创新"的教育理念融入教育发展的各个环节，是当下高校开展教育工作的两大关键点。

本文从教育理念、培养目标、培养手段、保障机制等方面入手，提出新时代背景下高职院校科研育人体系的若干构建思路，并在此基础上提出以科研为引领的五位一体科研育人实施路径。

一、核心概念

在进行科研育人体系构建思路的论述之前，必须先厘清两个核心概念的内涵和意义。

（一）新时代

新时代是高职院校有效开展科研育人活动离不开的大环境。经过长期努力，中国特色社会主义进入了新时代，这是我国发展新的历史方位。这意味着我们正处于一个社会不断变化、经济迅速发展、文化持续繁荣、科技日新月异的新时代，只有认清新时代对于人才培养有更高的、多方位的要求，才能更好地理解新时代的特征赋予高校育人工作的新使命、新职责。

除了政治、历史的定位，对于当下经济、文化、教育而言，新时代的关键内涵离不开"互联网＋"这个核心概念。关于"互联网＋"，有这样的解释："互联网＋"是创新4.0下的互联网发展的新业态，是知识社会创新4.0推动下的互联网形态演进及其催生的经济社会发展新形态。可见，"互联网＋"是当下与之前任何一个时代有根本区别的主要特质，我们的工作、学习、生活都已经离不开互联网，因此只有充分、科学利用这个时代赋予的新手段、新技术，才能使教育工作与时俱进，培养出新时代需要的创新人才。

（二）科研育人

思想价值引领贯穿教育教学全过程和各环节，形成教书育人、科研育人、实践育人、管理育人、服务育人、文化育人、组织育人长效机制，科研育人作为高校育人体系重要的一环，迅速走进了高教研究者的视野。在新时代的背景下，关于科研育人的研究也越来越受到学界的关注。当前，学者对科研育人的理解各有说法。有学者认为：科研育人的理念，不仅是指向学生传授新近的学术成果与思想文化，促进学生的知识长进和观念更新，更是将学生纳入科研工作环境之中，进行研究性学习，培养其实践能力、创新精神与团队合作的意识，以适应社会主义现代化建设的需求。有人认为：科研育人是适应时代发展的育人模式，是指高校广大科研工作者在从事科研工作中对学生产生的有益帮助和积极影响，是一种有目标、有责任、有意识的教育引导行为，是培养大学生综合素质和创新能力的有效方式。还有学者站在更高的角度，认为科研育人应是科教融合、协同创新。

综合已有的研究观点，狭义的科研育人是一种育人模式，它是"培养大学生综合素质和创新能力的有效方式"；而广义的科研育人则是一种教育理念，是依托"生本"教育思路、科研与教学相互融合的教育理念。科研育人，其本质上体现的还是科研与教学的共生共荣。在新时代背景下，科研育人一再被提上重要日程，这与高校培养有创新思维、反思意识、科学作风的新时代高水平人才的目标是紧密相关的。

二、新时代背景下高职院校科研育人体系的构建思路

针对上述调研数据的结果和分析的成因，我们认为，要清除障碍，实现真正的科研育人，就应该从观念更新、任务目标设置、操作手段、保障机制等方面理清思路，搭建真实、可行、有效地高职院校科研育人框架。

（一）观念更新：深刻认识科教融合

要实现真正的科研育人，使科研育人在高校工作中实现良性的运转，首先应该实现从宏观的学校层面到微观的师生层面的观念转变和更新，深刻理解科教融合理念，认清科研与育人不可分割的关系。

所谓科教融合，就是科研与教学相互融合，相互促进，共生共荣。《现代汉语词典》对"学校"的解释是"专门进行教育的机构"。而"高校"则是进行高等教育的学校。可见，无论属于哪个层次，教育都是学校能称之为学校的本质所在，所有脱离教育这一大前提而开展的活动，在学校的范畴里都是不合理的，也是不正常的。因此，高校的科研与教学原本就应该具有天然的依存关系，两者的融合是必然，也很自然。然而如前所述，当下高校的科研与教学出现了分离甚至是分割，许多本科院校都以建立研究型高校为目标，而高职院校则一般定位为教学型高校，这种状态显然不利于高校对人才的培养，更不利于学校自身的发展。实际上，任何一所大学都应以培养人才为主，这是大学组织存在的基础。科研与教学的融合是回归大学本质的根本途径，也是现代大学保持知识传统与大学学术组织根本属性的唯一途径。科教融合不仅能让大学更好地达成人才培养的目标，还能让高校的科研活动不再是悬空的独立个体，与教书育人紧紧相连，对人才理性思维进行高水平、高质量培养。因此，深入认识科教融合的重要性是有效开展科研育人的关键第一步。高校的科研人员甚至全体师生只有扭转了认识上的误区和偏差，才有可能在行动上作出改变，无论是教师还是学生都将科研活动回归到教育这条生命线上来，才能让教育教学工作展现科学研究的魅力。

（二）育人目标：培养新时代有反思意识的人

大学教育归根结底应该是对"人"的教育和培养，所有的工作最终都应服务于"人"的发展这一终极目标，高职院校也不例外。因此，培养有反思能力的创新型人才，是当下高职院校科研育人应承担的主要任务。目前的形势非常需要高校的人文环境和教师共同努力，帮助学生在宝贵的大学学习阶段掌握和强化辨别是非、真伪的能力，而这当中首当其冲的就是要学会提出质疑。人类所有新的知识点都是从为什么开始的，只有同时保持着对知识的敬畏和反思，才有可能找到盲点继而提出属于自己的观点，知识才会在人们的推动下与时俱进。高等职业技能人才是社会发展的关键和重要动力，要推动知识更新、社会发展，对高等职业技能型人才的思维能力、处事风格、学术道德的培养无疑是至为关键的一环，而这一环的重担则落在了高校得天独厚的科研工作和科研环境上。各高职院校应把科研育人工作和人才培养模式纳入学校整体的人才培养体系之中，从师资队伍、专业建设、课程设置等方面进行改革，同时在人才培养激励机制和评价机制上进行调整，使科教融合协同育人工作达到理想效果。

（三）介质（手段）：充分利用"互联网＋"时代的技术与"人"的手段

在"互联网＋"时代，教学理念不断更替，信息化教学的手段也在不断提升，充分利用网络资源和技术开展教育工作可以说是大势所趋。在开展科研育人工作中，只有紧紧依靠新的教学理念和手段，才能使育人工作切实落地。当代大学生无论是学习还是生活，几乎都被可视化、交互式、讯息多元化的网络世界包围着，要对他们开展行之有效地教育工作，就要采用他们喜闻乐见、易于接受的方式和手段，如依靠具有交互功能的交流平台进行即时交流和反馈，采用网络课程、微课、慕课等开展全程教育，还可以改变授课方式、课程设置等实现全方位教育，使课程教学与科研活动实现真实、深度的融合。

除了网络技术，科研育人的落实还离不开"人"这个关键因素。这里我们说的"人"主要是指开展科研育人工作的师资队伍。在新时代背景下，教师除了应及时更新教育理念、更替科研知识以外，还应积极提升信息化教学水平，不断更新互联网的教学思维，把科研焦点落到学生这一教育主体上来，开拓科教融合的思维，构建师生合作的"学术共同体"，落实科研的全员育人、全程育人，真正实现科研与教学的共生共荣。

（四）运行保障：依托"三全"育人构建科研育人保障机制

所谓"三全"育人，即全员育人、全程育人、全方位育人，其中全员育人指的是构建以促进学生素质全面发展为目标的全员参与、全员负责、全员监督的育人体系，其目标是实现"人人都是育人工作者"；全程育人是强调育人工作的连续性和完整性；而全方位育人则是强调育人因素的齐抓共管、同频共振，实现"事事是育人内容，处处是育人阵地"的目标。"三全"育人的思路从人员、方式、职责、任务、运行机制等给出了全面的指引。科研育人工作的开展应依托"三全"育人的思路，推行灵活的教学科研融合机制，改进科研环节提升育人附加值，完善科研评价标准，同时构建师生结合的科研人员队伍，设置科学合理的任务和目标，建立科学有效地保障机制。此外，各级教育管理部门、各高校在管理层面要保证提供良好的管理环境，制定科学、完善的管理制度，保证科研育人工作在策划、实施、评价、监管等环节都能顺利进行。

（五）体系内的良性循环

在整个实施框架中，科教融合的观念触发科研育人目标的建立，接着以目标为导向，促进"人"的因素和技术手段的更新，推动科研育人工作的开展。在此过程中制度建设、机制完善等保障体系的建立，是科研育人工作顺利进行的有力保障。在这一运行思路下培养出适应新时代需求的、具有科学素养和反思精神的技能型专业人才，进一步推动科研育人观念的更新，促使下一个育人工作的良性循环。

综上所述，高职院校科研育人是一个需要全校师生甚至全社会共同参与的工作。科研育人的构建思路依托高职院校的特点，不仅需要我们有与时俱进的教育理念，有明晰、创新的人才培养目标，还应有学校健全的激励和保障机制，以及思维新颖、敢于开拓又拥有扎实专业技能的教学科研队伍。在新时代背景下，高职院校应以科研为引领，将科研育人体系的思路付诸实际工作中，深入依靠各高职院校自身的专业特色和优势，既实现在科研中育人，又做到在育人中产出科研成果。

第二节 高职院校科研育人保障体系的构建

高职院校要达到面向全员的科研育人效果，不但需要上级主管部门出台并逐步完善相关政策和制度，还有赖于各高职院校根据自身情况对制度进行细化和补充，多级配合，以充分发挥相关政策和制度对科研育人的引领和促进作用；同时，要对高职院校科研育人工作进行有效地激励和促进，加大对教师的培养，通过优化专业人才培养方案、重构专业课程体系、搭建科研育人平台、完善实施保障等措施，来促进科研育人的全面实施。

创新型国家建设已经成为我国新时代社会主义建设的主要工作。高等职业院校是我国创新性技能人才的培育主体，在创新型人才的思想道德教育、创新能力培养、实操技能训练等方面承担着国家建设和发展的时代重任。科研育人是高职院校落实"立德树人"根本任务的重要途径之一，也是高职院校培养创新型人才的重要途径之一。目前，高职院校发挥科研育人的功能较弱，表现为：一是高职院校科研育人管理制度与评价机制有待完善，二是高职教师的科研能力与育人意识有待加强，三是高职院校科研育人的保障机制有待提升。高职院校要达到面向全员的科研育人效果，必须构建完善的科研育人保障体系。科研育人保障体系包括组织保障、制度保障、师资保障、实施保障、经费保障等。上级主管部门和各高职院校需要从制度层面不断完善，以促进科研育人的全面实施。本文主要对高职院校科研育人的制度保障、师资保障与实施保障进行研究。

一、优化完善高职院校科研育人制度

从社会科学的角度理解，建立制度的目的是通过制定规则或运作模式，规范或影响制度内人们的行为。要把高职院校的科研育人落到实处，切实发挥科研育人的功能和作用，这就要求上级主管部门和高职院校要制定完善的政策制度，发挥好政策的引领作用、制度的导向作用与评价的激励作用。

（一）上级部门发挥好政策的引领作用

近年来，党中央和国家通过顶层设计，出台了一系列加强高校思想政治工作的意见、实施纲要等政策。高等院校的思想政治工作和宣传导向更加注重学生全面发展，力求在学生的思想道德、科创水平、实践能力等方面协同发展，形成教书育人、实践育人、科研育人、管理育人、服务育人长效机制，增强学生社会责任感、创新精神和实践能力，全面落实立德树人根本任务。

构建全员全过程全方位育人的思想政治工作格局，科研育人是全方位育人的重要组成部分。

(二) 高职院校发挥好制度的导向作用

高职院校要根据各自学校的特色和发展定位，依据国家和省级部门的政策与制度，从学校、部门、教师与学生四个方面，健全完善高职院校科研管理制度，把科研育人的要求与科研育人理念融入科研管理制度中，通过制度来引导科研育人的实施，并规范科研育人活动环节。如：在科研团队建设管理中可以明确团队中学生的参与人数以及对学生创新能力培养的要求；在科研项目管理中不仅要对项目的建设要求进度等有约束，也要加大对项目实施中育人的考核；要科学制定和完善教师工作量管理办法，重点提高教师科研工作量与教研工作量这两方面的管理水平。要通过制度固化科研育人的价值理念，解决高职院校师生在科研育人工作过程中遇到的难题，充分发挥好制度的导向作用。

(三) 高职院校发挥好评价的激励作用

高职院校要构建完善的科研育人考核评价与监督机制。一是加强具体行为评价体系建设。比如对成效显著的团队或个人行为予以奖励，用评价指标规范，让科研育人理念深入人心。把科研育人评价理念体现在人才培养评价体系中，将科研育人的实际成效纳入教育考评内容，促使科研育人理念的实施规范化和长效化。二是要建立合理的科研育人监督机制，不仅要重视科研育人的结果，更要注重科研育人的实施过程。从学校、科研处、教务处、二级学院等层面构建完整的科研育人督导机构，在不同层面实现对科研育人实施的督导。督导评价应公开、公平、公正，发挥好评价的激励作用。三是要不断完善评价体系与监督机制。根据实施情况，定期修订学校科研管理制度与科研考核评价制度，形成闭环反馈环节，切实达到高职院校科研育人的实效性。

二、加强对高职院校教师的培养力度

(一) 培育教师的科研育人理念

高校教师必须树立科研育人的理念，正确处理科研与育人之间的关系，把育人功能有机融入科研过程中。思想道德建设和科学研究活动是一体的两个方面，是不可分割的整体。科学研究的过程就是对学生进行思想道德建设的过程，科学研究的过程也要体现科研本身的思想价值，更要塑造科学研究的价值高度。另外，在培养学生科学精神的同时还要培育学生的世界观；在培养学生的学术道德的同时，塑造学生的价值观；在培养学生的人生价值方向的同时，引导学生树立正确的人生观。教师的工作既要立足于教书，更要着眼于育人，通过教书来实现育人，二者一样重要。要培养教师树立全过程的育人意识，在科研项目研究、科研活动实施中，把培养学生至诚报国的理想追求、诚信敬业的人生态度等有意识地贯穿整个过程，把思想品德、学术诚信、科研素养、团队精神、科研精神计入学生的日常德育考核，通过在科研实践活动中融入对学生政治、思想、文化素质的培养，为培养具备匠人技艺和创客本领的复合型技术技能人才发挥科研育人作用。

（二）提高教师的教研科研能力

与高职院校的特点与发展历程有关，高职教师在科研教研方面的能力要弱于其在教学方面的能力，与之相对应，高职教师主要工作也落在教学上，其教研与科研能力有待提高。为了尽快改变这种状况，应该全力提高教师的教研科研能力，开展必要的培训并提供必要的鼓励措施，以便高职教师能够具有更高的教研科研能力和与之相对应的社会服务能力。根据各高职院校的特色和发展定位，开展师资培训，多措并举，促进教师的科研能力的提升，以及教学和教研能力的升级。

一是加强高职院校与相关企业的全方位合作。教师去企业参加专业技术培训、参与企业的部分研发工作，进而对相关专业技术领域的新技术、新趋势有足够的理解。二是加强高职院校与所在行业且具有较强创新能力和合作意愿的企业主体进行多种层次的合作。主要目的是促进企业的研发任务和项目课题的研发团队的多元化；鼓励高校教师与企业研发人员进行合作研发，实现优势互补和协同创新。三是加强高职院校教师和企业导师的技术交流。二者通过技术交流、研讨、分享等方式互通有无，尽快弥补高职教师在实践上的短板。四是大力推进以竞赛促科研，鼓励教师以团队的形式进行精品课程的创建、开发和呈现，积极参加各级教学竞赛，以竞赛促进精品课创建，以竞赛带动科研项目进展，进而提升教师的科研能力和水平，并在一定范围内形成带动作用和促进作用，从而带动全体教师的科研工作，形成合理的科研梯队和发展态势。通过指导学生社团与指导学生参加各级各类比赛，提高教师的专业能力与自身的理论素养，促进科研与教学高效协调发展。

（三）提高教师的科研育人能力

教师要发挥科研育人的功能，要提高整体规划科研育人的能力，让学生了解科研、接触科研、理解科研、参与科研，这是一个系统性和整体性的工作，需要整体规划部署。科学研究的一个重要特点是其具有较强的实践性。科学研究需要在实践中摸索、锻炼、体会和理解。对学生科研能力的培养也离不开实践。要安排学生参加科学研究实践，通过具体的科研项目的锻炼，培养学生的科学研究素养，让学生在学中做、在做中学，通过教师的引导和启发，在实际的科研活动中培养学生的工作思路、思维能力。同时，通过教师的言传身教，逐步培养学生坚韧不拔的科学态度和钻研精神。教师要提升把科研融入教学的能力，把科研成果转化成教学载体融入课程中；在单元设计、课堂讲授中融入前沿科技动态，提高学生的学习兴趣与创新精神，培育学生的科研素养与科研意识。教师在指导学生进行科研项目研究与完成科研活动的过程中，要以身作则，以自身的学术素养和人格魅力感染学生，以自身严谨的科研态度和锲而不舍的科研精神鼓舞学生。

三、构建完善的高职院校科研育人实施保障

(一)优化专业人才培养方案

现有的高职院校人才培养方案与人才培养计划主要包括职业面向、培养目标、培养规格、课程设置、教学进程安排、师资配置要求、教学场地要求、教学评价等内容,却没有包含科研育人的内容。在"三全育人"的背景下,高职院校在制定人才培养方案时,在培养目标、课程设置等方面要加入科研育人的内容。如:在培养目标方面可以增加科研精神、创新精神等目标的培养;在培养规格方面可以增加科研素养、学术诚信等培养内容;在课程设置方面可以增加与科研育人有关的课程。对学生的人才培养方案也要不断完善,在安排教学内容和科研任务的同时,要增加科研育人的理念,通过教学促进科研,在科研中促进教学,实现二者的良性互动和合二为一。在科研中培养人,在育人中促科研,实现"科研即是育人,育人即是科研",在高职院校中建立起"科教融合、科育融合"的新型人才培养体系。对于人才培养方案中涉及的教学设施、教学资源、教学方法、教学评价等,要增加科研育人的内容,只要这样,才有可能保证高职院校全部学生都接受科研的培育。

(二)重构高职专业课程体系

在人才培养方案的诸多内容中,首要内容就是课程体系。要把科研育人落在实处,就要在课程体系设计中增加学生学术诚信等内容,重构课程理念、改革课程编制体系,在课程体系中明确学生在不同的学习阶段可以参与的科研项目或类型等。比如可以开设创新设计与制作、创业基础等课程,以加强学生的科研创新能力;根据不同专业的特点,在专业课中增加一些由科研项目转化成的教学载体项目等。可选择一些合适的课程增加科研育人的内容,也可以开发一些新的课程。

(三)搭建高职科研育人平台

为了保障科研育人的实施,高职院校在硬件设施上要保障教师和学生开展科研活动。高职院校要提供搭建有利于教师学生开展科研项目、科研活动的平台。根据各高职院校的不同情况,可以依托科技部国家级众创空间、各省级重点实验室、省级科研平台、产学研中心、校内生产性实训基地、研究所、实训场地等各种平台,搭建科研育人活动场所与实践平台,创设条件,让更多的学生能参与到科研项目、常规科研、省级国家级专业技能竞赛、各级各类创新创业比赛等活动中。同时要不断完善平台场地的管理模式,在能力许可范围内,尽量开放更多时间,以更加灵活的方式向学生和教师开放,方便师生使用场地。

总之,加强高职院校的科研育人工作,必将显著提升师生的科研水平和学院的育人水平,收到良好的教育效果和社会效益。要构建与完善高职院校科研育人的保障体系,上级部门和高职院校要完善现有的科研育人管理制度,面向师生构建完善的评价和激励机制。

高职院校要通过多种方式和渠道培养教师的科研能力，构建合理的教师科研梯队和梯次，形成教师队伍科研实力和水平可持续发展的有利态势。在完善高职专业人才培养方案、重构专业课程体系、搭建科研育人平台等方面，要不断完善高职科研育人的保障措施。在此基础上，进一步完善高职院校科研育人的组织保障、经费保障等。只有构建了完善的科研育人保障体系，科研育人工作才能落到实处，才能培养具有家国情怀、诚信友善、创新意识、科研素养的高素质技术技能型人才。

第三节 高职院校科研育人质量提升体系建设

科研育人是新时代发挥我国高职院校科研创新的重要环节和途径。新时代的高职院校通过科研培养学生科技兴国的理念、求真务实的科学精神和诚实守信的学术道德。构建高职院校科研育人质量提升体系，保障科研育人实效，必须营造科研育人环境，优化高职院校科研评价体系，打造真实的科研活动，建立科研育人激励机制。

高职院校承担着科研、教学以及为社会培养人才的重任，其中，人才培养是其核心功能。随着我国高职院校科研成果和科研经费的不断增长，科研成为培养创新人才的重要手段，通过科研活动培育人才成为新时代高职院校的主要途径。

坚持全员、全过程全方位育人，把思想价值引领贯穿教育教学全过程和各环节，形成教书育人、科研育人、实践育人、管理育人、服务育人、文化育人、组织育人长效机制及"十大育人"体系，并把"着力加强科研育人"位列"十大育人"体系的第二位。通过中央、教育部密集下发的文件精神可以看出改进科研的评价体系和评价程序，把科研育人引领贯穿科研立项、项目研究、成果运用的全过程，把思想政治表现作为组建科研团队的底线要求已成为目前高职院校解决科研育人不力的当务之急。

一、高职院校科研育人的主要内容

高职院校科研育人是指在科研活动中，通过教师的指导，培养学生至诚报国、开拓创新的健全人格和优秀品德，养成大学生实事求是、诚实守信的学术道德和严谨的科学精神。

（一）科技兴国的理念

科学技术是发展经济、实现中华民族伟大复兴的基础。马克思说过，科学技术是生产力，事实证明这话讲得很对。明确把科技发展摆在我国发展战略的首位。科学无国界，科学家有祖国。要热爱我们伟大的祖国，热爱我们伟大的人民，热爱我们伟大的中华民族，牢固树立创新科技、服务国家、造福人民的思想，继承中华民族先天下之忧而忧，后天下之乐而乐的传统美德，传承老一代科学家爱国奉献、淡泊名利的优良品质，把科学论文写在祖国大地上，把科技成果应用在实现国家现代化的伟大事业中，把人生理想融入为实现中华民族伟大复兴的中国梦的奋斗中。随着现代科学技术的日新月异，各个国家加强了对科技人才的争夺，充分证明了科学技术对一个国家、一个民族的重要性。因此高职院校教师有责任也有义务在传授学生专业知识和技能的同时，在科研活动中让他们懂得"科学技术是第一生产力"的道理，引导他们明白科学技术是国之利器，要实现"两个一百年"的奋斗目标，必须牢固树立科技兴国的思想，"练就过硬本领，锤炼品德修为"，为实现中华民族伟大复兴的中国梦贡献智慧和力量。

（二）求实创新的科学精神

改革开放以来，我国科技实力大幅提升，科技在国民生产、社会发展中的作用日益凸显，科学精神受到人们的广泛关注。百年来，中华民族经历了从科学救国、科教兴国到科技强国的历程，迎来了从站起来、富起来到强起来的伟大飞跃，科学技术的快速发展为我国经济社会发展带来前所未有的福祉，对科学和科学精神的认识也达到了新的更高境界。科研育人重要的内容之一就是在科研活动中培养学生的科学精神，提升他们实事求是、求真务实、开拓创新的科学素养，培养他们批判和怀疑精神、创造和探索精神、奉献和人文精神，引导他们在科研中大胆探索，勤奋努力，学习科学家艰苦卓绝、不畏困难的科学态度，为国家富强、民族振兴、人民幸福做出贡献。

（三）诚实守信的学术道德

科学是人们认识世界改造世界的钥匙，它给人类带来了极大的福祉，高职院校必须狠抓科研育人，培养大学生实事求是、诚实守信的道德品质，引导学生在科研工作中恪守学术道德与学术规范，脚踏实地开展科学研究。

二、构建高职院校科研育人质量提升体系

实现高职院校科研育人，必须构建高职院校科研育人质量提升体系，形成合力，明确路径抓手，确保高职院校科研育人落到实处。

（一）营造科研育人的环境

科研育人是新时代中国高职院校实现立德树人目标的要求，实现科研育人，首先要研究科研育人的理论内涵及其体系，发现科研育人的规律及其运用，提升科研育人理论研究在高职院校思想政治教育中的地位和作用，为科研育人营造有力的理论环境。其次在科研立项、科研经费投入、科研院所的创建等方面提供政策的支持与保障，统筹资源，为科研育人搭建广阔的物质保障环境。最后，为学生营造浓厚的科研氛围和具体可操作的科研活动，可以在选拔优秀科研人才的同时，在科研活动中培养学生诚实守信、踏实苦干、坚持

真理的良好品质，达到科研育人的目的。

（二）创造科研活动育人体系

人的思想品德的形成受各种因素的影响，但是最主要的是受人的实践活动的影响。科学研究是艰辛的创造性活动，需要付出艰苦的努力。科研育人只有在科研活动中，且只有通过科研活动才能实现其育人的目的。在教师的指导下，参加科研活动的学生在体验科研的过程中，感受学术的严谨，研究的艰辛，既可以增强其科研能力又能提升其科学素养，培养其学术道德、人格操守和创新意识。因此高职院校应该营造科研氛围，尽可能多地为在校学生创造科研活动。实践证明，科研活动已经成为大学生接受科研训练、成长成才的重要依托，成为高职院校立德树人、科研育人的重要载体。因此围绕高职院校"十大育人"体系，在大学中开展科研论坛、讲座，激发学生对科研的兴趣和求知欲，鼓励学生在教师的指导下参加科研活动、撰写科研论文等，可以增加学生对科研的理性认识，培养他们严谨的作风和创新的精神，从而养成良好的学术操守和学术道德。

第四节 高职院校建构科研育人体系的动力机制

新时代如何充分发挥中国特色社会主义高等教育的科研育人优势，需要科学的动力机制作为支撑。通过优化科研环节程序、完善科研评价标准和建立学术诚信体系等建构符合高职院校师生现实需要和科研诉求的动力机制，具有重要的理论和现实意义。该机制应该是以坚定思想引导为育人出发点，引领价值取向为育人落脚点，树立学术导向为育人共鸣点来建构完整的逻辑体系。

科研育人是高等教育发展的时代呼唤，是新时代办好社会主义大学和培养担当民族复兴大任的时代新人的一个重要特征。新时代高职院校开展科研育人的动力机制，是坚持以"立德树人"为育人中心环节的前提下，通过"不同层级的推动力量以及他们产生、传输并发生作用的机理和方式"，建构符合时代发展和形势需要的科研育人质量提升体系。作为贯彻落实"三全育人"的教育格局的重要环节之一，其成效的好坏需要科学的动力机制作为支撑。

一、以正确政治方向为核心的引导机制

完善科研育人的引导机制属于思想政治教育的机制范畴，其体系建构应坚持思想政治工作的政治方向和育人特色，推进科研育人理念的思想引领、典型示范和育人评价等；其效能取向是把思想价值引领贯穿选题设计、科研立项、项目研究、成果运用全过程，倡导高职院校师生能够自觉践行、认同接受和持续推进科研育人的价值理念。

（一）倡导自觉践行科研育人的思想引导机制

建构科研育人质量提升体系作为一项系统工程，其成效的发挥需要涉及诸多内容，既需要从顶层设计上统筹谋划，也需要在自觉践行中建立长效机制。可以从以下几方面来做好高职院校科研育人体系的思想引导机制。一是顶层设计是前提。在科研育人教育体系中，顶层设计是最好的领导方式和工作方法。从整体性和实践性的角度来加强自身体系建设，通过明晰职责和整合资源等方式来实现科研育人体系的统筹布局和有效开展。高职院校各级领导干部要结合新时代精神以及各自学校的办学定位和特色，在增强思想保障、健全组织保障、加强效能保障以及夯实科教基础等方面来建构科研育人体系，引导师生树立和增强科研育人的意识和理念；同时，要将科研育人的理念融入广大师生的日常学习生活中，引导高职院校师生自觉践行科研育人理念，推进科研育人体系顶层设计的顺利实施。二是运行机制是实质。如何科学建构科研育人质量体系和提高科研育人的创新价值，建立科学高效的科研育人平台的运行机制尤为关键。这就要求高职院校在开展科研育人工作过程中，从细处着眼从实处着力，建立规范有效地动态协调机制和师生间互利共赢的动力机制，在遵循人才培养规律特点的基础上真正实现协同育人的目标。三是长效机制是保证。高职院校科研育人要将思想引导摆在首要位置，建立齐抓共管、层层落实的长效机制，通过提高师生对科研育人理念的思想认同来实现更新办学理念、提升科研水平和服务社会经济的重要使命。各高职院校应根据自身办学实际和特色制定科研育人的发展规划，形成坚强的党委统一领导、各部门齐抓共管和广大师生共同参与的科研育人新格局。

（二）构建引领自主践行的典型示范体系

典型示范引领是自主践行科研育人理念的重要方式。

典型示范引领通过宣传高职院校科研育人先进典型团队和个人，增强高职院校师生对科研育人理念的价值认同，以先进科研榜样的典型事迹为参照，以主动遵循科研育人的要求为实践动力，引导高职院校师生将科研育人理念融入日常的学习生活中。新时代高职院校科研育人体系的典型示范引领需要做好以下工作。一是需要深入把握高职院校教学和科研规律，深入把握高职院校师生的心理特征和思维方式。不仅要了解高职院校师生对科研认知的心理需求，还应把握师生群体所具有从众性的心理特征，通过树典型立标杆来达到带整体见实效的作用，推动高职院校师生自主践行科研育人的价值理念。二是将言传和身教相结合。"言传"即教育者用形象生动的语言阐释科研育人的价值理念，"身教"即教育者用实际行动展现科研育人的行为导向。高职院校各级领导干部应当将科研育人的价值理念外化为行动追求，注重言传身教的引领示范，形成强大的群体效应和带动作用。三是要积极推广践行典范。大多数人类行为是通过对榜样的观察而获得的，针对当前高职院校对科研育人理念存在的困惑和难点进行"现身说法"，可通过举办先进事迹报告会、表彰会、座谈会等形式宣传科研育人的先进典型事迹,"大力培育全国高职院校黄大年式教学团队,培养选树一批科研育人示范项目、示范团队",感染和带动高职院校师生科研育人的辐射效应和持续发展。

(三)制定高职院校师生持续践行的育人评价体系

科研育人价值评价体系,是指导高职院校师生持续践行科研育人理念的评判标准和制度保障。该评价体系既包括国家层面各个部门制定的政策法规评价,同时也包括社会各个评价系统的具体认同度。我国高职院校科研育人理念提出以来,各级主管部门、教育机构和社会组织都根据时代和形势发展的需要,制定了符合社会经济和高职院校实际的方针政策和评价指标,在推进和保障科研育人持续性方面进行了积极地摸索。建立健全科研育人的价值评价体系可以三个方面统筹推进。一是加强制度评价建设。科研育人理念能否得到高职院校师生的认同,关键取决于国家意志取向与人才培养理念是否统一,制度设计和运作模式是否协调,这就要求国家的政策、法律和法规等都能与科研育人的价值理念"固化于制",切实解决高职院校师生在科研育人工作过程中遇到的难题。二是加强评价机制建设。按照树立正确导向、坚持分类评价的原则,各级政府和教育主管部门要突出导向性和增强公信力,将科研育人的价值评价体系渗透到制度设计、法规政策和教育体制改革等各个环节中。同时根据各自高职院校的办学定位和人才培养特色,对不同层次、对象和成果应实行"差异化"的评价标准和评价方法。三是加强具体行为评价体系建设。一方面,要实施"科教协同育人计划",用评价指标规范增强科研育人的时代感和使命感,有的放矢地培养人才,促使高职院校走内涵式发展之路。另一方面,要实施"产学研合作协同育人计划",贴近办学实际和专业特色,积极尝试并优化科研育人理念的人才评价体系。最后,还应将科研育人的实际成效纳入教育考评内容,制定科学合理的考核标准,促使科研育人理念的融入和实施制度化、规范化、常态化和长效化。

二、以满足主体发展需要为核心的内驱机制

内驱机制的建构是以满足个人的需求为出发点,并伴随着复杂的思想活动和动态创造活动。科研育人的最终目的是培养符合社会需求的创新人才,其建构的内驱机制应当从实现人的全面发展,即从满足高职院校师生对自身科研诉求的发展愿景和精神激励为着眼点。因此,如何提升和持续推进科研育人在创新引领中的作用,建构科学的内驱机制是根本。

(一)尊重主体需求,以发展愿景引领驱动机制

主体发展需求的满足是科研育人体系建构的出发点和最终归宿,科学的科研育人体系对教育主体的思想政治素养、专业知识涵养和身心品质修养的提升具有重要的驱动作用。

依据行为科学理念，人的积极性根源于人的需要，发展需要是社会个体的最高层次需求，调动人的积极性和主动性，最根本的是要满足人的发展需要。因此，尊重师生主体的发展需求，建构科学的育人愿景是科研育人理念的根本内驱力。只有了解高职院校师生对科研育人理念的内在需求，才能激发广大师生对科研育人理念的情感认同。情感认同作为价值认同的内在需要，是科研育人理念能否与高职院校培养观相契合的重要基础。面对当前高职院校在科研育人方面存在的困惑，需要有一个清晰的育人体系来引导工作，促进高职院校师生认知科研育人的重要性和方向性，提升科研育人的思想层次和价值境界。高职院校在践行科研育人理念的引导过程中，要帮助师生树立科学立项和勇于创新的内在动力，制定科学合理的动力驱动机制，运用新理念新价值新体系来支持和满足高职院校师生的发展成长需要，提高对科研育人理念的价值共识和践行热情。

（二）健全激励机制，以精神激励驱动践行

建立完善的激励机制是精神驱动的重要举措，其必须以人们的精神激励为出发点，将科学的理念、目标和意志渗透于制度体系之中，将其与建构科研育人的科学体系有机结合，形成持续有力的驱动机制。首先，要建立完善的奖励激励制度。如对科技工作者国家建立科学技术奖、科技创新奖、科研育人奖等奖励类别，对学生设立创新创业奖学金和科技之星奖学金等，都是对高职院校师生践行科研育人理念的最好认同和科研行为的最大嘉奖。同时，社会各个领域都可以将科技创新的综合奖评制度纳入行业的发展规划。运用科学的综合考评测评制度作为对高职院校师生科研行为的评价导向，并将其纳入日常生活的评奖评优和职务晋升等方面的评价中。可以说，对高职院校师生践行科研育人理念的有效激励，要以现实生活中师生科研的精神激励为立足点，围绕激励主体、机理和有效性开展符合师生思想情境和精神驱动的践行机制，探索建构符合新时代特征的科研育人质量提升体系，打通科研育人工作中存在的盲点和断点，实现各项育人工作的协同协作、同向同行、互联互通。

三、发展以实践平台为核心的外驱机制

建构科研育人质量提升体系离不开社会实践，科研育人作为高职院校培养人才的重要价值理念，是高职院校践行社会主义核心价值观的重要举措，"应该坚守什么样的核心价值观，既是一个理念问题，也是一个实践问题"。同时，外在驱动力更多地来自人们对客观世界的认知，以及改造客观世界的社会实践活动。因此，当前科研育人体系的建构需要一个科学可行的外驱机制，这个机制要以高职院校师生开展相关科研实践活动为中心平台，将育人理念与科研功能相结合，建构一个"大思政"格局的外驱动力机制。

（一）建构科研育人实践路径，拓展外力驱动

科研育人实践载体路径的建构和完善，需要科学合理地规划设计内容丰富、形式多样和特色鲜明的科研实践活动，根据不同高职院校的具体实际开展差异化教育和多样化发展，以此来满足高职院校师生对科研育人实践平台的主体需求。一是要发挥科研实践平台对科研实践活动的引导和推动，使科研平台达到优化资源配置和实现资源共享的作用，培育符合高职院校办学特色和人才培养的标志性成果。同时，要善于运用现代教育理念和新颖教育方法将科研育人理念融入各类科研实践活动之中，明确科研育人方向和集聚科研力量。二是要引导师生用科研育人理念自觉参与到相关的科研实践活动，将科研育人理念贯穿师生全面发展的全过程，使高职院校师生在参与科研活动和了解学科前沿发展的同时，开阔学术视野和提高科研实践水平，真正使科研育人的价值理念能够得到深化和升华。

（二）建好科研育人实践平台，深化行动践行

科研育人实践基地是高职院校建构科研育人质量提升体系的重要平台，使之成为孵化师生科研成果、提升师生科研实践能力的现实动力。一是可通过打造科研教学示范平台、大学生科研创新训练平台、学科竞赛平台、社会实践平台以及校内外科研实践平台等，形成科研育人教育实践活动常态化开展；二是开放科研实验室、走进科研企业、参观科研场所和建立科研技术转移中心，延伸和拓展科研实践平台的实践载体；三是搭建科研设施与仪器管理和开放共享的网络信息和服务平台，以期能够提高科研成果的转化率和真正走向市场，实现更好地为地方创新能力的提升与经济社会发展提供技术支撑的价值归宿。相对稳定的科研实践平台，可以使高职院校师生对科研育人理念的认识更为系统，认知更加深刻，对深化科研育人理念的践行更加规范化、科学化和常态化，保障科研育人质量提升体系工程能够长期、深入和有效推进。

（三）完善科研育人实践制度，保障持续践行

建构科研育人质量提升体系更需要良性有序的制度作为支撑。因此，高职院校建构科研育人体系工作的当务之急，要加强工作统筹、决策咨询和评估督导来指导完善科研育人实践制度。从开展实践活动规律来看，政府、社会和高职院校都应从加强规章制度和管理实践活动的角度来引导科研育人的活动取向，规范活动的各个环节。如在组织师生进行科研调查研究时，要立足当前社会发展和高职院校科研育人的实际情况，所提出的解决问题导向、科研成果转化和强化科研意识等的意见或建议，都要符合社会主流价值观和学校办学宗旨；组织走进科研团队、实施精准育人等活动，都应与当前社会所倡导的主流精神要义相统一。与此同时，建构科研育人质量提升工程所开展的各项实践活动，都要与国家法治建设相统一，用法律法规来规范科研育人的价值取向和强化责任意识，对科研育人所面对的新情况新问题要进一步修订完善相关规章制度。特别是要用法律制度来加强对科研育人质量提升工程践行的保障支持，通过法治权威来激励和保障科研育人价值理念的持续践行。

第四章 高职院校科研育人的科研创新团队建设

第一节 高职院校科研创新团队建设理论基础

一、高职院校科研创新团队

（一）高职院校科研创新团队的内涵

自20世纪70年代欧美学者研究日本企业成功的秘密时正式提出了"团队"概念之后，团队即作为一个研究对象，引起了学者的高度关注。从前面文献综述中几位学者提出的典型定义中可以看到，前人对于团队的界定虽不完全相同，但核心却基本一致，即：团队是有着共同的目标的特殊群体，成员为了目标共同努力，互相承担责任。

那么什么是创新？简单地说就是利用已存在的自然资源或社会要素创造新的矛盾共同体的人类行为，或者可以认为是对旧有的一切所进行的替代、覆盖。创新这一概念最早被应用于经济学领域，主要是指能够带动市场发展的一种新的生产力。进入20世纪50年代之后，创新又被引入到管理学领域，主要用来描述能够创造更大社会价值与经济价值的管理机构、管理制度以及管理方式等的革新。到了20世纪末，随着经济社会的迅猛发展、人们创新意识的不断增强，创新理论已经渗透到政治、科技、教育、文化、军事以及社会生活的方方面面，从而有了更加丰富的内涵。

综上可知，在不同的研究领域，创新有着不同的内涵和外延。本文则将"创新"引入科学研究领域，用来指狭义的"学术创新"，即通过科学研究活动，发现新知识，发明新方法，创造新技术并应用于实际生产和生活的过程，主要包括科学知识创新和科学技术创新。

基于以上分析，结合高职院校的特征和学术研究规律，我们可以给高职院校科研创新团队下一个定义：高职院校科研创新团队是指以科学技术的研究与创新为目的，针对具体的科学技术问题或学术方向，以高职院校教师为主体，由若干技能互补、愿意为共同的科研目的相互承担责任的专业人员组成的正式群体。

一般来讲，高职院校科研创新团队指的是高职院校内部以科学研究和科技创新为目的的学术团队，它是高职院校进行知识创新、技术创新以及培养高层次学术人才的重要单元，但广义的高职院校科研创新团队还包括各高职院校之间的、高职院校与企业合作的以及高职院校与各种研究所合作的团队组织形式。本文所说的高职院校科研创新团队是指狭义的概念，即高职院校内部的团队组织形式。

（二）高职院校科研创新团队的组成要素和特征

1. 高职院校科研创新团队的组成要素

根据系统科学理论可知，系统是由若干相互联系的要素按照一定的组织结构联结在一起的有机整体，各个要素之间相互联系相互制约，共同影响系统的整体功能。要素是系统最基本的组成单位和物质载体，分析要素是认识系统和把握系统发展规律的基本手段，通过对系统要素及其相互关系的分析，可以认清事物的本质属性及其发展规律，便于对系统实施控制。任何事物都可以看作一个系统，依照系统论的观点来加以研究和考察。因此，我们可以把高职院校科研创新团队当作一个系统，从整体上分析团队的组成要素、各要素之间的关系、变动规律以及它们对团队整体的影响，通过分析结果来调整团队的结构及各要素之间的关系，达到团队功能最优化的目的。高职院校科研创新团队的组成要素主要包括团队成员、团队目标、团队资源和团队规范。

团队成员的组成一般包括学术带头人、学术骨干、流动学术人员以及学术辅助和服务人员。学术带头人是团队的核心与灵魂，一般由该学术领域中权威的专家或大师担任，在团队中起着至关重要的作用。学术骨干是团队中的中坚力量，是科研创新的主要实践者，一般是团队的固定成员。流动学术人员主要包括博士后、博士、硕士研究生以及访问学者等，是科研创新团队中的重要力量，他们是科研活动最基层的实践者和最具体的操作者，具有年轻化和流动性的重要特点，他们为团队的发展注入了无限的活力和激情，往往是团队创新的星星之火。团队辅助和服务人员主要包括实验员、行政管理人员等，他们承担着协调各方关系、统筹管理和提供服务的重任，是团队协调健康发展的重要保障和必要条件。关于团队成员的数量目前学术界尚无统一看法，但一般都认为团队规模不宜过大。有学者认为一个团队最合适的人数为6至10人，团队的具体人数和规模应视科研项目的具体情况而定，一般在十数人至数十人不等，既要保证学术交流的顺利进行，又要保证最大限度的资源利用和共享。

团队目标是一个团队存在和发展的理由，是把团队成员凝聚在一起的重要基础。科研创新团队的目标可以是某一项科研项目的完成，可以是某一个具体科技难题的攻关，也可以是对某一个相对稳定学术方向的共同追求。团队目标一般具有学术性、创新性、统一性、明确性和可操作性的特点。

团队资源是团队赖以生存和发展的物质基础，包括硬件资源和软件资源。硬件资源主要包括科研经费，实验场地，实验用品，仪器设备等各种基础条件平台。软件资源主要包括信息资源、知识资源等。团队资源的丰富程度直接关系到团队能否顺利开展科研工作和实现科研创新，也从某种程度上决定着团队人才培养的水平和效率。

团队规范主要表现在两个方面，一方面是管理层面成文的刚性的制度规范，它约束着团队成员的个体行为，使科研活动有序进行，保证科研团队平稳、高效运转；另一方面是理念层面不成文的软性的环境氛围，包括团队共同的价值理念，团队文化的形成和建设等，共同的学术理念和价值观，积极向上、宽松和谐的团队文化，对于团队凝聚力的增强及团队成员创造力的发挥起着至关重要的作用。

2. 高职院校科研创新团队的特征

斯蒂芬·罗宾斯（Stephen Robbins）认为，一支高效的团队应当具有八个基本特征，即明确的目标、相关的技能、相互间信任、共同的诺言、良好的沟通、谈判的技能、合适的领导以及内部与外部的支持。作为一个特殊的学术性组织，高职院校科研创新团队既具有团队的一般特征，同时又具有其自身特征。

(1) 共同的学术目标

共同的学术目标是团队合作的前提和基础，为团队成员的学术追求指明了共同方向，一般是依据国内国际重大科学前沿问题或热点问题来确定的研究领域和创新方向。高职院校科研创新团队的学术目标必须明确可行，具有一定的学术价值和现实意义，同时又要符合高职院校乃至国家科技发展和教育事业发展的战略目标。共同的学术目标有利于增强团队的凝聚力，保证团队成员旺盛的科研活力和激情，实现团队的可持续发展；有利于形成研究领域公认的杰出研究群体和科研人才，促进高职院校的学科建设和教育事业发展。

(2) 合理的成员结构

高职院校科研创新团队的成员一般是由核心层的学术带头人、中圈层的学术骨干和外圈层的科研技术人员组成的学术梯队。在这个"三圈层"结构模式中，学术带头人起着核心的"脊梁"作用，他不但需要具有高深的学术造诣、广博的知识积累、丰富的人生阅历，还需要具有高尚的人格魅力、严谨的治学精神和良好的组织能力，一般由两院院士、长江学者、青年基金获得者、海外学者或某科研领域的首席科学家担任。学术骨干和科研技术人员是科研活动的直接参与者和实践者，他们应该是一个学科交叉、优势互补的科研群体，具有合理的学历和年龄结构，在不偏离核心科学家研究方向的前提下，实现成员思维方式、知识结构、研究经验以及工作风格、性格特征、人文素养等方面的优势互补。

(3) 灵活的组织形式

区别于传统的、有着鲜明层级结构的学术群体，高职院校科研创新团队是为了提高科研效率而创建的新型学术组织，它在组织形式上具有很强的灵活性。科研创新团队打破了高职院校行政组织的层级界限，突破了各个学院各个专业各自为战的壁垒，完全不受传统组织的垂直与水平界限的限制，组织结构趋于扁平化。这样有利于根据团队科研活动的需要进行人力资源的合理配置，促进学术人才有序流动，同时又能够保证团队成员地位平等，每个人都有充分发表自己学术思想的权利，集体讨论，共同决策，极大的调动了团队成员的积极主动性和科研热情,促进了团队的健康发展。

(4) 良好的沟通渠道

团队沟通包括团队的内部沟通和外部沟通两个方面。内部沟通主要指团队内部成员之间相互传递思想、交换信息,良好的内部沟通一方面可以促进团队成员之间相互理解、增进感情和达成共识,有利于创造良好的人际关系氛围和营造宽松的科研环境,另一方面可以促进不同学术思想的碰撞和大量知识信息的共享,有助于产生创新的星星之火。外部沟通主要指团队外部资源的争取以及获得外部环境的支持,包括科研项目的争取、团队运行的政策环境、科研经费的划拨以及科研技术成果的推广等。建立良好的沟通渠道,保障团队内外人流、物流、信息流的畅通无阻,是高职院校科研创新团队高效运行和健康发展的必要条件。

(5) 有效地分工协作

科研目标的实现有赖于团队成员之间有效地分工与协作。首先是分工,依据科研活动的需要以及每个成员的优势和特点,团队对于每一个成员的工作职责都有明确划分,并且每一个成员对其任务的完成都负有责任。其次是协作,团队内部各要素按一定的方式相互联系、相互作用,团队成员之间在分工明确的基础上密切配合,在团队运行过程中构成一个良性互动系统。有效地分工协作对于保障团队的运行秩序和提高团队的科研效率起着至关重要的作用。

(6) 自愿的责任共担

高职院校科研创新团队是由不同类型不同层次的科学家、教师及科研工作者共同组成的一个有机整体,团队目标的实现有赖于全体成员的分工合作和共同努力,责任共担不仅仅需要成员具有强烈的个人责任感,同时也需要个人对其他成员充分信任,并由此对团队和科研任务产生强烈的归属感和使命感,个体与团队整体同进同退、荣辱与共。因此,责任共担就不能用强制的手段实现,它必须成为全体成员共同意愿的自愿表达,并在实际行动中上升为全体成员的共同行为准则。

(三) 高职院校科研创新团队的组织结构及生命周期

1. 高职院校科研创新团队的组织结构

社会系统学派的创始人巴纳德认为共同目标、合作意愿和信息交流是构成组织的三大要素,其中,信息在组织发展过程中起着支配作用。而高职院校科研创新团队的创新过程主要就是具有不同专业基础和知识背景的团队成员之间相互交流的过程,是不同的学术思想相互碰撞的过程。因此,信息是高职院校科研创新团队组织的基本要素,要保证组织高效运转,首先必须保证有信息的高效流通、交换和共享。而信息沟通又包括垂直式交流、分散式交流、水平式交流等多种方式。其中,垂直式交流以单一的中心为主导,只是知识自上而下的传递与灌输,没有争论与碰撞;分散式交流中心过于分散,使得学术交流呈分布状态，信息无法有效交叉。因此创新的本质特征就是知识和信息的水平交流，没有信息与知识的传递与碰撞，就没有创新，高职院校科研创新团队将无法运作。

综上可知，高职院校科研创新团队组织结构的设计，应遵循建立有效地信息结构，实现最优的水平交流和适当管理的原则。但是在实际操作过程中，由于团队本身情况的复杂化和多样化，在选择团队组织结构的过程中不能一刀切，应当在团队组织结构的设计原则下，具体情况具体分析，根据团队中信息传递过程的需要，选择适当的组织结构。

（1）层式结构

层式结构的团队实行从上到下的垂直领导和管理，团队由总负责人统一管理和协调，下属团队的各级负责人只接受一个上级的指令，并对各自所属团队的一切事务负责，各级团队的相关职能和任务由团队成员自行完成。层式结构的优点是结构简单，领导和管理统一，但是它要求总负责人既要具有一定的学术造诣，又要具备较高的组织协调能力和管理水平，在实际操作过程中较难实现。此外，这种金字塔式的组织结构使得知识和信息趋向于垂直流通，不利于不同学术思想的水平交流和碰撞。因此，层式结构适用于规模很小、长期合作且目标明确的科研创新团队。

（2）层式—职能结构

在层式结构的基础之上，把工作内容和专业知识相似的部分独立出来，组成不同的职能部门，就形成了层式—职能结构。"层式"是指团队实行自上而下的垂直管理，各级领导机构和管理人员都要服从上级的统一指挥和管理。"职能"是指团队成员按照专业知识和工作内容的不同划分至相应的职能部门中，从事各部门的职能工作。各级领导机构对下属机构具有指挥权和决定权，并对各自部门的一切工作负责。而各职能机构和成员主要负责根据团队的要求，利用专业知识和技能，完成各自的具体业务。层式—职能结构团队的优点是既能保证团队的统一领导和管理，又能够充分发挥各学科专业在各职能部门中的作用。但是各学科专业以及各职能部门之间的交叉和协作性较差，且各职能部门的许多工作都需上级负责人批准之后才能处理，致使团队工作效率低下。因此，层式—职能结构适用于对于创新要求不高，但是需要明确分工的高职院校科研团队。

（3）工作组制结构

将各个职能部门中涉及某一具体研究方向或研究项目的成员，包括项目研究人员、试验调查人员、数据分析人员以及市场人员等集中在一个工作组内成为独立的工作单元，就形成了工作组制结构。每个工作组设置一名高素质的负责人，对所属项目组的所有工作和事务全权负责。工作组制结构的优点是灵活性强，且各项目负责人对各自的工作组全权负责，与高层管理者的沟通便捷，团队的工作效率较高，同时工作组内部的协调与配合以及不同工作组之间的竞争，有利于培养成员的团队精神、竞争意识和营造良好的学术氛围。但是工作组内的成员从各自的学科和专业中分离出来，相互之间的知识背景差异较大，可能使得知识信息的水平交流存在一定的困难，另一方面也影响他们对各自研究领域中专业新知识的获取。因此，工作组制结构比较适用于研究方向明确，研究理论与技术均比较成熟，短期内能够形成技术突破，但需要多学科和大量科研人员共同参与和配合的大型科研项目下的高职院校科研创新团队。

（4）矩阵结构

职能结构模式与工作组制结构模式相结合，就形成了矩阵结构组织模式，它极大的发挥了两者的优势，是当今科研项目中应用最为广泛的团队组织形式。矩阵结构最突出的特点就是团队成员要接受学科组和项目组的双头领导，处理好两个上级的领导关系，同时还要接受两个系统的双重绩效考核。矩阵结构的优点是机动、灵活，虽然组织结构形式固定，但人员却可随研究项目的需要自由流动，自行组织或解散，且网状结构下团队的信息量大，信息流向四通八达，知识和信息的水平交流容易发生，有利于团队成员创造力的激发和创新成果的产生。但是双头领导容易产生权责不明确的弊端，一旦出现指令或是时间上的冲突，将会使成员无所适从，科研任务无法完成。因此矩阵结构比较适用于对创新性要求较高、需要多学科横向协作和科研联合攻关项目下的高职院校科研创新团队。

2. 高职院校科研创新团队的生命周期

高职院校科研创新团队是各学科的科研人员在长期协作、相互配合和相互支持的基础上逐步形成的，团队的成长既受专业人才成长规律的影响，又受组织结构、管理制度、资源配置等多方面因素的制约。其形成过程大致可分为四个阶段：集合期、凝聚期、成熟期和变异期。

（1）集合期

集合期是高职院校科研创新团队开始形成的时期。高职院校的科研工作者为了追求共同的学术价值，实现共同的科研目标，或为了完成国家的科研项目，攻克科研创新难关，以科研为引导，以项目为纽带，以高素质的专业人才和充足的科研条件为保障，聚集在一起组成科研创新团队，进行科技创新和人才培养工作。在这一时期，团队的管理制度还不规范，运行机制还不健全，团队成员虽然有了明确的职责和分工，但是彼此还不熟悉不了解，相互之间缺乏有效地交流和协作。所以此时团队带头人的作用就显得至关重要，带头人不仅要发挥学术领导的作用，还要扮演行政领导的角色。

（2）凝聚期

凝聚期是高职院校科研创新团从逐渐步入正轨的时期。在这一时期，团队的管理模式和制度规范正在不断形成和完善，团队运行机制正在逐步建立和健全。团队目标和团队文化正在潜移默化之中逐渐被团队成员所接受，成员的个人价值逐渐体现于团队的集体价值之中。带头人与成员之间、成员与成员之间经过一段时间的磨合之后已经了解和熟悉，相互协作与配合已经逐渐默契。此时团队带头人主要发挥学术领导的作用，带领团队成员交流学习、进行科学研究，行政管理职能逐渐弱化，团队逐渐转入依靠管理制度和规范的自我管理途径。

（3）成熟期

成熟期是高职院校科研创新团队高速发展的时期。在这一时期，团队规模和组织结构相对稳定，团队制度规范完善、运行机制健全。团队文化得到成员的高度认同，并寓于团队成员的日常具体行为之中。成员的个人价值同团队的共同价值完全融为一体，团队成员对团队产生了强烈的责任感、荣誉感和归属感团，团队凝聚力和士气空前高涨，团队内部学术氛围浓厚，分工协作有条不紊，学术创新进入正常化和高效化。此时，制度文化在团队日常管理中的作用日渐突出，团队的自我管理功能不断强化。

（4）变异期

变异期是高职院校科研创新团队走向解体或重组的时期。在这一时期，团队的科研创新任务已经基本完成，此时团队即将进入以下两种模式：一种是消亡模式，即为了完成特定的科研任务和科研项目而组成的团队，在项目结束科研任务完成之后自行解体，团队成员各自回到原来的工作单位；另一种是重组模式，在新的科研目标确立之后，团队再根据新的科研任务的需要对团队成员进行重新调整或更换，重组为一个新的团队，进入下一个生命周期，继续进行新的科研工作。

二、高职院校科研创新团队运行机制

（一）高职院校科研创新团队运行机制的内涵

"机制"一词最早源于希腊文，本义是指机器的构造和运转原理，换言之即机器有哪些部分组成和为什么由这些部分组成，它是怎样工作的以及为什么这样工作。把机制引入不同的领域，又有了不同的含义。例如生物学领域中机制的含义为生物有机体的结构组成部分、相互之间的关系以及相互发生作用的过程和原理。而经济学领域中的机制又是指组成一定经济系统的要素以及各要素之间相互关系和相互作用的原理及其功能。因此机制简言之，就是指事物内在的工作方式，包括组成事物的要素、各要素之间的相互关系以及各要素之间相互作用的方式和原理。

如果说机制揭示的是系统或组织的内部运动规律，那么运行机制则更侧重于揭示其与外部事物或环境之间的相互作用规律。任何一个系统或组织都不是孤立存在的，都要与外部诸要素发生联系，因此运行机制是一个动态的概念，它是指在系统有规律的运动中，影响这种运动的内部和外部各要素的结构、功能、相互关系，以及这些因素产生影响、发挥功能的作用过程、作用原理及其运行方式。

高职院校科研创新团队作为高职院校内部承担科研和创新重任的组织，它的运行也将受到来自团队内部因素及其外部运行环境的影响和作用。结合运行机制的概念以及高职院校科研创新团队自身的特点,我们可以得出高职院校科研创新团队的内涵,即指高职院校科研创新团队多种构成要素之间,以及与团队运行密切相关的其他因素之间相互联系和相互作用的原理及其工作方式。

(二)高职院校科研创新团队的运行环境

"环境"从广义上讲是一个无限的概念,它既包括以构成事物的实体为内容的物质因素,也包括以观念、制度等为内容的非物质因素,既包括自然因素,也包括社会因素。环境是相对于某个主体而言的,对于一个组织,环境可以定义为存在于组织界限之外,影响组织生存与发展的所有外部条件的总体。高职院校科研创新团队作为高职院校内部的学术研究组织,外部的社会环境以及高职院校的内部环境都是团队运行环境的组成部分,概括来讲主要包括政策环境、科技环境、文化环境和高职院校制度等。

1. 政策环境

对于任何事物的发展,政策引导始终是大方向。与高职院校科研创新团队运行相关的政策环境很多,其中以人事分配政策和科研管理政策对团队的影响最大。二十世纪末以来,我国大力推进人事制度改革,按需设岗、竞争上岗、合同管理、科学考核的人事管理新制度正在逐步确立。科研创新团队是高职院校学术研究和科技创新的基本单位,科研管理政策对于团队的健康快速发展至关重要。首先是科研经费的分配与管理政策。在我国,中央财政拨款是科研经费的主要来源,科研项目和科研经费的申请有着严格的审批程序,理论上都是有章可循、有法可依的。

2. 科技环境

科技环境对于高职院校科研创新团队的影响主要体现在团队科研方向和科研目标的选择上。团队的科研目标必须适应国民经济发展需求,符合国家的科技发展战略并结合国际科技发展的实际状况。

无论任何时候,国民经济的发展对于国家和社会的发展而言都是最重要的。国民经济发展对科技的需要是国家制定科技发展战略的重要依据。一个优秀的高职院校科研创新团队在确定学术创新的目标时,一定要将团队目标与国家的科技发展战略总体目标结合起来。

3. 文化环境

文化环境对学术团队的影响是一个循序渐进和潜移默化的过程。影响高职院校科研创新团队的文化环境主要包括民族文化和社会文化、学术文化和学术传统、大学精神和校园文化等。

中华民族受传统的儒家思想文化的影响,历来尊崇中庸之道,体现在性格特征上,即是平和、忍让、谦恭。与强调个性和追求个人价值的西方文化不同,中国人更加讲究传统与含蓄,更加重视规范与形式。学术文化和学术传统是指在长期的探索和研究过程中,基于不同学科各自的特点所形成的相对固定的价值取向、思维方式、研究方法以及表达方式等,不同学科领域的科研工作者们具有不同的学术理想、认知方式和行为准则,这些文化和传统不仅影响着团队的战略目标、组织规模和组织结构,也影响着团队成员的学术价值观和行为方式。此外,大学精神和校园文化对团队的影响也是不容忽视的。大学精神是支撑大学进行学术追求的不竭动力,是大学自身存在和发展中形成的具有独特气质的精神形式的文明成果,具体表现为大学的办学理念、学科特色、学术氛围和校园文化等。校园文化对于高职院校的人才培养和科研工作都具有极其重要的潜移默化的熏陶作用。一个健康、积极、和谐的校园文化能够激发学术人员强烈的归属感、责任感和荣誉感,产生巨大的凝聚力和感染力,从而促进他们积极进取,勇于创新。科研创新团队作为高职院校进行学术研究和科技创新的前沿阵地,置身于校园文化环境之中,团队文化的形成和发展不可避免会受到校园文化的重大影响。

4. 高职院校制度

高职院校制度是以高职院校的学术本质为依据的关于高职院校管理与运行的规则体系,它包括高职院校组织结构、管理体制和运行机制等。科研创新团队作为高职院校进行科研创新活动的基本单位,势必受到高职院校制度的制约和影响。

组织结构是高职院校内部制度的重要组成部分,高职院校采取何种组织结构,会直接影响到学科及成员之间组织与交流的方式与难易程度。我国高职院校经历了院系调整,组织结构正逐步向多样化发展。此外,高职院校内部的管理制度也非常重要。作为组织内部并存的两大权利体系,高职院校是以行政权力为主导,还是以学术权力为主导,对于科研创新团队的组建动力、组织模式、运行机制及发展空间等各方面都有着巨大的影响。

(三)高职院校科研创新团队运行的相关要素分析

高职院校科研创新团队是一个具有"非加和性"特征的开放系统,一方面系统要与外部环境各要素之间不断进行物质、能量及信息的交换,另一方面,其内部诸要素之间也要通过相互联系、相互作用而产生一种相对稳定的有序结构,从而实现系统的有效运行和系统功能的整体涌现。由于团队的运行是一个内部要素与外部环境交互作用的复杂过程,不能将两者绝对分离,因此本文将从团队运行的整个过程中对各要素进行逐一分析。

一个科研创新团队的形成并不是偶然的,而是外部牵引力、内部凝聚力和客观条件三者共同作用的结果。外部牵引力大致可以分为两种,一种是由行政部门出台相关政策或规定鼓励和引导团队组建的行政牵引力,一种是源自学术资源的吸引、科研工作者对学术问题的追求或现实技术问题的需求而组建团队的学术牵引力。除了外力的推动作用之外,内部凝聚力也是一个重要的动力源。这个动力源主要包括学术领袖的权威、成员对学术问题的好奇心和兴趣、共同的学术愿景和目标、共同的价值观、领导的人格魅力、成员的知识、性格互补程度及合作精神等。有了外部牵引力和内部凝聚力的驱使,还必须满足一些非常重要的客观条件,团队才能真正的组建起来。这些客观条件包括:杰出的团队带头人,具有相应知识结构和学科背景的团队成员,配套的政策支持和充足的科研条件保障。由此可见,政策环境的支持、团队带头人及成员的甄选、科研条件的保障对于团队的顺利组建至关重要,是团队高效运行的基础和先决条件。

高职院校科研创新团队组建完成后,即建立正常的工作秩序,逐渐步入正轨。在这一时期,围绕团队目标开展学术活动和科研创新成为团队的第一要务,因此团队的各项工作都要以这一要务为中心,为实现科研创新创造良好的条件和氛围。首先,为了更好地开展科研活动,团队必须不断进行人、财、物等各方面的扩张和补充,争取更多的科研经费、仪器设备等学术资源,招聘优秀人才。其次,要进一步完善团队的内部管理制度和运行机制,要根据科研目标和团队的实际情况选择适合团队发展的组织结构,促进内部成员的知识共享和学术交流,如建立定期开展学习活动或学术交流会制度等。团队成员在这一时期尚处于相互磨合阶段,建立统一的管理制度和行为规范,对于确保团队有序运行也显得十分必要。此外,进一步完善团队的考评制度、奖惩制度等,也将对团队成员的工作积极性和工作成产生积极地影响。最后,团队要不断增强外部协调能力,处理好内部与外部的关系。团队在发展过程中,势必要与外部的其他部门和相关机构发生各种关系,在此过程中团队应当积极协调,争取获得更多的支持和更大的自主权,这样才能有利于团队的健康运行和不断发展。

经过一段激荡的发展期之后,高职院校科研创新团队逐渐变得规范而成熟。团队与外部相关部门权责清晰,关系顺畅,沟通便捷,规模及组织结构相对稳定,成员之间相互了解,配合默契,内部管理制度完善,各项工作有序开展,团队进入发展的全盛时期。这一阶段团队的自我管理功能不断强化,团队文化在团队日常管理中的作用日渐突出。因此要不断完善团队文化建设机制,建立具有感召力和深入人心的团队文化,不断增强团队凝聚力,使成员对团队产生强烈的归属感和责任感。同时要营造浓厚的学术氛围,创造良性竞争及创新容忍失败的宽松环境,最大限度的激发成员的想象力和创造力,促进创新成果的产出。

科研创新团队在完成了某个特定的科研任务或是产出了创新成果之后,就进入了后期的评估和分析阶段。这一阶段主要是进行科研成果鉴定、项目结题评审、团队的绩效考核等工作。因此,团队的绩效评价和激励制度就相应的成为制约这一时期团队运行的关键要素。绩效评价工作应当从团队科研活动的学术价值、科研成果的产出情况、团队的发展潜力和前景等多方综合考虑,同时结合团队成员的个体绩效来全面展开,而激励制度也应当更加多元化,物质激励与精神激励并存的同时,也要重视团队激励与个人激励相结合。绩效评价机制和激励机制的建立和健全不仅有利于团队后期的有序运行,也有利于整个团队及每个成员成就感的满足和科研积极性的提高，对于保持团队的科研创新动力及发展后劲，不断克服新的障碍并完成长远目标具有重要意义。

以上是从贯穿团队运行全过程的纵向对影响团队运行的相关要素进行的分析，实际上，这些要素如团队的成员、目标、资源、规模、组织结构、制度、文化及团队的外部环境、相关部门等等之间也存在着各种各样复杂的横向联系，它们互为因果，相互作用，相互制约，在团队发展的每一个阶段呈现出相对稳定的动态关系，并形成了一个复杂的反馈回路，贯穿团队运行的整个过程。

第二节　高职院校科研创新团队建设现状

19世纪初，洪堡提出了著名的"教学与科研相结合"的理念，自此，科学研究成为高职院校继人才培养之后的又一重大任务，各种科研组织也应运而生。遵从现代科学发展的规律，高职院校科研组织的发展大致经历了个体研究—实验室科研—科学学派、课题制下的课题组和科研创新团队三个阶段。我国在这种国际大环境的影响之下，也纷纷组建了各种高职院校科研创新团队。

近年来，我国政府为了推进高职院校科研创新团队的建设和发展做出了许多政策努力，无不体现了国家对于推动高层次科研人才培养以及科研创新团队建设的极大努力。

在国家的政策支持和推动之下，我国高职院校科研创新团队得到了较快发展。目前我国高职院校科研创新团队主要可以划分为正式团队与非正式团队两大类。

一、正式团队

正式团队一般是由主管部门或高职院校正式批准成立的、领导机构和骨干成员均为经过正式程序任命的形式正规和相对稳定的团队。在高职院校中，这类团队主要包括各类实验室、工程研究中心、跨学科的研究院及研究所等。

实验室正规化程度很高并具有一定的规模，一般实行主任负责制和学术委员会指导制。主任、副主任是实验室的领导者，对实验室运行的各方面工作进行统一管理；学术委员会由学术专家组成，主要负责指导实验室的科研和学术活动，例如科研项目的申请、科研目标及任务的审议和决策等。实验室向下细分为若干研究室，每个研究室设一个负责人，主攻一个研究方向。各研究室之间围绕共同的学术目标和方向相互关联、密切协作。实验室的固定成员一般由主任进行聘任，流动科研人员可由各研究室负责人根据具体情况进行聘任。实验室的运行经费由领导进行统一管理和配置，各研究室的科研经费由各负责人分别管理。此外，配备的固定实验仪器和材料，由实验室进行统一管理，各研究室共同使用。

工程研究中心组织规模较大，层级设置较多，规范化程度更高，是一种集工程技术创新和科研成果转化为一体的科研实体。一般实行管理委员会领导下的主任负责制，管理委员会是工程研究中心的决策机构，中心主任、副主任是领导者，对中心的所有事物进行统一管理，工程技术委员会主要负责中心的科研创新和技术咨询。中心一般设置行政、研发、检测、生产、市场等不同的职能机构，同时又划分若干个事业部，各部门对其管辖范围内的各项工作进行统一管理。

跨学科的研究院及研究所规模有大有小，规范化和集权化程度较低，组织形式比较灵活，主要是指研究领域横跨若干个学科门类的独立机构或是与院系重叠的半实体机构。这类团队的组织趋于扁平化，团队的开放程度很高，人员流动性强，可根据研究方向的变更或科研任务的完成迅速重组或重新分配。

二、非正式团队

非正式团队是指由于共同的兴趣或任务导向、师承关系或是感情原因而组成的师生共同体、教授联合体或课题组等。

师生共同体模式的团队是最为常见的一种学术团队，是指同一个导师带领若干博士后、博士研究生和硕士研究生等组成的学术团队。这类团队的科研活动通常是以教授为主体，在教授的指导下，由研究生和科研助手来完成。

教授联合体模式的团队是指两个以上的教授为了共同的学术目标或追求，主动合作，共同申请课题，共同组建团队进行科学研究和学术创新。这类团队往往是兴趣导向型团队，一般是由于不同科研领域中存在的共同交叉点而聚集的，组织结构非常松散，实行集体领导，重要事务集体决策，一般性事务各自处理，每个教授仍然隶属于自己原有的团队而从事其他研究。

课题组模式的团队是我国高校最为常见的科研创新团队之一，它是以科研课题为纽带而组建的团队。团队规模一般不大，规范化程度不高，由若干教授、博士后及研究生组成。科研课题的申请人即为团队的带头人，团队的科研分工、资源调配及各项事务由团队带头人负责统一管理。这类团队一般为临时性团队，为了具体的科研项目而组建，随着项目的结题而解体或是重组。但也有一些课题组在完成科研任务之后，仍会因为共同的科研目标或兴趣，通过申请其他的课题来继续合作，这类团队最后往往会发展成为一个正式的实验室。

第三节 高职院校科研创新团队建设分析

一、高职院校科研创新团队构成要素及特点

（一）高职院校科研创新团队的构成要素

高职院校科研创新团队是一个由多种要素组成的正式群体，各要素紧密的联系在一起且互相作用，从而对团队产生深远的影响。在高职院校科研创新团队建设的过程中，既要理解好基本的理论知识，同时也要充分地把握好其构成要素以及其产生的作用，这样才能达到理想的效果。

1. 团队的定位与目标

对于高职院校应建设什么样的科研创新团队，不同的学者有不同的看法，本文认为，不同于普通高校基础性研究，高职院校科研创新团队应定位为：与培育人才相结合，开展教育教学创新研究；与地方经济建设相结合，开展特色学科理论创新研究；与企业需求相结合，开展技术应用、开发以及集成创新研究。其团队目标大致可以分为三个方面。

（1）开展教育教学创新研究

高职院校的学生主要来自普高、中职和职高，学生的学科基础较弱，动手能力较强。在培养人才的目标方面，高职院校与普通本科院校有所不同，主要承担培养应用型人才的职责，所以高职院校的教师在实施教育教学活动过程中不能直接引用普通高等院校的做法，要积极探索适合高职院校学生的教学规律，在办学模式、教学方法、专业设置、人才培养、实训实验基地建设等方面开展研究工作，促进课程改革，提升教学质量。

（2）开展特色学科理论创新研究

为地方经济建设和社会发展提供所需要的高技能人才是高职院校培养学生的最终目标，所以其科研创新团队在开展学科理论研究的活动中应深入研究地方经济建设和社会发展对各专业人才需求的趋势，主动对接需求，适时地调整，形成高职院校特色学科，为地方和社会培养合格的人才。所以，高职院校及其团队开展特色学科理论创新研究大有可为。

（3）开展技术应用、开发以及集成创新研究

高职院校与普通本科高校在科研实力方面存在较大的差距，所以高职院校科研创新团队要避免与本科高校比拼基础研究和高精尖技术及理论前沿研究，可以另辟蹊径，在专业优势和企业需求的基础上，对高新技术、前沿理论开展技术应用创新研发工作；对企业面

临的技术难题进行攻关，并开展技术服务工作；利用学科交叉，集合和优化各种创新元素，开展集成创新研究。

2. 团队的创新文化

团队文化是个体在团队中为实现共同目标形成的一种共识的精神产物，是科研创新团队建设的重要因素。团队文化具有指向作用，为团队的发展方向提供指导；团队文化具有激励作用，以人为本和互相尊重的文化氛围可以促进团队成员积极向上；团队文化具有约束作用，团队文化是团队成员长期达成共识的产物，当个体行为与团体文化产生冲突时会形成群体压力，可以促进群体意识的形成。总之，建设良好的团队文化氛围可以增进团队成员的向心力，有助于科研团队又快又好的发展。

团队的创新文化是具有创新属性的团队文化，以创新精神、创新氛围和创新追求为目标，不断推进团队创新发展。高职院校培育科研创新文化可以帮助团队形成以创新为基础的科研价值观，可以有效地扼制学术学风问题，保持团队的科研创新活力，有助于科研创新成果源源不断地产出。

3. 团队的成员

高职院校科研创新团队一般由4~20名成员组成，包含高职院校教师及专业技术人员、企业人员以及学生。根据团队分工不同，相应承担的工作也不尽相同。

团队负责人：团队负责人是整个科研团队的管理核心，肩负着团队的协调、管理和发展重任。优秀的团队负责人应具有高尚的道德品质，高度的责任感和无私的奉献精神；具有渊博的学识和精湛的科学研究能力，能够把握研究的前沿；具有良好的组织、沟通和协调能力，能够制定合理的团队规范，化解团队冲突凝聚团队成员，公平公正的对待团队每一名成员；具有战略管理能力，充分地协调和配置各方有效地资源，能准确地分析和诊断团队发展中存在的问题，能准确把握有利于团队发展的各种机会。

学术带头人：学术带头人是整个科研创新团队的学术核心，是团队的领航人。学术带头人根据团队定位确定研究方向，组织申报课题，联系相关企业合作开展科研工作，根据科研目标分配科研任务，有效组织科研人员开展科学研究。

科研骨干：科研骨干是承担具体科研工作的骨干成员，一般由具有科研潜力的中青年教师和技术人员组成，在学术带头人的帮助下承担各种科研任务。

校外专家：校外专家由具有丰富经验的企业技术人员组成，帮助科研创新团队掌握市场对科研需求的动向，协助团队更好地完成科研成果转化。

科研辅助人员：配合团队负责人完成团队的日常管理工作，协助学术带头人组织科研项目申报、研究等工作，辅助科研骨干开展科研创新活动。

4. 团队的规范

团体规范是为了保证实现科研创新团队目标而形成的且全体成员共同恪守的行为准则。团队规范由三个方面的内容组成：一是管理制度，如同行评议制度、项目资金管理与使用制度、学习交流制度等，保证了团队正常运行；二是评价制度，对团队成员的工作成效进行科学的评价；三是激励机制，合理的激励机制能促进团队成员的科研创新行为。

5. 团队的知识共享

高职院校科研创新团队是一个知识、技能互补的团队，团队成员主要通过知识共享达到知识、技能互补的目的，从而实现团队创新知识源源不断地产生，推动科研创新目标的完成。团队的知识共享总体来说有两大类，一类是容易用言语等形式表述和共享的知识称为显性知识；另一类是其拥有者很难用言语等形式表达出的知识称为隐形知识。知识是否能有效共享与团队的制度及文化有很大的关联性。

(二) 高职院校科研创新团队的特点

综合高职院校科研创新团队构成要素分析，本文认为高职院校科研创新团队具有以下几个方面的特点。

1. 团队具有创新性

高职院校科研创新团一般以专业建设为中心，以学科交叉为基本路径，紧密联系社会需求，不同专长的个体相互协助、相互学习，进行知识交流，不断开展创新活动。首先科研创新活动必须是开创性的活动，解决实践活动中的新问题；其次科研创新具有随机性，需要充分发挥团队全体成员的智慧，在知识交流中蹦出创新的火花。

2. 团队具有独特性

(1) 团队定位的独特性

不同于其他形式的科研团队，高职院校科研创新团队根据职业院校的实际情况，与培育人才相结合，开展教育教学创新研究；与地方经济建设相结合，开展特色学科理论创新研究；与企业需求相结合，开展技术应用、开发以及集成创新研究。

(2) 团队成员的独特性

不同于其他形式的科研团队成员以研究人员为主，高职院校科研创新团队成员既有学校老师也有企业一线技术人员。

3. 团队成员具有层次性

高职院校科研创新团队以高职院校学术造诣深厚的教授、思维活跃的青年教师为主体，吸纳经验丰富的一线技术人员、掌握企业需求的开发人员积极参与，不同背景的个体优势互为补充，共同参与科研创新活动。

4. 团队的氛围具有和谐性

组成高职院校科研创新团队个体都具有共同的目标，而且一般都具有较高的素质，团队个体之间往往是同事、朋友甚至是师生关系，他们互相尊重、和睦相处。和睦的团队氛围并不一定没有冲突，往往冲突都维持在一个合理的范围内，适当的冲突可以活跃思维，促进团队创新能力不断提升。

5. 科研创新活动具有不确定性

高职院校科研创新团队主要开展科研创新活动，但是科研创新是探索性的研究，创新的本质就是具有很大的不确定性，因此，团队的管理者和团队成员要正确的看待科研创新的不确定性，做到胜不骄、败气馁。

6. 科研创新绩效评价具有复杂性

高职院校及其科研创新团队承担着培育人才、促进科研创新和推动经济发展等重任，不能像基础研究那样简单用发表的成果多少、科研项目批复的等级等数据指标评论科研团队创新效果。科研团队成员相互承担责任，所以在考核团队的时候不能仅仅考核团队负责人，要把团队整个成员都要考虑进去，在设计绩效评价规则的时候，进行系统的研究和考量，尽最大限度保证评价的公平性、科学性和完整性。

二、高职院校组建科研创新团队的一般路径

（一）树立团队目标

前面对团队的定义已经明确过，团队是一个具有共同目标的群体，所以高职院校组建科研创新团队的前提条件是团队成员之间存在共同的需求。一个目标明确的科研创新团队能迅速地将具有共同需求和价值追求的个体凝聚在一起，形成真正的团队，从而更有效地促进个体和团队的目标实现。

一个有效地团队目标必须要满足四个基础条件：首先，目标必须是明确的，明确的团队目标可以使个体达成共识；其次，目标必须是具有价值的，根据动机理论，价值越高动机水平也就越高，从而才能更好地激励团队成员；再次，目标必须是可以通过努力达成的；最后，目标必须是全体团队成员共识的。

（二）明确团队角色定位

高职院校科研创新团队的角色定位一般有四种，一是团队负责人，主要负责团队的建设，一般具有战略和战略管理能力，对内能够凝聚团队成员，对外能够把握各种有利于团队发展的机会；二是团队骨干成员，主要负责完成团队分配的科研任务，需要有深厚的专业知识和科研能力；三是科研辅助人员，主要协助处理团队的一般事务，需要具有良好的

沟通能力和协调能力；四是企业专家，主要反馈市场需求和协调科研成果转化，需要深厚的洞察力和实践能力。

（三）招募团队成员

科研创新团队组织者必须要了解团队每个角色定位的特点，根据团队不同角色定位招募不同个性的团队成员。团队组织者同时也要了解每个招募来的团队成员的个性，使团队成员的个性与团队角色定位相一致，只有把具有不同才能的人放到合理的位置才能发挥最大的效能，否则有可能投入和产出不会形成正比。

科研创新团队成员招募的途径有多种，一是以共同目标来吸引和招募团队成员；二是以团队成员的人际关系来吸引和招募成员；三是团队成员的名气来吸引和招募成员。不管什么方式，都是应该在自愿的前提下进行，这样才能最大化调动团队个体的积极性和主动性。

（四）制订团队计划

团队计划就是确定团队成员如何开展工作。主要包含六个方面的工作：一是明确团队的职责和权限；二是制定团队活动方案；三是分配团队任务；四是配置团队相关资源；五是界定团队任务完成；六是激励和评价团队成员。

（五）分析和诊断问题

团队组织者要定期对科研创新团队的运行状态进行评估，总结阶段性的成绩和查找不足，分析团队目前的优势和劣势，从中不断总结经验和先进做法，有序的推动制度创新和改革，形成科学的团队规范和优秀的团队文化，推动团队又快又好的发展。

三、高职院校组建科研创新团队的一般模式

（一）院系同专业科研创新团队模式

院系同专业科研创新团队模式是高职院校建设科研创新团队初期采用的一般模式，这样的团队往往以教研室为基础，与教学团队协同发展，其目标往往是开展专业建设、教学改革和申报科研项目。院系同专业科研创新团队成员大部分是同一教研室的教师，其专业背景相似，研究领域基本相同，他们经常在一起工作，所以交流非常的频繁，知识共享比较的充分，科研成果产出比较丰富。此模式优势有三：一是团队往往采用以老带新的模式，具有丰富研究经验的老教师带动青年老师开展科研工作，青年老师又通过老教师的带动积极地开展科研活动，为团队增添了活力；二是团队成员经常在一起工作，团队交流活动频繁，知识共享充分；三是团队成员的目标很容易达成一致，团队的组建、形成及培养相对于容易。其不足之处也比较明显，团队成员的专业背景和研究领域相似性较大，缺乏

学科交叉，专业知识的互补性较弱，很难承担较复杂的科研任务。

（二）校内跨专业科研创新团队模式

校内跨专业科研创新团队由校内学科背景和研究领域不同的教师组成，一般是学校根据发展需要，运用行政手段，发挥学校教师优势科研力量集中开展涉及多学科且比较复杂的重大科研创新项目。此模式的优势是：第一、团队成员由不同学科背景和研究领域的教师组成，知识和技能的互补性非常大，团队成员协同开展科研创新研究，易于完成比较复杂的科研项目；第二、团队成员往往具有丰富的研究经验和渊博的知识，科研创新能力比较强；第三、团队目标和研究方向明确，较易于组建。

（三）校企合作科研创新团队模式

校企合作科研创新团队模式是以"产—学—研"教学模式为基础，通过与企业的长期合作和融合，在兼顾校企双方利益的原则上，为达成双方共同目标而逐渐形成的科研创新团队。在这种创新团队的模式下，学校教师可以充分地了解市场的需求，进一步明确科研方向，优化教学内容，其研究内容也从理论研究过渡到应用研究；企业一方面可以从科研创新团队中培养科研、技术人才，另一方面通过不断地反馈自身需求，推动产品的不断优化、升级和改造，进而提升产品的市场竞争力。在校企合作科研创新团队模式中，学校学科资源和企业市场资源充分地相互补充，相互受益。

四、高职院校组建科研创新团队的重要性

（一）显著提升学校内涵和核心竞争力

随着高职院校不断增多和生源的不断下降，高职院校之间的生源竞争越来越激烈，不断地加强内涵建设，提升竞争实力已经形成普遍共识。通过建设科研创新团队，可以整合学校优势资源，集中力量开展科研创新工作，不断增强学校的科研实力，提升学校知名度；二是在团队科研创新的过程中，可以不断提升学科内涵，形成学校特色学科和优势专业，提升学校的影响力；三是通过与企业合作建设科研创新团队，可以促进"校企合作"深度融合，有效地把人才培养和市场需求衔接起来，提升学生就业率。

（二）有效推进专业建设和教学改革

科研创新是学校推进专业建设和教学改革的基础，一方面通过高职院校科研创新团队开展专业建设和教学改革的研究，可以充分地激发教师的创新能力，通过深入的调研学生需求和分析教育教学规律，运用科学的研究方法处理教学中出现的各种问题，从而不断地改进教学方式方法，经过总结形成科研成果，为学校教学改革提供科学的理论支撑。另一方面，市场对人才的需求总是变动的，学校必须要不断地推进专业建设和教学改革以应对

企业需求的变化。通过建设基于校企合作的科研创新团队，为学校教师和企业技术人员联合开展科学创新工作提供平台，解决企业在生产、服务和管理中面临的现实问题。在这个过程中，学校可以了解市场对人才的最新需求，从而不断地优化专业结构；学校教师通过知识交流、学习和科研实践活动，不断增长见识，提升专业水平和教学实力。

（三）有利于培养科研人员的合作精神

通过科研创新团队的建设，青年教师在团队成员的帮助下，科研能力快速地成长；而学术带头人将科研任务分配给青年教师，促进科研创新工作又好又快的开展，团队个体互补优势，相互学习、相互进步，合作精神得到充分地培养。

（四）促进科研创新成果的不断产出

通过建设科研创新团队，为高职院校的研究人员搭建了一个信息交流的平台。一方面，团体成员通过知识的交流和碰撞，推动不同专业、不同学科交叉融合，促进创新成果的产出；另一方面，通过团体的规范可以给散漫的个体施加群体压力，促进全身心的投入科研创新工作中，提高工作效率，当顺利完成了团队分配的任务又可以进一步激励个体更加努力。

第四节 高职院校科研创新团队建设优化策略

一、我国高职院校科研创新团队运行机制体系的构建

（一）我国高职院校科研创新团队高效运行应遵循的思想理念

1. 以人为本的管理理念

以人为本的管理理念是现代管理理念的核心，它是指在管理过程中要以人为根本出发点，强调对人性的理解和尊重，注重充分激发人的积极性、主动性和创造性，挖掘人的潜能，使其能力和才干得到最大限度的发挥，创造最佳的工作绩效。高职院校科研创新团队管理的根本因素是团队成员，因此"以人为本"即是"以成员为本"，团队管理不能只依靠严格的规章制度和周密的计划方案，而更应当加强对团队成员的重视。

具体来讲，高职院校科研创新团队人本管理的内涵主要包括以下几点：第一，关注成员的需求。首先要满足成员关于衣食住行的基本生活需求，其次要了解他们的精神需求，如成员的人生理想、兴趣爱好、近期目标等，精神需求的满足能够促使其对团队产生强烈的归属感和认同感。第二，实行民主管理，充分尊重和依靠队员的智慧和潜能，提倡成员主动参与团队管理，以求通过平等的沟通、交流和相互理解与支持达到成员自我管理与团

队管理的和谐统一。第三，重视团队成员技能的提高，促进队员全面发展。通过定期的学术交流及培训活动，促使团队内部知识与信息达到高度共享，使团队成员的专业知识和技能得到不断提高。团队的发展依赖于队员的发展，团队应当通过不断地教育和引导促使队员在自身发展的过程中实现团队的科研创新目标。

2．整合思想

整合就是把一些零散的东西通过某种方式彼此衔接，从而实现信息系统的资源共享和协同工作。整合强调的是结构有机重组和功能系统优化，它的精髓在于将零散的要素组合在一起，并最终形成有价值有效率的一个整体。高职院校要根据自身的具体情况，以整合思想为指导，争取大项目，打造大团队，构筑大平台，创造大成果，产出大效益。具体来说，以整合的思想指导科研创新团队工作主要要包括以下几个方面。

(1) 团队的外部要素整合

主要包括科研管理部门整合和科研项目整合两个方面的内容。

①科研管理部门整合

高职院校科研创新团队是由高职院校的科研管理部门统一管理的，科研管理部门的管理水平和工作效率直接影响着科研创新团队的运转效率。科研管理部门的整合并不是科研机构设置的简单趋同化，而是以高职院校的具体情况为依据，合理设置科研管理机构，系统规范各机构的职责、权限和功能，从而实现组织机构的有机整合和管理人员的优化配置，提高管理效率。此外，科技管理制度的整合一方面要不断融入先进的科技管理理论，并一方面要不断总结科技管理实践工作的成功经验，不断推进制度创新，为创新性科学研究工作提供有力的政策支持和制度保障。

②科研项目整合

科研项目整合是指发挥高职院校学科集中和人才密集优势，对科研目标一致或相近的课题或项目进行有机整合，促进具有相同学科背景的研究人员联合申报跨学科重点科研课题或重大攻关项目；对于需要多学科交叉的综合研究项目，应在相互借鉴学习不同学科研究方法的同时组织多学科联合、多形式协作攻关，形成大兵团协作的攻关优势。

(2) 团队的内部要素整合

主要包括学术及人才资源的整合和科研创新平台整合两个方面的内容。

①学术及人才资源的整合

现代科学技术综合化的发展趋势，要求科研领域实行学术整合，即采取各种方式或手段促进不同学术思想的碰撞，促进不同学科背景或研究领域的专家协同研究联合攻关。人才资源的整合应打破学科和部门壁垒，通过课程间、课题间、实验室间、科研中心间、校内外乃至国内外人才的交流、合作和引进，汇集重点人才资源，增强研究工作的协作性和成员知识能力素质的互补性，实现团队人才资源的优化配置。

②科研创新平台整合

科研创新平台整合就是要以学科特点和科研规律为依据，分类、分层整合科研平台，主要包括两个方面内容：一是要整合资源设施，在国家重点实验室、国家工程技术研究中心等科研基地建设的基础之上，构建多学科交叉综合的科研创新平台；二是要根据学科特点和研究领域相关性科学布局科研场所及设备，防止重复投资，实现科研设施、信息资源等高度共享。

(二) 构建高职院校科研创新团队运行机制体系应遵循的原则

1. 科学性原则

坚持科学性原则，就是在构建高职院校科研创新团队运行机制过程中，必须遵循学科发展、学术创新及人才成长的基本规律，结合不同学科领域科学研究的不同特点，同时充分考虑团队的外部影响因素，正确认识和把握团队系统与高职院校系统乃至整个社会系统的关系、团队内部人力资源、物质资源、信息资源及其各组成要素之间的关系，科学设计团队的组织结构及内部运行机制，从而保证团队资源结构最优化和整体功能最大化。此外，要运用科学的程序和方法，本着循序渐进和客观性、实用性原则，建立和健全团队的管理制度、组织模式和运行机制，使之既要符合当前的现实条件，又要符合长远的发展要求。

2. 系统性原则

系统性原则，也成为整体性原则，它要求把研究对象视为一个系统，以系统整体功能的最优化为目标，协调整体中各子系统的相互关系，以整体系统的总目标来协调各个子系统的目标，将各个子系统的特性放到系统整体中去权衡和取舍，从而达到系统整体的完整、平衡。因此根据上述原理，在构建高职院校科研创新团队运行机制时，应将影响团队运行的内外部各因素纳入一个统一的完整系统中，从整体和全局的角度对高职院校科研创新团队运行机制的构建进行科学分析和合理安排，整合系统要素，取长补短，同时避免功能重复，从而产生 $1+1>2$ 的整体效应，充分发挥系统的整体功能。

3. 动态性原则

根据辩证唯物主义关于运动和发展的理论，高职院校科研创新团队总是处在不断运动和变化发展的过程之中，而机制本身也是一个动态的概念，因此，在构建团队运行机制的过程中，必须考虑团队动态的生长和发展过程，时刻关注团队外部环境因素和内部结构要素及其之间相互作用的发展和变化，并根据变化不断地进行调整，使之适应并促进团队的发展。对于已经或可能出现的影响团队健康发展的矛盾、问题和困难，应积极采取措施及时消除，从而实现团队的不断创新和持续发展。可见，机制的运行具有对外部环境的动态适应功能，但这种功能要通过制度和机制的创新来实现，因此还应当不断调整和完善机制体系结构和系统功能，确保制度体系和机制体系始终处于一种良性互动状态，从而适应团队不同阶段的发展要求。

4. 稳定性原则

一般而言，系统要进行实现目标的有效活动，就必须维持一种相对稳定的平衡状态，系统越稳定，活动的效率越高。因此，高职院校科研创新团队运行机制的构建和运行必须具有对外部环境的适应性，确保无论外部环境如何变化，团队内部总能保持有序运行。这就要求团队一方面具有相对稳定的组织结构，不能轻易变动，但又能够根据团队不同阶段的目标及内外部条件的变化进行适当的调整；另一方面具有相对固定的管理制度，保障团队内部工作的规范有序，但随着客观条件的变化又富有一定的弹性。所以，在构建高职院校科研创新团队运行机制体系时应当具有一定的前瞻性，在时间和空间上要留有充分地余地，从而确保团队在各个发展阶段都能有序运行。

5. 高效性原则

高职院校科研创新团队的运行具有很强的实践性，因此在构建团队运行机制体系的过程中要充分考虑可操作性和高效性。具体的运行模式所提供的策略、操作程序、步骤、环节和方式必须是切实可行并能够取得实效的。同时应针对团队不同的发展阶段和团队所处的环境特点，充分整合人才资源，合理设置岗位，做到人尽其才，合理配置物质资源，做到资源信息高度共享，力求物质效益最大化，坚持成本效益，降低成本消耗，加强团队经营，提高综合效益，从而保证科研创新团队的高效运行。

(三) 高校科研创新团队运行机制体系的初步构建

一个完整的机制体系一般都是由一系列不同层级、功能完善、紧密联系的小机制组成，因此任何一个系统机制体系的构建都是一个循序渐进的过程，高职院校科研创新团队机制体系的构建也是如此。当前我国高职院校科研创新团队运行机制的研究主要集中在领导机制、保障机制、绩效评价机制和激励机制等方面。本文依据系统论的观点通过研究认为，高职院校科研创新团队运行机制结构体系的构建应由驱动机制、保障机制、调控机制和反馈机制四大基本机制组成，而这四大机制又可以进一步细化为一系列小机制，这些机制与相应的配套制度共同组成我国高职院校科研创新团队运行机制体系。

1. 驱动机制

驱动机制是通过寻求各种行之有效地措施来充分调动团队主体的积极性和主动性，从而促进高职院校科研创新团队的高效组建和健康发展,主要包括目标导向机制、资源诱导机制和利益驱动机制等,这些机制将成为组建高职院校科研创新团队的动力源。

(1) 目标导向机制

目标导向机制包括政策目标导向和学术追求导向两方面内容。政策目标导向是行政部门根据国家需求,利用政策调控手段直接或间接干预团队建设,从而形成的影响团队组建的导向作用。学术追求导向是源于学术人员对于学术理想的追求而形成的影响团队建设的导向作用,是一种较高层次的需求动力,能够使团队主体产生持久的精神动力。对于团队建设和发展的影响,政策目标和学术追求的导向作用都不容忽视,前者直接而显著,后者则持久而深远,因此必须建立和完善目标导向机制:一方面国家相关部门应出台相应的政策和措施来鼓励和引导高职院校建设科研创新团队,行政部门和高职院校也可以根据国家或大学的科研目标直接着手组建团队或加强团队建设;另一方面,高职院校应当尽力营造浓厚的学术氛围,创造更多的机会及平台让学术人员进行学术问题的探讨和交流,以便于其科研兴趣的激发和共同愿景的形成。

(2) 资源诱导机制

高职院校科研创新团队建设的资源诱导机制主要表现在科研环境、条件的优越上,是对学术人员和创新主体的一种直接的、操作层面的驱动。优越的科研环境、完备的科研设施和条件及科学的资产管理制度,才能吸引高素质的学术人员、提高科研效率和促进科技创新。高职院校应以学科建设为依托,充分发挥高职院校学术人员密集的天然优势,加大投入,构筑一批综合型、开放式、国际化的科研创新基地和平台。要改善技术装备,为科研活动提供一流的仪器、设备、制剂等,为学术人员创造一流的工作空间及工作氛围,建设一流的实验室、科研中心和创新基地。同时要建立起相应的管理制度,采取配套的服务措施,确保资源的高效利用和有效维护。

(3) 利益驱动机制

团队建设的利益驱动机制可以从物质和精神两个层面得到具体体现,一是物质利益,即经济利益,包括津贴、补助、奖金等;二是精神收益,包括获得的荣誉,学术地位的提高及职务的晋升等。利益驱动是调动团队主体科研积极性最直接的驱动力,团队成员自身利益的满足与团队的发展直接相关,因此应进一步完善利益驱动机制。要建立科学合理的工资待遇和福利制度,利益的分配应当公平合理且具有针对性。此外,科研创新团队的建设和发展情况应作为衡量高职院校科研水平及高职院校评估的重要参考指标,只有建立高职院校因科研创新团队发展而发展的机制,才能使高职院校真正重视和加强团队建设。

2. 保障机制

人力资源、物力资源、财力资源、信息资源等是高职院校科研创新团队发展必不可少的基本要素；保障机制的构建需要具备一定数量和质量的人力、物力、财力、信息以及一系列其他的环境要素，以某种方式或结构形成一个保障系统，来保障科研创新团队持续、稳定、健康的发展。主要包括经费投入机制、成员配置机制、资源共享机制、组织机构建设机制和制度文化建设机制等。

（1）经费投入机制

科研经费是科研创新团队进行科研活动和学术创新最根本的物质基础，团队各项工作的开展无不需要经费支撑，没有经费的投入，团队根本无法运转。因此应当建立健全经费投入机制，采取多种途径和方法，保证科研经费的充足。

首先，要建立多元化的投入机制。一是可以加强与国外学术机构及企业间的科研合作，从而争取外国政府、国际组织或企业的科技合作经费。二是要争取从政府部门获得诸如各类科学基金及科技计划经费等的竞争性科研经费，以及高职院校提供的学科建设及科研配套经费。三是要争取企事业单位的横向科研经费，包括企事业单位委托的科研项目经费等。四是要坚持产学研相结合，将学术创新、技术转移和成果转化结合起来，将科研成果推向市场，转化为生产力和经济效益，从而从获得的收益中获取更多的科研经费。

其次，对投入的科研经费要进行后期追踪管理，加强资金运行的监管力度，建立经费运行监管机制，确保经费的有效使用。在团队的整个运行过程中，影响科研经费使用效率的因素很多，因此要建立一套监控经费流向和使用效果的指标体系，包括科研成本的核算以及科研经费划拨下来后的内损情况等。这对于提高科研经费的使用效率，确保团队高效运转都具有重要的意义。

（2）成员配置机制

一个科研创新团队科研能力的强弱、发展潜力如何，关键在于是否拥有一支层次结构合理、知识专业互补的高水平人才队伍。要实现人力资源的合理配置和高效使用，团队就必须实行全员聘任制，坚持竞争择优，建立开放流动的用人机制。首先，团队带头人的选拔要贯彻"公平、竞争、择优"的原则，要建立包括学术水平、科研成果、职业道德、组织能力及管理水平等多重指标的考核体系，严格按照既定的标准和程序进行。其次，科研人员数量的确定及选拔，由团队带头人根据团队工作的需要和科研课题的实际情况先制定出选拔标准，再按照公平竞争的原则，从受聘人员中择优录用，从而实现人员的流动与更新。最后，科研辅助和服务人员应由相关的行政管理部门根据团队带头人的意见和团队的具体情况进行聘任，从而选拔出真正适合团队发展需要的辅助和服务人员。全员聘用制技能吸引国内外优秀科学家，适时吸收新的、高水平的学科带头人，又能优化队伍结构，保持科技队伍的活力，对于团队发展具有十分重要的意义。

（3）资源共享机制

充足的资源保障是一个科研创新团队正常运转的基础，因此，高职院校应当充分考虑各类资源的整合，积极尝试改革资源配置方式，打破基层学术组织之间的资源壁垒。

首先，根据学校的具体情况组建大型科研设备服务中心，集中经费投入，引进一流的科研仪器和装备，避免重复购置和资源浪费。其次，在做好整体规划布局的基础上对各类资源进行整合，建立科研资源共建、开放和共享的新型管理制度，实现资源的良性互动，同时不断探索资源开发和使用效率评价新机制，提高资源的利用效率。最后，利用网络建立虚拟实验室，即网上合作研究中心，建立各种开放性的基础型科研数据库，健全信息管理和共享机制，实现图书文献资料、科研信息资源的数字化和网络化，确保各种信息资源的高度共享。

（4）组织机构建设机制

组织机构是指为了共同的目标、任务或利益，把人力、物力和财力等按照一定的形式和结构有秩序有成效地组合起来开展活动的社会单位。高职院校科研创新团队的组织机构则是将学术人员和科研资源有序组合起来开展科研活动的基本单位，建立健全团队组织机构建设机制的最终目的，即是为了确保团队工作和科研活动更加有序、更加高效的开展。

第一，根据团队特点，选择合适的组织结构。高职院校科研创新团队组织结构的设计，应遵循建立有效地信息结构、实现最优的水平交流和适当管理的原则。目前我国高职院校科研创新团队的组织结构主要包括层式结构、层式—职能结构、工作组制结构和矩阵结构等。因此在实际操作过程中，团队组织结构的选择应在团队组织结构的设计原则下，根据团队中信息传递过程的需要，具体情况具体分析，打破传统团队的学科壁垒和行政壁垒，实现最优选择。

第二，依据团队的不同类型，合理设置机构。目前我国的高职院校科研创新团队主要分为正式团队和非正式团队两大类，其中正式团队主要包括实验室、工程研究中心和跨学科研究中心、研究院等，非正式团队主要包括师生共同体团队、教授联合团队及课题组等。团队组织形式多样，因此管理模式及机构设置也应别出心裁。特别是对于正式团队而言，人员众多，结构复杂，要做到政策条例上传下达顺利贯彻，机构设置必须完善合理。应对传统的层级式管理进行改革，在完善相应机构的同时，要明确分工，合并职能，消除臃肿，从而优化组织机构，提高管理效率。

第三，健全领导机制。领导者要不断提高自身综合素质，组织协调能力、管理能力要与科研能力、学术水平同步提高，同时争取更多的外部资源和支持与加强团队的内部管理齐头并进，不能顾此失彼。领导者要与成员一起确立共同的目标和远景，并帮助成员逐渐将个人目标融入团队目标之中，确保团队各项工作都能围绕共同目标有序开展。要在团队内部形成"民主式"的领导风格，倡导人人平等，每个成员都有充分发表个人意见的权力。要充分尊重和信任团队成员，适度放权，调动成员的积极性和主动性，为成员提供展示和发挥个人才能的机会与平台。要把团队成员的个人发展放在重要位置，重视人才培养，客观评价，赏罚分明。

（5）制度文化建设机制

任何组织或群体都有自己的制度规范，用以确保系统平稳有序的运行和发展，高职院校科研创新团队作为高职院校的基层学术组织，自然也不例外。无论从包含科研项目管理、科研经费管理、科研设备管理、科研人才管理的横向考虑，还是从贯穿团队从组建到发展再到成熟的纵向考虑，团队的运行都需要建立一整套系统化、规范化、成文化的管理制度，来约束和规范成员的行为，使各项工作有章可循，从而确保科研活动的有序性和高效性。科研管理制度应紧密联系国家及学校政策，又要切合团队实际，具有科学性和可操作性，同时还要具有相对稳定性，这样才能够促进科研工作的顺利开展。

相对于制度规范而言，团队文化对团队发展的影响则更为深远。团队文化具有导向、凝聚、激励、约束和辐射等功能，它通过对团队成员潜移默化的影响和作用，能够使其对团队产生强烈的认同感和归属感，从而激起其科研创新的极大热情。由于文化的概念比较抽象，可以通过举行典礼及仪式、传述杰出人物及其传奇故事、设计意蕴深远的团队标志、观看关于团队精神与追求、传统与未来的纪录片等一系列的具体活动，使团队的优秀文化深入人心，使团队的光荣传统代代传承，从而对团队的运行和发展产生巨大的推动作用。

3. 调控机制

调控机制的建立能够使具有不同功能的各个部门通过一定的方式达到相互协调，从而实现系统的整体功能。系统的协调可以通过上层领导的直接集中指挥或建立系统协调规范得以实现，也可以通过各子系统之间的互动达到系统的自我协调。针对高职院校科研创新团队而言，系统调控的范围在横向上包括团队工作的方方面面，在纵向上贯穿于团队运作的全过程，对团队运行实施全面、即时及动态监控，使各要素能够协同动作，团队的各项工作能够围绕既定目标有序开展。

（1）监督管理机制

建立和健全团队内部的监督管理机制，对团队实行统一的规范管理，对科研任务实施情况进行检查和监督，以达到防止团队运作出现混乱状态，执行目标出现偏差，任务不落实的目的。

第一，建立学习机制。高职院校科研创新团队学习的主要目的是促进团队成员紧密跟进科研进展，依据科研的实际需要及各自的分工主动吸取和掌握更多技能，为解决科研过程中的各类问题奠定知识基础，提供技术支撑。因此团队应根据科研活动进行的不同阶段，科学而有针对性地选择相应的学习内容及方式，定期开展学习活动，明确学习规则，并在此基础上形成制度,从而促进学习机制的形成于完善。

第二,健全沟通交流机制。在团队管理的现实活动中,交流沟通往往比权力约束更为有效,且对于科研创新团队而言,沟通交流有着更为重要的作用和意义,即促进知识和思想的碰撞,激发创新灵感,促进共同协作,形成配合默契。因此团队应健全沟通交流机制,在定期交流及交流的内容和形式上形成制度,如建立学术交流会制度,成员可在交流会上汇报上一阶段的科研进展及下一步的工作计划,也可就现阶段出现的问题进行讨论,这样既能起到监督管理的作用,又能实现学术碰撞,促进学术创新。

第三,建立良性竞争机制。科研创新团队的成员之间既存在着互助合作的协同作用,又存在着互替竞争的博弈关系。合作与竞争对团队效率的提高具有重要意义,其中,良性竞争氛围的形成对于团队活力的增强和团队整体功能的发挥又起着不可替代的作用。因此团队应当建立良性竞争机制,依据每个成员的特点和角色定位争取实现人力资源的最优化配置,同时营造一个公平竞争的学术氛围,建立公平公正的竞争机制,在薪酬及奖金分配方面,设置合理的梯度及差距,引导团队达到以互助合作为主、在合作的基础上良性竞争的目的。

第四,建立冲突解决机制。如前所述,高职院校科研创新团队成员之间合作与竞争并存。因此团队内部要倡导和谐的价值理念,创造宽松包容的学术氛围,团队内部要能够容忍学术观点的冲突、学术探索过程中出现的争端和分歧,允许展开学术讨论及辩论。可通过批评与自我批评的形式增进交流,通过深层沟通促进成员之间的相互理解、尊重与支持;也可通过设置合理的薪酬及奖金梯度,适当缩小奖金差距,从而削弱冲突动机。

(2)协调服务机制

要使团队的整体功能得到最大限度的发挥,协调工作至关重要。团队管理不仅要实现其各个组成要素之间的运作协调,包括科研经费的统一划拨,科研设备的统一使用,以及团队成员之前的相互协作等;同时又要实现团队与其外部环境之间,包括团队与团队之间,团队与学科和学院之间,以及团队与学校科研管理部门及其他部门之间的协调。

要建立自上而下的团队服务机制。要以国家宏观政策及科研目标为指导,以高职院校科研管理部门的行政服务为桥梁,以学科建设为依托,建立政策信息、行政服务、技术支撑三维一体的团队服务体系。国家要加强宏观政策指导,高职院校科研管理部门要根据团队的实际情况和发展需要,为团队配备合适的行政服务人员,提供配套的行政服务,学院要打破学科壁垒,为团队提供技术人才,三者有力结合,从而保证团队的高效运转。

(3)激励约束机制

激励与约束是相互对立的两个方面,激励是指满足合理要求,并激发、促进和强化事物积极、正确的一面;约束是指抑制不合理要求,并避免、防止和纠正事物消极、错误的一面。客观来说，当前我国高职院校应当进一步健全激励约束机制，来提高团队的活力和创新能力。

首先，要设置既符合组织目标的需要，又能够对个人产生较大激励作用的团队激励目标。这个目标应当由全体成员共同参与制定，既不能过高，也不能太低，应当适当偏高，既具有挑战性，又不会遥不可及。其次，要坚持团队激励与个体激励相结合。团队取得的科研成果与成员的努力是分不开的，因此，激励方式应在团队激励的基础之上，充分考虑个体的绩效和贡献。再次，要实行多元化和差别化激励。避免激励形式的单一，建立物质激励与精神激励相结合、有形激励与无形激励相结合的多层次、多元化的激励机制体系。此外，要避免平均主义，同时考虑个体差异，激励的方式、内容和强度应视情况不同而有所差别。最后，应当制定涵盖团队工作方方面面的明确详细的管理制度，确保各项工作都有章可循，权责分明，同时要与薪酬待遇及物质奖励相结合，做到赏罚分明。

4．反馈机制

反馈机制是指以系统活动的结果来考量系统活动的整体效果、调整系统活动的一种作用方式。高职院校科研创新团队的反馈机制主要指团队的绩效评价机制。团队的绩效评价，是评估团队科研活动的整体效果、调整团队活动、优化团队整体功能的重要依据，因此，应当进一步健全我国高职院校科研创新团队的绩效评价机制。

首先，评价主体应当多元化。评价的主体可以是政府科技主管部门和大学的科研管理部门，也可以是科学基金、企业或其他科研经费资助机构，还可以是社会组织、社会团队等民间机构，总之评价工作应该着眼于团队工作的社会价值，力求客观、公正。

其次，建立多元的评价指标体系。绩效，顾名思义是指团队工作取得的成绩以及团队活动所达到的效果。它具有十分丰富的内涵，包括团队行为、团队产出、团队发展等多层次多方面的内容。因此评价指标体系的建立在简洁明了、易于操作的基础之上，还必须兼顾客观全面。评价指标不仅要反应科研成果的产出情况，还要能够反应团队活动的学术价值、团队的学术影响力、团队的凝聚力及发展潜力、团队成员个人能力的提高及其归属感、满足感与成就感等，这样才能给予一个团队更为客观、真实和准确的评价。

最后，建立团队整体与成员个性相结合的绩效评价机制。团队整体是由不同的成员个体组成的，团队所取得的成果离不开个体成员的努力和奉献。因此对团队绩效的评价必须要从团队整体与成员个体两个层面来进行，两者缺一不可，不能偏废。

二、提升高校科研团队创新能力的策略

（一）优化团队的领导方式

团队负责人对团队的领导贯穿于整个高职院校科研团队创新能力提升的过程中，是团

队灵魂的重要组成部分。因此，优化团队领导方式是高职院校科研团队创新能力提升的重中之重。

1. 制定科学的团队领导选拔制度

团队负责人的优秀与否决定了团队科研创新能力的起点，因此，团队负责人的选拔尤为重要，是高职院校科研团队创新能力发挥的首要问题。在团队的建设过程中应制定科学的团队领导选拔制度。

在选择负责人时需要考察候选人已取得的学术成果和教学成果，论证候选人的教学水平和学术水平。第一，团队负责人要具有战略眼光，在科研及学术上具有前瞻性，能够准确把握科研动向，进而选定科研发展方向和科研目标。第二，创新型科研团队负责人还要具有一定的管理才能。这是因为，团队负责人不仅是团队的学术骨干，而且还要同时承担组织、协调、管理团队的职能，这也是一个团队成功的必要保证。第三，团队负责人还要具有一定的人格魅力，具有吸引人、团结人、凝聚人的品行修养。也就是说，高职院校科研团队的负责人应当选择为人正派、真挚坦诚，富有学术魅力和人格魅力，同时，关心团队成员发展并具备协调处理团队人际关系和管理团队各项事务的能力。

2. 适当协调团队内外部的事务和关系

在团队内部，负责人应着力营造出自由民主、宽松和谐、信任友爱、群策群力、合作互助的团队工作方式。

第一，确立团队创新的性质与任务。团队负责人的价值取向和科研创新目标在很大程度上影响并带动着整个团队创新目标的制定、发展与实现。因此，团队负责人应带领团队成员明确团队的性质、确定团队科研创新的任务、形成团队创新的目标，并围绕团队的创新目标组织实施各项工作。其中，团队负责人应致力于使团队整体创新的目标内化为团队成员个人的追求，帮助团队成员使其个人的目标与团队目标保持一致。

第二，重视团队成员的个人发展空间。高职院校科研团队不仅是产生创新性科研成果的场所，同时也是挖掘并培养优秀创新型人才的平台。团队负责人在制定团队科研目标时应考虑到为团队成员提供未来的发展空间，并通过营造良好的团队学术氛围和提供培训、仪器等资源优势激励成员不断进取、推陈出新。此外，团队负责人还应向成员传递一种彼此尊重与信任的信息，适度放权，帮助团队成员实现创新目标，调动成员的创新积极性。

第三，加强团队创新性文化建设。团队负责人的领导风格对团队气氛有重要影响，富有激情、乐观的团队领导，支持性的管理风格使人们敢于尝试、不怕失败。"民主式"充分授权的领导风格能够调动成员的积极性和主动性，增强责任感，从而增强团队的内聚力。关心成员发展，注重团队内深层次情感交流的团队领导，团队内呈现出信任与支持的团队氛围。因此，团队负责人本身必须敢于创新，提出具有前瞻性和创新性的团队科研目标，引领团队积极创新，培养团队的创新文化。

在团队外部，负责人应积极探寻与开拓团队外部资源。

第一，广泛寻求必要的资金、资源等物质条件。资金和资源是团队发展所必备的硬件条件。因此，高职院校科研团队负责人在管理好团队内部事务的同时，应注重团队资金、资源等物质条件的争取。

第二，积极争取科研项目。高职院校科研团队科研创新成果产生的一个重要原因是争取到国际和国家的重大科研项目。因此，保持团队的创新能力很好地发挥，并不断提升，团队负责人应当积极与国内外同行保持联系，及时掌握最新的科研动态，并抓住有利条件积极争取重大科研项目。

3. 定期对团队领导方式进行评价

制定科学的团队领导选拔制度，其目的在于选择适合的团队负责人以优化团队的领导方式。那么，如何确定团队领导方式是否得到优化，其优化的程度又如何呢？即检验团队领导方式的有效性。鉴于这种思考，我们认为，高职院校科研团队应定期对团队负责人进行评估考核。

第一，评价的方式。包括团队负责人的自评、团队成员内部评价和外部同行评价三种。负责人自评是从团队负责人主观的角度对其领导方式的优劣进行评价，这种评价方式充分考虑到被评价主体的看法。团队成员内部评价是评价的重中之重。因为团队成员是团队领导方式的参与者和接收者，他们对团队领导方式的感受最为直接，也最为深刻，他们的评价是最为真实和有价值的，因此应对团队成员的看法和评价保持高度的重视，对多数人所提到的问题必须及时解决。外部同行评价是指邀请该团队科研领域的国内外知名专家学者对其团队的发展进行整体评估，并针对团队领导方式在团队创新能力发展中所起到的作用进行评价，并提出有价值的意见和建议。

第二，评价的内容。对团队负责人的考核内容应包括通过该负责人的领导，团队的创新目标是否明确；团队成员是否相互信任，拥有共同的愿景，并为此相互协作、共享资源和信息；团队是否形成创新性的文化氛围；团队负责人是否关注每位成员的发展，并尊重和信任成员，给予成员个人发展的空间；通过该负责人的领导，团队与之前是否有明显的变化，团队成员是否认同团队负责人的领导；团队负责人是否拥有独到的学术见解和较强的人格魅力，等等。

第三，评价的过程与结果。评估必须保证高度的真实性，因此，统计评价结果的人员应保障评价参与者身份不被泄露。同时，团队应把对团队负责人领导方式的评价制度化，定期进行，使人人产生评价的责任感，理解评价的目的和意义。此外，对于评价结果，团队负责人应有一个正确的态度，综合看待自己领导方式的优点与缺点。对于优点要继续保持；对于缺点应及时改正，如有模糊或难以立刻解决的，可以通过与团队成员共同讨论与协商的方法解决；对于在团队的领导方式上有重大问题的负责人，高职院校应及时的更换，以确保科研团队创新能力的发挥。

(二) 重视对创新团队的组织管理

重视对创新团队的组织管理包括合理设置团队的组织结构、合理调配团队成员的年龄结构和明确团队成员的组织责任，它是奠定高职院校科研团队创新能力可持续发展的重要基础。

1. 合理设置团队的组织结构

随着科学技术的迅速发展，高职院校科研团队的研究领域已更多地倾向于跨学科研究。因此，在提升团队创新能力中，必须考虑组织结构在团队中的作用。特别是在高职院校科研团队内部，应融合不同学科或同一学科中不同专业、不同研究方向的专家和学者，建立起跨学科的组织结构，为学科交叉研究提供便利。

同时，应当注意，高职院校科研团队是一个开放的动态性组织，应注重保持团队组织结构的弹性化、多元化和网状的特点。所谓弹性化，高职院校科研团队常常因争取到的课题而拓宽科研创新方向，并根据需要聘请团队所不具备的学科的专家、学者加入团队，当任务完成时，这些临时性的成员根据需要退出该团队，体现了团队的弹性化特点。所谓多元化是指团队成员在学科背景、年龄结构、性格特点、兴趣特长等方面各不相同，即使是研究同一领域的成员，其具体研究方向也有所不同，这是高职院校科研团队的性质和任务所决定的，因此应正确看待这种组织结构。所谓网状的特点是指高职院校科研团队需要与其他部门进行智力资源、物质资源等方面的共享，并进行有效整合，以此加大了个部门间的联系，形成网状结构。因此，根据高职院校科研团队自身弹性化、多元化和网状的特点，必须合理设置团队学科组织结构。

2. 合理调配团队成员的年龄结构

团队的持续创新要求一代又一代团队成员的科研创新，而随着时间的推移，如果团队没有建立起科学的成员年龄结构，团队很可能因为一代学术权威的离去而丧失创新能力。因此，高职院校科研团队有必要建立并完善团队成员的年龄梯队结构，形成老、中、青三代研究人员，并形成学术权威带领、培养中年和青年一代学者，中年学者强化自身学术水平和人格修养，形成自己的研究专长，年轻一代跟随学术权威和中年一代的科研脚步，并探寻自己的兴趣和特长，逐步建立并完善团队成员年龄梯队结构，为团队创新能力的持续发挥和提升奠定基础。同时，在选择人才时，针对同一年龄阶段，应考虑他们是否具备不同学科背景、兴趣特长、性格特点等方面的条件，以减少非资源优化配置下的团队"堆积"所造成的团队成员间的内耗。

3. 明确团队成员的组织责任

高职院校科研团队不同于行政组织和企业团队，它以创新为主要任务，需要团队成员的知识共享和协作攻关，不适合采取设置过多的行政管理。因此，扁平化和矩阵式的组织结构更适合高职院校科研团队。其原因在于，扁平化的组织结构有利于产生灵活多样的组织设置，有利于团队形成自由、宽松的组织氛围，有利于充分授权的工作环境，有利于信息的共享与交流；矩阵式的组织结构是一种既有纵向分工又有横向跨各个职能部门联系的组织结构，有利于加强团队内外部的协作与交流，有利于团队目标的实现。事实上，由于高职院校科研团队的规模相对较小，以及扁平化、矩阵式组织结构的要求，使其应当明确团队成员在团队中的组织责任。即团队中除了有负责人和学术带头人之外，还应根据需要确定团队成员在团队中的地位和作用，明确其各自的组织责任，并给予适当的权利。这样，在激励团队成员积极创新的同时，也对其行为进行适当地规范，使其对团队产生责任感和管理义务，共同促进团队的管理创新。

（三）营造创新的团队文化氛围

团队文化氛围是由团队所特有的价值观、思维方式、科研作风、信仰、团队精神、行为规范等组成。它广泛地影响着团队成员学术活动的工作方式、人际氛围、权力分配、学术威望等团队运行的多个方面，是高职院校科研团队创新能力发挥的精神支柱。因此，高职院校科研团队应当着力营造创新的团队文化氛围。

1. 强化团队创新理念

高职院校是追求学术自由探索的场所，高职院校科研团队处于这一场所的核心位置。其原因在于它以知识创新为自身追求，其产生和组建的根本目的在于一群渴望在学术上有所建树的人，希望通过彼此的协作产生更有价值的学术成果。因此，应从高职院校科研团队建立起就向每一位成员强化团队共同的创新理念，使成员在团队中产生科研创新的共同愿景。当所以成员都清晰地了解并认同团队的共同愿景时，他们就会相互融合，自觉、自愿地按照团队的创新理念开展科研工作，并产生乐于为团队奉献的动力。同时，这种团队创新理念所形成团队凝聚力将有效地解决团队中的冲突，增强团队成员的创新意识以和保障团队持续创新，并营造出创新的团队文化氛围。

2. 营造多元化和包容性的团队环境

团队环境是团队文化氛围的重要组成部分，良好的团队环境对团队文化氛围的营造起到正向作用。特别是对于拥有大量创新能力和知识人才的高职院校科研团队而言，营造多元化和包容性的团队环境对于团队创新性文化氛围的产生和持续具有重要的作用。

随着科技发展，学科的交叉融合不断加大，科学研究的维度也更多地向跨学科方向扩展。因此要求团队成员在学科背景、性格特质、兴趣特长等方面有一定的异质性，而这种异质性必然导致团队管理中的复杂性,包括:成员的学术兴趣广泛,学术观点各异等问题。如何处理好这些问题是高职院校科研团队创新能力提升的重中之重。

我们认为,作为一个以学术权力为主的组织,高职院校科研团队内部更加注重的还是成员的创新自由、学术自由和科研自由。只有当成员感受到自己所处的科研环境对他们来说是安全的,他们才会将精力放到科研创新中。因此,通过为高职院校科研团队营造多元化和包容性的团队环境,为团队成员创设一种和谐沟通、团结协作、自由求异、鼓励倾听、积极回应、相互支持、彼此尊重、平等与宽容的学术文化,并通过多样化团队学术活动等形式将这种学术文化积淀成团队的学术传统,不断地传承下去,保持团队的创新能力。

3. 建立公平竞争与开放合作的协调机制

没有竞争的团队合作会造成团队成员缺乏创新动力,没有合作的团队内部竞争会使成员由于信息闭塞、资源稀缺、交流不足而产生低水平的科研成果;同时,团队内部的恶性竞争会使成员由于人际关系紧张、缺乏安全感而离开团队,过分依赖他人的团队合作亦会使成员的科研活动产生盲目性、趋同性,皆对团队创新能力的形成和发挥不利。因此,对于高职院校科研团队而言,竞争与合作的在科研创新活动中相互依存,又相互制约。建立公平竞争与开放合作的协调机制对于提升高职院校科研团队创新能力具有十分重要的作用。

所谓公平竞争,是指排除行政权力和学术声望等外力因素的干扰,团队成员基于自身的学术兴趣与特长、科研背景与经历、创新意识与能力等因素在科研中产生的创造性科研成果,是良性竞争的体现。所谓开放合作,是指团队成员通过灵感的交流、思想的摩擦与碰撞激发彼此的创新灵感,降低团队内耗,达到相互促进、共同进步的目的。建立公平竞争与开放合作的协调机制是高职院校科研团队创新能力提升的内在动力。

(四)搭建团队知识共享平台

成员间的知识共享是高职院校科研团队创新能力提升的保障,也是高职院校科研团队创新能力迫切需要解决的问题,我们应从以下几个方面促进高职院校科研团队的知识共享。

1. 建设和完善团队信任机制

成员间的信任是团队知识共享的基础和条件,没有信任的团队无法进行有效地知识共享,因此,应着力建设和完善高职院校科研团队的信任机制。

第一,团队负责人应引导团队成员产生共同愿景,并在创新活动中,以身示范,尊重、理解、认可每一位团队成员。同时,团队负责人要根据成员自身的兴趣和特长适当分配任务,并给予其充分地自由和鼓励。从某种程度上说,自由是宽容的表现,自由的探索精神能够使成员们相互认可团队科研创新的意义，进而遵从科研创新中的信任，避免相互间的对敌和猜疑。第二，增加团队文娱活动。通过形式多样的团队文娱活动，在培养团队成员间感情的同时，建立良好的人际关系，并进一步拓展团队的团结协作意识和成员多方面的才能。第三，建立科学的学术规范制度。团队的学术规范与信任是相辅相成的，它主要通过团队成果和团队成员绩效的同行评议和规避学术霸权行为等方式实现，并引导团队成员在学术争论中相互宽容。此外，需要指出的是，高职院校科研团队的规模和异质性越大、越难建立团队的信任机制，此时，在团队负责人的选择上必须坚持公平、公正、公开的原则，并通过团队成员共同选举产生的团队负责人的个人魅力来协调和制衡整个团队，保证团队信任机制的正常运行。

2. 建立团队内外部的知识共享渠道

渠道的畅通是高职院校科研团队知识共享的有力保障，为团队知识共享提供具体的方式。

首先，高职院校科研团队应制定具体的知识共享的方面和条例。例如，确定团队每周进行几次学术讨论，每次讨论的主题是什么，拥有固定的讨论时间和地点等，方便团队成员直接地、正面地、有准备地参加学术讨论，长此以往，团队内部会形成一种稳定的、浓厚的学术氛围，使成员产生参加学术活动的兴趣并促进隐性知识共享，激励成员不断地进行知识共享。其次，加强完善知识共享技术手段。建立和完善高职院校科研团队实验室仪器等硬件设备，以便团队成员交流，使其有条件实现其科研目标。同时，引入知识管理系统，即对相关知识资源进行高效、有序的管理，让全体成员能够方便地将自己所掌握的知识和技术以恰当的方式共享，并快速地访问到自己所需要的知识和信息，以全面增强团队成员的科研素质和协同合作的能力，使团队整体创新能力得以提升。高职院校科研团队可根据自身特点选择所需要的知识管理系统，包括：头脑风暴软件（BA）、文档信息系统、作者合作系统、电子会议软件（EMS）、电子文档管理（EDM）、案例推广系统（CBR）、智能代理（IA）、专家系统（ES）等。

3. 制订激励知识共享的团队措施

激励知识共享的团队措施包括物质激励措施和精神激励措施两种。

第一，加强团队的物质激励措施。在团队的绩效考评中应将"知识贡献"作为重要的分配手段，建立系统化、科学化的薪酬体系。其中，在确保团队内部公平性和外部竞争力的基础上，将成员薪酬划分为基本工资、绩效工资和奖金等三个部分，并将知识共享程度纳入奖金部分，使在知识共享方面有突出贡献的成员获得物质奖励。同时，知识共享的奖金也应设置不同的等级，有差别的对成员进行物质鼓励，使知识共享水平高的成员能够获得更高的奖励。

第二，重视团队的精神激励措施。高职院校科研团队的成员是有一批具有较高文化水平的专家和学者组成，因此，他们更重视精神方面的激励。主要包括团队负责人的表扬和其他成员的赞赏，这种精神鼓励会让成员感到自己在团队中受到重视，同时，适时的晋升、有价值的培训进修、良好的个人发展空间、宽松的科研环境与氛围以及承担具有挑战性的科研任务等都会使团队成员感到精神上的满足，并激励其不断创新。因此，在团队成员愿意将自己所掌握的知识、技能与他人共享时，团队负责人应注重从以上几个方面对其进行精神激励。这样一来，既激励了该成员，也有利于激发其他成员向其学习，进行知识共享。

（五）完善团队绩效评估体系

科学合理的团队绩效评估体系不仅体现国家教育与科技的政策导向，也体现对科技创新人才的价值的尊重，是加强高职院校科技创新宏观管理与分类指导的重要手段，是实施合理利益分配的依据。作为以产生科研创新成果为目的而组建起来的高职院校科研团队，评价绩效就是评价其科研成果的学术价值和创新价值。因此，对高职院校科研团队学术与创新价值的准确定位将直接影响学校和上级对其资金、物质、资源等硬件条件的支持以及其未来的发展前景。

1. 确定团队绩效评估体系的原则

确定团队绩效评估体系的原则是高职院校科研团队持续创新的制度保障，对高职院校科研创新具有十分重要的作用。

第一，科学合理性原则。科学合理性是指在对高职院校科研团队进行绩效评估是必须遵循客观规律，同时根据不同团队的特性在绩效评估体系的构建中有所体现，帮助科研团队健康、有序的运行。

第二，客观公正性原则。客观公正性要求在高职院校科研团队的绩效评估中注重多方参与。即参与评估的主体既包括从宏观角度考虑学校发展的管理人员，又包括了解团队及其成员情况的团队负责人和团队成员自身等内部人员，还应包括与该科研团队无利益关系的校外同行中的知名专家，此外，团队内部成员的建议对于团队的绩效评估也发挥着重要的作用。综合多方的观点才能确保绩效评估的客观无偏见，才能恪守学术规范和学术诚信，才能减少科研团队绩效评估中的人为因素。

第三，有效性原则。有效性是确定绩效评估方法、建立绩效评估体系的出发点，是绩效评估的真正价值所在。各高职院校在进行绩效评估时，必须充分考虑科研团队人力、物力、财力等方面的情况，并确保科研团队科研创新中的影响因素在绩效评估体系中能够得以体现。同时，绩效评估的结果对科研团队的改革实践产生促进作用。

第四，针对性原则。高职院校科研团队是一个集不同年龄结构、学科结构、性格结构、职称结构于一体的学术组织。根据马斯洛（Maslow）的需要层次理论，人的需要由低到高依次分为生存需求、安全需求、社交需求、尊重需求和自我实现需求五个层次。对应高职院校科研团队这个组织，中级以下职称的年轻科研成员迫切需要提升自身的科研创新水平，对薪酬和改善生活条件等有强烈要求，因此其生存和安全需求问题突出；对于中级和副高职称的科研成员而言，其教学科研任务较重，家庭负担也重，社会地位有待提升，比较关注职称评聘、工资、奖金，安全需求、社交需求、尊重需求问题突出；正高职及其以上的科研成员一般年龄较大，注重自身的学术地位和社会地位，渴望成就一番事业，以尊重需求和自我实现需求为主。因此，在构建科研团队绩效评估体系时要注意其灵活性，尽量满足团队成员的不同需求，以最大程度的激发其创新潜能。同时，需要注意的是，我们不可能也没有必要对每个成员进行个性化激励，而应将重心放在骨干成员上。

第五，定性与定量相结合原则。定性与定量相结合在高职院校科研团队绩效评估中普遍存在，而如何处理好定性与定量的关系是实现高职院校科研团队绩效评估科学性的重要环节。目前，定性评估主要是考虑评估委员会成员对高职院校科研团队创新能力的意见，这里应尽量减少评估专家偏见和主观臆断，保证评估的公正性。定量研究是指针对高职院校科研团队的具体、明确的指标，这里应反复考量每个指标的科学性和有效性，并在实践中不断地验证。需要指出的是，在团队绩效评估时，应将可以量化的指标数量化，无法量化的指标明确定性要求，保证绩效评估体系的科学性和可操作性。

2. 细化团队绩效评估指标体系

高职院校科研团队绩效的绩效评估指标体系是多维的。一般而言，高职院校科研团队的绩效评估体系包括三个维度，每个维度包括4～5个一级指标，每个一级指标包括2～3个二级指标，且各指标间不存在交叉、包含关系。同时，由于高职院校科研团队自身的特点以及知识生产的长期性和不确定性等特点，在确定其绩效评估的各个维度及其一级指标、二级指标时，必须处理好科研创新成果数量与质量的关系、基础研究与应用研究的关系、团队内部竞争与协作的关系、科研成果与未来发展发展潜力的关系等，并根据实际细化各指标在绩效评估体系中的权重。

3. 注重整体与成员评价的相互协调

过分强调团队整体绩效或过分强调团队成员绩效的评估体系都违背了团队协作创新的原则，容易造成团队创新优势的衰退，不利于团队长期发展目标的实现。因此，在设计高职院校科研团队绩效评估体系时，应当在团队整体评价和团队成员评价之间寻求一种平衡，使其在兼顾团队整体绩效的基础之上，反映出成员间绩效的差异性。以达到协调发展的目的。当然，团队整体的创新能力要大于团队个人创新能力的简单加和，因为其中包含了团队精神和团队协作等方面的相互作用。因此，在评估团队个人绩效时，应将成员在团队精神、团队协作等团队文化和团队知识共享等方面所起到的作用包含在内。此外，要实现团队整体绩效评估和团队成员绩效评估的定期性和指导性，以帮助团队和成员了解自己目前的成长与发展情况，总结经验，发现差距，并及时采取措施予以纠正。

高职院校科研团队创新能力的提升是我国当前高等教育管理领域中存在的一个亟待解决的问题。如何提升高职院校科研团队创新能力，不同研究者由于研究问题的角度不同，采用的研究范式有别，得到的结论自然各异。本文从团队创新能力管理分析的视角入手，运用团队理论、创新管理理论和团队动力学等相关理论，深入探究了高职院校科研团队创新能力的内涵、本质特征和影响因素，同时进一步挖掘了我国高职院校科研团队创新能力提升中存在的主要问题及其产生原因，并以此探讨了提升高职院校科研团队创新能力的策略等相关问题，得出了如下结论。

第一，依据团队的相关理论，本文认为高职院校科研团队创新能力是指高职院校科研团队整合全体成员的力量，利用所掌握的科研资源通过正式或非正式的制度、程序和沟通渠道，彼此分工和协作，并最终产生创造性思想、知识、技术和方法的能力。基于对创新管理理论的理解与运用，本文阐释了团队创新能力管理的内涵。它是指以团队为单位，把创新能力作为重要的战略资源，通过采取有效地方法和策略，对团队组织结构、领导方式、文化氛围、信任与知识共享等影响团队创新能力的因素进行管理，最大限度地发挥团队的创造力，从而实现团队创新价值的最大化，以此推动团队可持续发展。

第二，探究国内外创新能力突出的高职院校科研团队的成功经验，对于挖掘团队创新能力的本质特征、高职院校科研团队创新能力提升的影响因素，进而对提出高职院校科研团队创新能力的提升策略都具有重要的指导意义。所以，本文选取了国内外五个创新能力突出的高职院校科研团队，对其成功经验进行分析，剖析了团队创新能力的本质特征，即群体创造力是构成团队创新能力的核心要素、基于知识共享的互动机制是团队创新能力的关键、团队成员的探索热情是团队创新能力的重要源泉；并归纳出影响高职院校科研团队创新能力提升的因素主要，包括团队的性质与任务、团队的组织结构、团队的知识共享、团队的领导方式、团队的文化与氛围、团队中的信任等六个方面。

第三，当前我国高职院校科研团队创新能力提升中存在的主要问题及其成因包括团队原始创新能力不强、团队科研创新目标不明确、信息与创新成果交流不畅、团队领导方式尚需改进、团队组织结构不尽合理、缺乏团队创新文化氛围、知识共享平台建设不利、团队绩效评估需要改进等方面。针对这些问题，本文认为应从优化团队领导方式、重视对创新团队的组织管理、营造创新的团队文化氛围、搭建团队知识共享平台和完善团队绩效评价体系这五方面进行有效尝试。优化团队领导方式，包括制定科学的团队领导选拔制度、适当协调的内外部的事务和关系、定期对团队领导方式进行评价；重视对创新团队的组织管理，包括合理设置团队的组织结构、合理调配团队成员的年龄结构、明确团队成员的组织责任；营造创新的团队文化氛围，包括强化团队创新理念、营造多元化和包容性的团队环境、建立公平竞争与开放合作的协调机制；搭建团队知识共享平台，包括建立和完善团队信任机制、建立团队内外部的知识共享渠道、制定激励知识共享的团队措施；完善团队绩效评估体系，包括确定团队绩效评估体系的原则、细化团队绩效评估指标体系、注重整体与成员评价的相互协调。

第五节　学科交叉型高职院校科研创新团队管理

在知识经济不断深化的背景下，党中央和我国政府审时度势，抓住新科技革命孕育和兴起的重要时机，进一步提出将科技创新放在优先发展位置，作出建设创新型国家的重要战略决策。这不仅为我国科研创新工作带来了新的发展机遇，同时也对国家创新系统中的各创新主体提出了更高层次的要求。如何在新形势下进一步完善科研创新组织的管理体制，提高自主创新能力，加快科研成果产生，促进经济社会又好又快发展，是每一个创新主体需要认真思索的问题。

一、学科交叉型高职院校科研创新团队管理内涵分析

学科交叉型高职院校科研创新团队是在"大科学"背景下孕育而生的新型科研创新组织，加强其管理的科学性、有效性，提高管理水平，是保持这一组织创新活力和可持续发展能力的关键。然而由于该类型科研创新团队的出现时间较晚，因此其管理方面较为缺乏成熟的管理理论和管理模式，仍处于探索时期。这里我们将借鉴管理学基本理论以及传统科研创新团队一般特征来对学科交叉型高职院校科研创新团队管理的内涵进行综合分析。

（一）学科交叉型高职院校科研创新团队管理的本质

管理的思想自古有之，并在历史发展进程中不断得到丰富和完善，而系统管理学科的形成则始于19世纪末20世纪初。关于管理的定义，至今仍未得到公认和统一，不同的学科、学派从不同的角度都有着各自的阐释。在总结主流研究观点的基础上，我们认为，管理是指一定组织中的管理者，通过实施计划、组织、人员配备、指导与领导、控制等职能来协调他人的活动，使他人同自己一起实现既定目标的活动过程。那么作为管理的下位概念，要理解学科交叉型高职院校科研创新团队管理的本质，就必须在管理学理论的基础上结合学科交叉型高职院校科研创新团队的实际，弄清三个问题，即学科交叉型高职院校科研创新团队中管理主体和管理客体是什么？主体与客体之间是怎样的关系？双方的管理关系如何维系？

首先，我们来看学科交叉型高职院校科研创新团队中的管理主体与客体。管理主体即管理者，是指具有管理科学知识和技能，拥有相应权力并从事管理活动的人。管理客体即被管理者，是指进入管理主体活动领域的人、财、物。具体到学科交叉型高职院校科研创新团队中，管理主体主要包括国家科研主管部门、高职院校中的科研管理人员以及相应的学科带头人等，而管理客体则主要包括参与学科交叉型高职院校科研创新团队中的与人才、设备、资金、技术、信息及各类科研创新要素。但从另一个角度来看，由于管理活动固有的社会属性以及科研创新工作的能动创造基础，使得整个团队管理活动中起能动作用的因素归根结底还是人，对各种实体或非实体要素进行管理也是通过对人的管理来实现的，因此可以认为学科交叉型高职院校科研创新团队中的管理主体和管理客体都是人，并且是具备一定管理观念与知识储备的高层次人才，它们之间的区别只是在管理活动中所处环节的不同。

其次，是学科交叉型高职院校科研创新团队中管理主体与客体之间的关系。尽管管理主体和管理客体是管理活动的两极，但它们并不是单向的主次关系，也不是独立的隔绝关系，而是密切关联、相互作用的动态关系。这主要体现在以下方面：第一，管理主体和管理客体相互依存。管理主体和管理客体都是在管理活动中形成的，离开管理活动，就无所谓管理主体和管理客体。管理主体拥有的管理、领导地位，须以管理客体的服从为条件；管理客体是管理活动进行的支撑要素，脱离管理主体的统筹势必混乱。第二，管理主体和管理客体在一定条件下相互转化，即管理主体和管理客体的角色是相对的，一个人是管理主体还是管理客体，是由他在管理活动中所处的地位和所起的作用决定的，在不同的组织安排和条件约束下，往往会发生角色的变换。第三，管理主体除了对管理客体进行作用，同时也在进行自我管理，即把自身当作管理客体加以对待，通过不断调整自己的思想和行为，以加强自我能力，从而更有效地进行管理活动。

再次，是学科交叉型高职院校科研创新团队中主体与客体之间管理关系的维系。这也就是进行学科交叉型高职院校科研创新团队管理的主要手段和途径，主要依靠的是团队的组织机构和相应的规章制度。组织机构的设计以及规章制度的保障都是依据组织目标和工作需要建立起来的，通过构建适应环境变化的组织机构，协调好组织内部各种关系，保证团队有序运行；同时规则制度则为团队科研创新活动提供了基本的规则和框架。

综上所述，学科交叉型高职院校科研创新团队管理的本质，就是该团队中的管理主体、管理客体、管理手段等要素所形成的关系，它们共同构成了学科交叉型高职院校科研创新团队的基本形态与运行方式。值得指出的是，学科交叉型高职院校科研创新团队管理具有一般团队管理活动的属性，但是相比其他社会系统而言，又有着基于不同学科间合作交融而形成的独特导向框架，因此它存在自身特殊的规定性。作为以实现自主创新能力提高，高质量科研成果产出为基本目标的学科交叉型高职院校科研创新团队的管理，本质上应该是使团队在学科之间关系、内部组织关系、与经济社会发展关系等各种冲突和矛盾不断得到有效协调与合理解决的活动过程。

（二）学科交叉型高职院校科研创新团队管理的基本目标

在传统高职院校学科发展与科研工作中，依托某一学科形成的创新主体有着各自明确的功能定位，因此创新活动及其管理工作往往呈现出区块化、离散化的现象。尽管在有关部门的主导下，近年来也尝试开展多元主体的合作，但由于权责利益的界限不明，使得各创新主体的协同意识不强。这样导致的结果是，对于创新资源的配置范围有限、利用效率低下，并且创新团队、创新平台较为孤立，同时以项目申报为导向的线性创新形式还容易造成扎堆式的盲目竞争或是简单化的分工合作，从而导致各主体未能发挥实际作用。学科交叉型高职院校科研创新团队正是为了扭转这一局面而提出和发展形成的，即充分发挥高职院校独特的多学科人才和智力优势，通过各学科创新主体和支撑要素的相互交叉、有机融合，以协同有序的运作方式来进行科研创新活动。在这一模式下，突破了传统合作组织模式，通过优势互补、深度合作来实现社会化协作和集成化创新，促进科研创新与经济社会发展的协调。

在当前的科研工作背景下，一方面学科间的藩篱日渐模糊，另一方面信息网络技术高度发展和规模化，使得科研团队成员能够打破各种壁垒进行知识交流，共享知识资源，因此科研创新团队的活动也越来越不受时间和空间的局限，组织界限不再清晰可辨，而是趋于"无形"。但是，组织形态的变化并没有改变学科交叉型高职院校科研创新团队的基本目标，相反这一改变从实现手段上进一步强化和支撑了团队基本目标的达成。显然，学科交叉型高职院校科研创新团队管理的基本目标就是为了实现上述团队愿景而服务的。从管理定义上看，学科交叉型高职院校科研创新团队管理的基本目标是指团队系统为了完成服务，从系统实际出发所确定的具有可行性的科研创新目标和组织活动的绩效标准。具体来说主要包括：科研创新团队在课题申报、科研工作、行政保障等各项事务中需要达到的预期目标；团队运行的各阶段规划与控制；具体管理活动中所采取的主要措施等。这一基本目标既是团队管理的核心思想予以继承，另一方面又不局限于传统范式，根据学科交叉型高职院校科研创新团队的趋势和自身需求进一步进行深化。所以总体来看，学科交叉型高职院校科研创新团队管理的基本目标就是通过有效地管理活动，使得学科交叉型高职院校科研创新团队内部各种要素实现整合和集成，强化要素之间的有机配合，力争达到物尽其用、财尽其能、人尽其才，取得最佳的科研创新效益。

（三）学科交叉型科研创新团队管理中的关系范畴

学科交叉型高职院校科研创新团队管理过程中，团队中的各种要素在相互作用的同时还时常处于对立统一的矛盾关系中。这些矛盾的对立统一是各种要素自身形式与特质的体现，反映出学科交叉型高职院校科研创新团队管理的运动轨迹。如何在其中寻求平衡与良性互动机制，是管理活动中有效进行的基础和前提。根据学科交叉型高职院校科研创新团队的特征，我们主要分析其中最显著的两对关系范畴。

首先是团队内部封闭性与学科交叉开放性的关系。对于高职院校科研创新团队来说，基于既定目标的内部运行过程使其形成了一个相对封闭的系统，这种封闭性为团队提供了相对稳定的环境，使团队能够根据自身特性实现良性循环。而另一方面，与一般科研创新团队不同，学科交叉型高职院校科研创新团队的跨学科性又使其呈现出较强的开放性，不同学科之间的深度交流与高度融合是该团队的优势所在，这就决定了学科交叉型高职院校科研创新团队在运行过程中存在着明显的知识与信息交流。因此，必须在正确认识学科交叉型高职院校科研创新团队的性质与特点的基础上，协调好二者的关系，无论是封闭性还是开放性，都是统一于学科交叉型高职院校科研创新团队管理的本质目标上，灵活调整封闭性与开放性的关系，充分发挥各自的优势，才能形成互动有序的团队运行机制。

再次是团队与成员个体的关系。如前文所述，团队中起能动作用的是人，整个团队是通过由人的协作而结合成的实体。这两者构成的矛盾从本质上说是利益与责任在管理活动中的反映，其对立表现在组织利益是个人利益的总括和集中表现且高于个人利益。事实上对于这一对关系我们依然可以在团队共同目标下寻求统一。作为科研创新个体，由于其专业技能而成为团队中的一员，团队组织可以将这一功能进行整合以最大化发挥。个人利益与团队利益也是紧密联系在一起的，不同个体在自身利益基础上进行协作从而构建起代表成员利益的团队整体利益，当整体利益实现时，为其做出贡献的个人利益也将得到满足。不可否认，在团队发展过程中，尤其是在跨学科的文化背景下，相关矛盾冲突是始终存在的，这就需要管理主体充分发挥管理智慧，兼顾各方利益，最大程度化解影响团队运行的冲突，保障团队健康有序运行。

（四）学科交叉型高职院校科研创新团队管理的"范式"构建

美国著名科学哲学家、科学史家汤姆斯·库恩（Thomas Kuhn）最早借用"范式"一词，提出范式概念并用来解释科学知识的历史演变和发展，从而形成库恩范式理论。库恩在其经典著作《科学革命的结构》中首次引入了"范式"概念，但未给出明确定义，随后在《再论范式》中进一步指出：范式的意义可以分为两类：一是综合意义，包括一个科学群体所共有的全部约定；二是把其中重要的约定抽出来，成为前者的一个子集。可见，库恩的范式观实际上由两部分组成，即范式及其核心要素。因此，范式可以理解为某一科学集体围绕某一学科或专业所具有的理论上或方法上的共同信念。这种共同信念规定了我们有共同的基本理论、基本观点、基本方法，为他们提供共同的理论模型和解决问题的框架，从而形成了一种共同的科学传统，规定了共同的发展方向，限制了共同研究范围。人类的所有活动都是存在一定形式的范式，在库恩看来：范式一改变，这世界也就跟着变了；范式的改变的确使得科学家们对他们研究所涉及的世界的看法改变了。科学的发展进程就是范式的进化，科学的革命就是范式的更替。科学的发展、不同科学知识之间的关系，都需要借助于范式才能够得到说明和把握，范式的形成、发展和更替是贯穿全部科学发展历史的主线。单学科的科学研究是一种范式形式，学科交叉研究范式则是一种更高级的形式，因为它还原了世界一体性联系的本原性特征。

根据这一理论，如果说单一学科的研究范式是旧范式的话，那么学科交叉的范式就是新范式。当前学科交叉型高职院校科研创新团队的管理，正是需要我们实现从旧范式到新范式革命性的转变。由于单一学科存在着相似的世界观、方法论以及价值标准，所以同一学科范式内的共同体可以进行充分地学术交流，而不同学科之间因为学科范式的差异导致不同学科之间便产生一道无形屏障。学科交叉以及服务于创新活动的研究范式要求来自不同学科的理论、方法、思维在研究过程中不断超越原有的学科界限，在起始点上打破了现有学科框架，而在终止点上建立新的学科框架。同时，范式不是静态的，在科学的进化中它不断地完善与拓展，这就要求在学科交叉型高职院校科研创新团队的管理中，不断根据实际情况，在矛盾统一中寻求共性与普遍性，保证范式不断进行动态调整。当前尽管学界对学科交叉型高职院校科研创新团队管理的理论和实践有了初步的认识和探索，但尚未成体系，更未上升到"范式"的高度加以提炼、研究。但我们也要看到，面向自主创新能力的学科交叉型高职院校科研创新团队的发展趋势已经显现，并进行了诸多有益的探索，继续对其范式进行系统、深入研究，将对创新实践在当前的发展起到重要的指导作用。

二、学科交叉型高职院校科研创新团队组织管理

对于团队来说，必须完成两项相互关联的任务才能存在与发展，一个是协调团队成员的活动和维持内部系统的运转，另一个是适应外部环境，即内部管理与外部适应。组织是管理的基础，管理是组织的管理，只有对学科交叉型高职院校科研创新团队组织有了清晰的认识和理解，才能更好地实施管理。

（一）学科交叉型高职院校科研创新团队的组织属性

随着科技的发展，科研创新活动越来越社会化，具体表现在：科研活动不再是单纯的个体研究，而是具有一定规模的集体研究，同时更加强调开放、协作，科研创新团队正是基于这样的背景而生的。在讨论学科交叉型高职院校科研创新团队的组织管理前，我们有必要对这一新型科研团队的组织属性进行一定的辨析。

我们首先来看科研团队的一般属性，科研团队是以科学技术研究与开发为内容，由为

共同科研目标而相互承担责任的科研人员组成的群体，它与非团队运作的科研群体不同，科研团队具有相当的依赖程度并且群体目标凌驾于个人目标之上并达成共识。相比之下，学科交叉型高职院校科研创新团队是在科研社会化背景下科研团队的一种更为深化发展的新形式，它除了具有科研团队的一般属性外，跨学科的特性赋予了它更丰富的内涵。这主要体现在学科交叉的互补性上，包括专业知识的互补、决策能力的互补、人际关系的互补。因此总体来说，学科交叉型高职院校科研创新团队的组织属性可以划分为三个层次：第一是团队目标层次，包括创新的目的和有吸引力的目标；第二是团队结构层次，即跨学科性的互补性；第三是团队运作层次包括拥有共同方法和互相间承担责任。

（二）组织体系管理

创新是学科交叉型高职院校科研创新团队的核心目标，该目标的完成需要相关职能的协助，如实验设备的准备、财务的管理以及技术创新的市场需求分析等。学科交叉型高职院校科研创新团队的组织结构不仅要满足组织目标，还要适应在政策导向等因素影响下不断变化的研究环境。从整个科研创新团队角度上来看，由于学科交叉型高职院校科研创新团队所涉及的团队成员往往来自不同的院系，因此最适合科研创新团队运作的组织结构类型要数矩阵型。为了适应组织内外部环境的变化，高职院校科研创新团队的组织结构需要保证一定的柔性来进行灵活调整。灵活的矩阵结构不仅能够发挥科研管理职能，还有助于高职院校内各学科交叉从而实现知识的创新和人才的培养。学科交叉型高职院校科研创新团队采用矩阵结构的优势表现为：一是有利于提高科研效率；二是有利于促进科研创新；三是有利于合理高效地配置科研资源；四是有利于各学院之间的交流与协作；五是有利于复合型创新人才的培养。

任何一个组织，如果没有相应的组织制度，其成员就会成为毫无约束的一盘散沙；如果没有科学的工作制度，其成员工作就无章可循，组织的工作任务就不能按计划完成。对于一个科研团队，完善的制度是基础，而合理的制度管理则是保障。这是因为科研团队所担负的科研任务艰巨复杂，所处的环境复杂多变，如团队所在的学校、学院及学校相关部门经常变动，一些制度在不断调整，团队的科研伙伴在不断变更，因此团队也应适时进行调整。这样才能使团队的制度具有可操作性，使团队的科研工作始终处于有序运转状态。

在实际科研创新过程中，创新团队的管理制度不完善、制度管理的滞后已经影响到了科技创新活动的进展。科研创新团队管理应该是一项集策划、协调和服务于一体的导向性管理，其目的就是要遵循科研活动的规律，通过对众多变量关系的协调、服务，积极创造一个适合科研开展的平台，使团队成员的智慧能在这个合适的"气候"和"舞台"中得到最佳发挥，从而使科研活动得到顺利完成，使人才从中得到培养。然而目前，高职院校管理部门对科技团队的管理往往倾向于对项目、经费的管理，缺乏对团队成员更人性化的激励措施和潜能开发机制，激励机制单一化，缺乏针对性和层次性。一方面学校为了激励创新，在职称评聘、岗位津贴发放等的考核中，对科研成果的评价过分强调个人在科研项目、学术论文、获奖成果和专利等方面的排名第一，对参与科研活动的团队其他成员在团队建设中的贡献重视不够，对在团队中承担不同角色和功能、做出不同贡献的个体缺乏针对性的激励，这使大多数参加合作的科研人员的利益受到极大的损伤，严重挫伤了他们的积极性和责任感；另一方面建立在团队绩效简单量化基础上的激励机制，主要侧重物质激励，缺乏精神层面的激励，对团队的知识型员工而言，发展到一定时期对工作本身的成就感、职位晋升等精神层面的要求远胜于物质要求，缺乏精神激励，同样会影响团队成员积极性的发挥。

科学的制度管理机制是理顺各种关系，激发内部活力，提高工作效率，强化任务落实的重要保障，这是一个带有根本性、全局性、稳定性、长期性的问题。因此，充分结合科研团队运行实际，坚持制度管理机制创新是保障科研活动有序进行的必要途径。具体来说，首先要规范制度内容、标准和流程体系，注重制度整体功效，按照科研程序规范化、业务操作精细化、具体工作流程化的要求，建立科学规范的管理机制，促进每一个工作环节间严密地配合和有效地制约，使团队管理行为按照规章、规定、办法的要求有序地进行。其次，保持制度的连续性，不能朝令夕改，但是根据科研活动的特殊性和研究中出现的新问题，也要保证制度管理的与时俱进，对不合时宜的制度政策要灵活修正或者及时摒弃，充分体现制度的引领作用，但在修改、完善制度时一定要履行必备程序，使制度规范顺乎人心、合乎众愿。再次，完善制度执行机制，制度的生命力在于执行和落实，只有严格贯彻执行制度，制度管理才有实际效果。例如，通过开展宣传教育，以过学习、座谈、讨论等方式使团队成员牢固树立严格按制度办事的观念，养成自觉执行制度的习惯；将制度进行分类、统一整理、编辑成册，做到人手一册，方便大家遵守，提高制度执行力；抓好责任落实，通过签订责任书的方式，增强各科研项目主要负责人的责任感，使他们切实负起管理责任，加强对下属遵守制度的教育与监督工作，强化制度的执行效果。

（三）组织流程管理

组织流程管理就是通过团队的科研规划和既定任务，对团队的运作和科研创新活动进行制定、执行和检查的过程，以把各类资源有机组织起来，使其彼此协调一致，为团队科研目标服务。具体来说，组织流程管理包括团队科研创新规划管理和团队科研创新项目管理两个方面。

1. 团队科研创新规划管理

科研创新规划是决定研究方向和项目选取的原则性依据，是整个科研团队组织流程管理中最基本、最重要的内容。科研创新规划就是围绕国家科技发展的总体战略规划和具体政策，认真选取科研创新目标，确定合理的科研创新资源分配及调度，从而促进科研活动转化为现实生产力。实际上，科研创新规划创新管理要满足包括宏观目标和微观目标两个方面。宏观目标就是国家的经济社会发展目标，这是科研创新团队的共性目标；微观目标则是规划提出的具体目标，包括要解决哪些技术问题、完成哪些科研任务。

科研创新规划的制订和管理是一项系统工程，需要团队内部以及相关管理部门的专家充分参与，积极献言献策。规划中既要对前一阶段本领域内已取得的成就和存在的问题进行总结分析，同时还要对当前研究趋势的发展现状进行准确把握。在合理的现实基础之上，再提出下一阶段科研活动的指导思想、发展目标、主要任务、总体部署、保障措施等。在完成科研创新规划的制订后，并不意味着管理任务就结束了，管理者还需要进行考核与评价，特别是对一些覆盖时间较长的规划，更需要通过定期的考核评价进行调整，以更好地配置科研创新资源。

2. 团队科研创新项目管理

科研创新规划能否达到预期的目标，关键在于各个科研创新项目的实施效果，而各项目的具体效果则取决于科研创新项目的管理水平。科研创新项目管理作为团队科研创新规划的具体形式，是指通过协调与科技项目相关的各种关系，有效利用各类科研资源，以促进科研创新项目目标实现的动态活动。

由于科研创新活动是一种具有探索性、独创性、新颖性、实践性的活动，这就决定了科研创新项目并不完全等同于一般意义上的项目管理，其突出的特点在于：首先，科研创新项目具有创新性。创新性是科研项目的本质属性，并且这种创新不仅体现于项目成果和价值上，而且还包括项目管理过程中的创新，因为作为探究性活动，科研创新项目及管理过程并没有现成的和固定的模式方法可供参考，而必须在实践中不断调整管理思路，通过管理创新来实现单一具体项目的有效管理。其次，科研创新项目管理具有明确指向性。科研创新项目的内容和目标都是具体的，而不是宽泛的，科研团队人员要通过对项目全程管理，促进某个具体的技术问题或者某一领域内的关键问题得到解决，从而有效实现科研创新项目的经济利益和社会效益的转化。再次，科研创新项目具有不确定性。创新活动是对未知问题和领域的探索，在实际研究过程中，项目可能由于各方面原因而导致进展缓慢、不能实现预设的科研目标，甚至于失败，另外研究过程中还可能遇到新的问题而需要变更初始的研究规划等。因此由于这些未知因素的影响，科研创新项目的结果往往是难以预料的。

科研创新管理项目的主要内容包括以下几个方面。

(1) 项目申报与立项管理

项目申报管理包括发布项目申报通知、项目申报指南、项目申报主体的资格、项目完成的时间等。立项管理则包括形式审查、同行评议、项目评审和项目审批等。

（2）项目过程管理

这里可以从两个层面来理解，广义的项目过程管理包括从项目申报、合同签订、项目研究、项目验收到成果转化推广的所有环节；狭义的项目过程管理则主要是指项目的具体研究和实施过程的管理。

（3）项目结项管理

一般来说，结项主要有总结报告结项方式和验收结项方式两种，结项报告主要是以报告的形式向项目投资方进行研究成果汇报，验收结项方式是对项目执行情况和研究成果进行认定和评价，检查任务是否按计划完成。

（4）项目所涉及的组织、人员、资金、档案、科研成果及知识产权等内容的管理

以上述管理内容为主体，科研创新项目管理的一般程序就包括项目申请、立项评审、签订合同、过程管理、中期评审、项目验收、后期管理等六个阶段。当立项通过后，将通过立法的形式严格执行以上程序，从而保证项目实施的规范性、效率性和效益性。

三、学科交叉型高职院校科研创新团队资源管理

学科交叉型高职院校科研创新团队的组织资源指的是组成、参与、维持并服务于整个团队从事科研创新相关活动的一切资源，包括人、财、物、时间、空间、信息、文化、权力、政策、制度、关系等。这些资源中，有些资源是团队运行的基础和前提，如人、财、物等；有些资源虽然不能作为独立的要素直接参与到团队运行中，但却在团队中具有支配地位，这些资源通过共享的形式可以直接或间接地影响其他资源的获取和配置，如信息、文化、权力、政策、制度、关系等。可以说，这些团队资源就是影响其整体实力和综合竞争力的资源要素。对团队资源进行管理是对团队的一个整体把握，这里我们主要讨论最具代表性的几个方面：人力资源管理、信息资源管理以及设备资源管理来进行讨论。

学科交叉型高职院校科研创新团队的人力资源管理是高职院校科研人力资源与科研创新团队目标相匹配的动态过程，目的在于协调科研创新团队中的研究人员共同完成科研创新任务。任何一个具有创新能力的科研团队首先都需要有能够洞察科学问题的领导者，只有优秀的领导者才能带领团队成员完成共同的团队目标，而学科交叉型高职院校科研创新团队的"领导者"往往是由来自不同领域的学术带头人共同组成的。为了确保看科学研究的可持续性，学科交叉型高职院校科研创新团队需要建立合理的科研梯队，即学科交叉型高职院校科研创新团队需要合理的专业结构和年龄结构。高职院校科研创新团队的核心成员（组成合理的科研梯队）一般是固定的，而具体进行研究工作的成员人数往往会因项目阶段性的需求不同而发生变动。此外，科研创新团队中的研究生还可能会因毕业或出国深

造等原因而在项目中期离开科研创新团队。为了确保项目团队中有足够多能够胜任科学研究的科研人员，科研创新团队可以根据自身的需求在每年刚入校的研究生中挑选一批有潜力的研究生作为后备力量进行培养。同时，科研人员作为稀缺资源，其专业技能可以在不同的跨学科科研创新团队中发挥作用。因此，科研创新团队中的人力资源应该是开放的、流动的。这样，不仅能为项目提供充足的科研人员，还能充分实现各科研人员的价值。此外，随着教学科研观念的改变，高职院校中的学生已经从传统的知识容器转变为学习、应用知识的主体，许多在校硕士、博士研究生都已经开始参与到老师或团队的科研项目中成为科研创新发展所不可忽视的新生力量。因此也在人力资源管理过程中也必须将这一群体纳入管理体系，统筹规划，提高高职院校科研团队整体实力与综合竞争力的能力要素。

学科交叉型高职院校科研创新团队的创新能力是其在发展过程中形成核心竞争力的源泉。从某种程度上来说，团队与团队、高职院校与高职院校之间的竞争是其持续创新能力的竞争。一旦失去创新能力，该团队的核心竞争力就会随之消失，并最终被社会所淘汰。而团队的持续创新能力归根到底来源于其人力资源在科学研究实践和管理活动实践过程中进行知识创新、技术创新、办学理念创新、制度创新、管理创新的能力。

（一）信息资源管理

信息资源作为特殊的一类资源，主要是指文献资料或数据资料。换句话来说，信息资源是包括文字、影音资料、印刷品、电子信息和数据库等在内的各种媒介和各种信息的集合。信息资源的价值是由其所包含的信息内容所决定的，因此学科交叉型高职院校科研创新团队的信息资源有着以下特性：①信息资源在使用过程中，其物质载体可能会出现损坏，但其内容不仅不会被消耗，还会随着使用次数的不断增多、应用层次的不断深入，使其效能发挥得越充分，创造出更多新的信息资源。②信息资源的内容具有非消耗性，一旦产生就不会因为被利用而减少。而且信息资源可以通过文字、符号、图像、声音等形式，以图书、期刊、数据库、磁盘等介质为载体来保存、累积和传递，以实现信息资源的传承。③随着信息通信技术的不断发展，尤其是互联网的普及，信息和知识的传播越来越快捷。因此学科交叉型科研创新团队中蕴含着丰富信息和知识的信息资源已经超出了一般意义上资源在时间和空间的限制，成为能被共享的资源。

信息资源是对高职院校科研创新团队进行管理的基础性资源。对学科交叉型高职院校科研创新团队信息资源的管理过程，就是一种收集信息资源、分析信息资源、传递信息资源、加工信息资源和利用信息资源的过程。随着科学问题的复杂化、科研团队规模的不断扩大，对学科交叉型高职院校科研创新团队的管理必须建立在占有充分地信息资源的基础之上。也就是说，信息资源是高职院校科研创新团队管理者对团队各项活动进行决策和控制的依据，小到每个团队成员的研究任务、子项目团队的运作大到整个科研创新团队的决策都要以信息资源为基础。准确及时的信息资源可以让高职院校科研创新团队管理者清楚地了解科研创新团队目前的运行状况、及时发现问题，并有针对性地做出调整。

从目的上看，信息资源管理的目标是追求最大限度的实现共享，以达到将最恰当的信息资源在最恰当的时间传递给最恰当的使用者，有效实现科研创新信息资源配置效率最优化。从状态上看，团队内成员之间以及学科之间在协调机制的作用下所形成的资源充分共享，投入产出比最优化的一种状态，实现信息资源的共享不但可以有效提高优质学科资源的利用效率，而且可以有效反映市场和社会的真实需求，从而对不同学科间资源的整体优化产生积极地引导作用。从知识产出的角度而言，通过将信息资源的应用方式由独享变为共享，共享使已有的资源能为更多的学术创新活动服务，即定的信息资源总量能有更多的知识产出，降低科研创新成本，从而有效地减少信息资源浪费，最终将促进团队整体运行效率的提高。

（二）设备资源管理

设备资源是高职院校科研创新团队开展科研、管理和社会服务活动的物质基础和保证。团队所拥有的设备资源在数量、质量和结构上的利用和管理程度不仅对团队创新能力的高低有着直接的制约作用，而且在一定程度上体现了该团队的整体实力和综合竞争力。高职院校科研创新团队所需要的设备资源通常是由学校提供的，而高职院校内的仪器设备属于国有资产。从国家和高职院校的角度来看，国家拥有仪器设备的资产所有权，高职院校拥有占有使用权；从高职院校和校内各院系（或部门）的角度来看，学校具有设备资源的配置权，各院系（或部门）具有管理使用权。

学科交叉型高职院校科研创新团队内部成员往往来自不同院系，这给科研团队成员使用各院系设备资源带来了便利，有利于打破各种仪器设备"自给自足"的局限从而实现各院系设备资源的共享。各院系设备资源的共享不仅可以减少资源浪费，还可以集中资金购买配备完善的设备。此外，各种仪器设备还能由各院系专门的实验设备技术人员进行操作和维护，使仪器设备的使用效益最大化。尤其是那些高、精、尖仪器设备的使用和维护必须是具有专业知识的高学历技术人员才能胜任的。

四、学科交叉型高职院校科研创新团队知识管理

学科交叉型高职院校科研创新团队的构成主体是高职院校中的各类科研人员，作为具有独特专业技能与学科知识的代表性群体，其本质上是基于科研创新目标而形成的知识团队。在团队运行过程中，自始至终都贯穿着知识创新活动，并且知识创新处于核心地位，这也是知识经济时代的显著特征。正如有学者指出，如果说知识创新是高职院校科研创新团队的产品，那么团队内部具有的知识是科研创新团队生产的原材料。随着知识管理作为

一种内容丰富、适应时代发展的管理理念日益深入人心,在创新科研团队中引入知识管理理念,特别是在学科交叉融合的背景下构建知识管理体系,显得十分必要。这样不仅可以促进不同学科背景的知识资源进行有效地衔接与融合,极大促进团队中整体学科体系的跨越式发展,提高团队创新能力,同时从长远上看也有利于我国高职院校科研创新管理的效益、效率。

(一)团队知识管理概述

高职院校科研创新团队的知识资源可以分为显性知识资源和隐性知识资源两类。显性知识指的是已经通过声音、图像、文字或符号等编码方式外化到音频、视频、书籍、期刊杂志、专利文献和数据库等载体的知识。这些显性知识的载体便是显性知识资源。隐性知识指的是那些与科研工作相关且存在于科研人员头脑中的见解、经验、技能和诀窍等。这些隐性知识一般很难用语言、文字或符号来表达,具有高度个性化。那些拥有与科研工作相关见解、经验、技能和诀窍的科研人员便是科研创新团队的隐性知识资源。

高职院校科研创新团队的知识管理包含了知识识别、知识获取、知识存储、知识传承、知识传播、知识扩散、知识共享、知识应用、知识创新、知识评价和知识保护等一系列管理任务,对于学科交叉型高职院校科研创新团队来说,由于该团队所涉及的领域十分广泛,因此对于核心知识的识别是保证团队整体运作效率的基础。而对于知识的获取,高职院校科研创新团队往往是通过不断学习的方式来提高自身的知识创新能力,而不是像企业一样通过购买技术、专利或者聘请团队来直接获取知识。由于高职院校科研创新团队中科研人员流动性比较大,为了避免因科研人员出国深造或研究生毕业而导致知识的损失,将团队内外部的显性知识和隐性知识通过研究记录、科研报告、科研论文等形式及时存储起来,这不仅有利于团队中知识的传承,也为团队成员之间的知识学习、知识交流和知识共享提供便利的条件。高职院校科研创新团队的知识创新是建立在知识资源的不断累积和沉淀的基础之上的。高职院校科研创新团队通过团队内部成员交流进行知识传播、通过与其他科研团体交流进行知识扩散来实现知识共享,从而加快科研团队知识创新和提高科研团队运作效率。在知识共享的过程中,高职院校科研创新团队还需要注意团队内部核心技术、核心知识等的知识产权保护。高职院校科研创新团队的知识应用主要是指日常的科研活动本身,通过知识的运用来解决科研活动中遇到的问题以实现知识创新。高职院校科研创新团队中的知识创新可以通过科研团队内外部人员之间的思想碰撞产生,也可以通过对现有知识进行进一步的分析、重组来进行创新。知识评价的内涵很丰富,它包括了对团队内部知识结构合理性的评价、知识共享程度的评价和知识创新价值的评价等。

(二)团队知识管理基本体系

如果将团队成员的个人知识比作涓涓细流,那么知识管理的目的就是将其汇聚成为汪洋大海。然而我们知道，由于科研创新所涉及的知识一般都具有高层次性和独特性，并且只被来自不同学科背景的个体所掌握。基于此，我们构建团队知识管理体系就是要将围绕科研创新任务所需要的各类知识形成一条完整的知识增值链，并对其进行有效整合。

具体来说，一个成熟合理的知识管理体系应该具备以下功能：第一，团队知识固化功能。在当前飞速发展的科技创新环境下，学科交叉型高等科研创新团队不论是从组织层面还是知识层面，都存在着快速迭代更新的趋势和要求，要使得知识资源成为服务于团队乃至高职院校长远战略的常态资源，就必须对现有知识体系、知识交叉成果进行一定形式的存储和固化，推动知识累积的进程。第二，知识交流、转移与共享功能。在科研创新任务指标体系中，团队成员分工协作的外在表现形式是基于各自专业技能进行的任务分解，其本质上是团队内部各学科知识的交流、转移、共享和合作的过程，通过这一动态演进，有助于团队成员合作效率的提升。第三，交叉学科知识资源的整合与优化配置功能。克服由于知识本身具有的独特性和学科结构的固有特点而所造成的障碍，优化知识间的关联，围绕着科研团队任务目标的实现，充分地组织和调动团队内的知识资源，促进科研团队知识资源的最优化配置与整合，从而提升科研团队知识创新的效率。而从实际构建的角度来看，我们认为学科交叉型科研创新团队的知识管理体系总体上可包含硬件环境与软件环境两大部分：首先，硬件环境主要是指学科交叉型高职院校科研创新团队知识管理平台。这一平台是知识管理的基础，是知识管理体系的重要硬件支撑。它能够基于现代信息技术与网络技术将团队内外的各类知识、应用进行有机的整合，它既具备现代管理信息系统的一般功能，同时能够知识库、专家系统等技术工具实现知识的收集、加工、存储、传递和利用，加快知识资源在团队内部的传播和应用，从而使得不同学科知识、不同属性知识之间的转化成为可能。同时，这一平台还能够帮助团队进行学科交叉度、知识协同性、群体竞争力等方面进行评估，有利于对科研创新活动的整体控制与把握。其次，是科研创新人员开展知识创新活动的软件环境。学科交叉型科研创新团队在成员以及成员的学科背景、知识结构上存在着异质性，如何在创新活动中将不同的理论、观念结合起来，以不同的研究方法去达到共同的目标，是管理者需要重点考虑的问题。其中关键的一点就在于是否能够形成鼓励团队成员积极共享和学习知识的软件环境。人的知识创造活动不同于机器的生产，他的任何一个创新意念的闪现都受制于他所属的环境，因此科研团队知识及任务管理体系建设，不仅包括适应于该团队特征的组织文化管理，也包括有利于激发科研人员创新思维的创新文化管理，同时更应该包括极大调动科研人员创新热情的人才培养政策的体系化建设。

综上所述，学科交叉型科研创新团队知识管理体系的建立，是知识管理活动得以实施的基础平台。没有知识管理体系，知识管理就只能停留在理论概念上，将人、信息、知识、技术系统地联系在一起，为知识的交流、转移、共享和协作提供了互动空间。以下我们将对知识管理中的这几个关键环节进行分析。

（三）团队知识交流策略

学科间知识的深入交叉与融合，使得知识主体拥有的知识数量和质量是各不相同的，体现为个体层面的知识势能不同。而这个体的差异直接使得团队整体层面的知识合力存在着差异，这也正是团队中形成知识交流的动因所在。

基于这一理论，我们在讨论知识的流动时，往往从知识分布的不均衡性即知识拥有者势能高低的角度进行考虑，一般认为知识是从高势能流向低势能，这也能够解释在学科背景相同或结构体系相同的知识分布与交流状态下。而在学科交叉型科研创新团队中，成员间的知识差异并非简单的储备量多寡或水平高低，更是涉及知识来源、知识结构、学科文化的不同，因此要分析这一特殊团队的知识交流，还必须将学科间的相互影响纳入研究范畴。首先，从知识交流的一般性过程主要是包括知识的搜索、传播、吸收、转化、应用、增值等环节，以此为主线而形成了能够实现知识创新的知识链。其次，从组织形式上看，学科交叉型高职院校科研创新团队不是传统意义上的层级结构，而是围绕创新任务、分工协作形成的扁平化结构，因此知识交流的一般过程也可随之形成多种形式的网链结构，并且该结构多环节关联互通。

综合以上现状，在学科交叉型高职院校科研创新团队中实施知识交流的管理策略应重点从以下方面进行推进：第一，建立针对多学科背景的冲突消解机制。通过知识、技能、心理、文化等方面进行多维度沟通，使得团队成员能够理解、认同、尊重并适应学科交叉所带来的多元化的团队工作氛围，最大程度上消解学科协作中的一系列冲突，提高团队的容纳性与匹配性。第二，建立良性的学科交流与互动机制。围绕某一具体目标，将存在显性或隐性关联的多学科知识主体进行交叉互动，使他们尝试用不同方式和观点考虑问题，使成员具有更高的理解、沟通和表达等方面的能力，从而形成创新工作与学科知识的和谐统一。第三，拓宽成员沟通渠道。良好的沟通可以加深彼此的理解和感情，促进成员的合作和协调行动，克服知识流动的障碍。团队要建立多种沟通渠道，尽可能的增加正式和非正式的面对面交流的机会，运用多种信息通信技术手段，如视频会议、在线交流平台及电子邮件等，并举行定期的讲座、沙龙、研讨会等信息交流和共享平台，在合作中逐渐形成团队的共同语言和隐喻等提高表达和理解的工具，在组织结构上，充分授权的扁平化结构可以使成员在团队横向和纵向上的沟通都能够顺畅、便捷。最终目标是使团队形成多元化、多角度的双向沟通机制。

（四）团队知识管理的功能扩展

从一般意义上讲，学科交叉型高职院校科研创新团队进行知识管理的基本目标在于对学科交叉背景下的多种知识资源进行技术化交互以及由此延伸出来的各类知识服务与创新功能，促进团队知识增量继而培养满足科研创新需要。特别是在创新活动越来越强调协同、交叉、融合的导向下，团队还应该充分依托现代网络环境与信息技术的优势，努力实现以上基本功能的拓展，担负更多的职责。换言之，知识管理的过程不仅仅是一种将信息技术引入管理环节的过程，更是一种观念变革的过程，是一种基于创新思想有效地利用多元化知识资源，推动创新活动的过程。

首先从纵向功能来看，团队知识管理的纽带功能必须加以深化。第一，知识管理的范围应进一步扩大。传统的知识管理平台构建可以将各类科研子系统连接起来，实现团队成员之间的知识共享、交流和服务。但在日益开放化的社会环境下，这是难以满足开放化和动态化要求的，学科交叉型高职院校科研创新团队必须在既有基础上进一步加强团队内外的创新知识资源和社会信息资源的整合与共享。力争使团队成为变成一个高度聚合的知识资源纽带，所有需要进行知识学习的人都能在最短的时间内取得所需的知识，充分体现出高效和规范的特征，给科研人员和其他创新主体带来极大的方便。第二，知识管理的服务功能应进一步加强。信息时代的信息服务是依靠计算机和通信网络来实现的，团队知识管理的实现必须具备提供准确快捷知识服务的能力，因此团队应采用先进的现代技术设施，不断向知识服务网络化转变，以推进协同创新、提高自主创新能力为中心，通过加大对创新知识资源的开发和开展学科咨询服务等为团队提供个性化、集成化、社会化的知识服务，逐渐建立起面向跨学科创新主体的差异化服务模式。

其次从横向功能来看，团队知识管理还应与时俱进地增加新功能。第一，团从要力争成为知识资源服务中心。高等学校作为传播文化、传承文明的文化事业机构，其文化积淀、文化理念以及创新人才是团队形成和发展的重要内涵和支撑，从而也形成了丰富的创新资源。在信息化、网络化背景下，实体资源与知识资源并存，这对团队内部的创新知识资源管理模式提出了更高的要求，迫切需要形成基于信息网络的一体化管理模式，通过网络等手段满足不同利用者的需要，使知识资源得到充分而有效地共享。第二，学科交叉型高职院校科研创新团队应构建开放化的知识联盟，加强高职院校之间、高职院校与科研创新团队、学科与学等彼此之间的联系，多维度扩展创新业务，改变高职院校团队资源独享、封闭的局面，形成合作、互惠、共享的新局面。

第五章 高职院校科研育人的科研平台构建

第一节 高职院校科研平台概述

一、科研平台的基本理论

（一）科研平台的界定

我们国家经济社会发展步入了一个关键时期，党中央作出了建设创新型国家的重大战略决策，为我国经济社会可持续发展指明了方向。这也是基于知识经济已经到来的时代背景和经济全球化的趋势而做出的战略决策。建设创新型国家，要求各个科研机构要以国家现代化发展的需要为导向，搞好重大基础性研究、战略高技术研究和原创性研究。坚持自主创新、建设创新型国家，离不开一个有利于创新的良好环境。近年来，在党中央、国务院的高度重视下，有关部门通力协作，出台了一系列政策措施，进行了体制机制创新，努力营造一个有利于激发全社会创新热情的环境和氛围。科研平台建设既是科技创新体系建设的重要内容，又是发展创新文化，集聚创新要素，激发创新活力，转化创新成果的重要举措。科研平台的概念是指由大型科技基础设施及基地、自然科技资源、科技数据和文献资源、科技成果转化基地、网络科技环境等物质与信息保障系统以及相关的共享制度和专业化队伍组成的，服务于全社会科技创新的数字化、网络化、智能化的基础性支撑体系。科研平台，顾名思义就是科研人员进行各项科研工作的舞台。按照其所涉及的学科领域的范围大小，可以划分为广义的科研平台和狭义的科研平台。广义的科研平台概念是指科研工作者在不同的学科领域内所进行科研工作的平台。不同学科领域内的科研平台相互交错，形成一个大的科研平台网络。在这个网络中，任何一个子领域中的科研平台都是一个节点，这些节点都能成为科研工作者进行科研工作，实现科研目标的特定空间。狭义的科研平台概念是指科研人员在特定学科领域，进行一项具体科研工作的平台。不管是广义的科研平台，还是狭义的科研平台，又可以根据其形态和作用划分为硬条件平台和软条件平台两大类。

（二）硬科研平台的要素分析

硬科研平台（Hard Research Platform）概念的提出主要根据其形态和作用来划分的。硬，顾名思义，就是其存在的状态是实实在在的，它所包含的内部要素是真实的存在。硬科研平台就是看得见，摸得着的物质力量，通常是指科研平台中的硬件设施等。在科研工作中，除去人的因素，实验设备及相关是非常重要的环节，也是科研工作的基础和前提。硬科研平台包括购置实验设备的资金投入；实验设备的购买；实验设备后期的维护与保养；各项硬件资源管理与共享。

1. 科研平台建设的资金投入及分配

科研人员进行相关科研工作，离不开一系列实验设备，否则科研工作无从谈起。购置设备的资金投入十分关键，稳定而持续性的资金投入可以保证实验设备及时的调整和更新，与科研工作的步伐保持一致，不至于某项科研工作因为实验设备的落后而没有办法正常地开展实施。资金投入再庞大也是有限的，不同的学科领域，要分别建设不同的科研平台。资金如何分配成为焦点。这就要求相关管理部门要科学的决策，要从客观实际出发，科学分配资金。同时注意到，要向那些重点科研平台倾斜，大力支持重点科研项目研究与开发，以求早日产生经济效益和社会效益。

2. 设备的选择和购买

实验设备是科研人员进行科学研究的舞台，俗话说：巧妇难为无米之炊。

缺少了这个舞台，科研人员就缺少了科学研究的工具。所以，完善的，系统化的实验设备是进行科学研究的前提和基础，同时也是进行科学研究的重要保证。优先购买什么设备，再买什么设备，也是一个很重要的问题。这就涉及购买的选择问题。应该根据科研需要进行购置，之前要做好论证工作，尽最大程度使有限资金得到充分利用。

3. 科研设备的后期维护

实验设备购置完毕，后期的维护与保养显得十分重要。任何实验设备都是有一定的使用年限，年限的长短很重要的一方面是取决于平时对设备的维护与保养。我们既反对过分使用实验设备，又反对过分闲置设备。过分使用会导致设备使用寿命的缩短，长时间的闲置也会造成维护成本的增加。切实有效地对实验设备维护及保养，在可能的条件下，适当延长设备使用年限，既增加了设备的利用率，又节约了资金投入，降低了成本。

4. 硬件资源的管理、共享及整合

实验设备虽然不像人一样有自己的思维，但也是科研工作重要的一部分。

科研人员需要正确的管理，科研设备同样需要科学的管理。要制订一整套实验设备管理使用制度，并派专人严格按照管理制度进行管理。加强对大型重点科学仪器的注册与档案管理，发挥互联网优势，建立大型科学仪器设备信息查询系统，重要信息网上公布，从而提高相关信息利用率。实验设备不是属于某一位科研人员个体，也不是属于某一科研团队，而是属于整个科研人员大家庭。

所以说实验设备应该实现共享及整合，要制订科研平台试验仪器的使用和对外服务管理办法，不同科研小组之间，学院与学院之间，不同学校之间，都可以相互使用自己没有的,而他方拥有的实验设备。这样做的好处就是可以提高实验设备的利用率,还可以起到科研人员互相之间进行交流的辅助作用。

(三) 软科研平台的要素分析

软科研平台(Soft Research Platform)概念的提出和硬科研平台是一致的,主要的依据是其形态和作用。软科研平台是科研平台建设的重要组成部分是硬科研平台的无形延伸。软科研平台是指科研平台中的文化、价值观念、运行制度等影响自身发展潜力和感召力的因素。软科研平台包括国内外学术交流与合作;科研人才交流与引进;科研人员的培养,以及相关制度的建设。

1. 国内外学术交流与合作

任何民族和国家都不可能在闭关自守的情况下,仅仅依靠自身的能力在广泛的科技领域中掌握先进科技知识。只有通过大范围内的广泛交流与合作,才能紧跟世界科技发展的步伐,在国际竞争中立于不败之地。学术交流与合作不仅仅是促进了学术交流,更加快了科研工作的进展。科研人员积极参加各种国内外学术会议,通过各种方式进行交流,可以展示最新学术及科研成果,提高学术知名度,扩大影响。同时,学术交流与合作也是加快培养高素质的复合型人才的重要途径。

2. 科研人才交流与引进

人才是科学研究的核心因素,人才也是科学研究的重要一级。科研平台建设,就是要组建结构合理,创新能力强的科研团队。"走出去"和"请进来"的科研人才交流,可使科技人员较快地进行了知识更新,缩短差距,推动科研平台中科研人员的成长。通过科研项目的联合攻关,可以促进新兴学科和交叉学科的建立与发展。科研平台引进科研人才时可以引进国内人员,也可以引进海外归国人员。他们长年在西方科技发达国家学习和工作,外语水平高,学术视野宽广,国际交流能力强。我们应该加强与他们的交流和沟通,吸引他们回国工作,他们带回来新理念,新思路和新方法必然会在科研平台中产生良好的辐射作用,带动科学研究工作。同时,海外归国人员利用自己在海外的科研关系,可以成为国内科研平台与国外交流与合作的枢纽,进而提高整个科研平台的综合实力。

3. 科研人员的培养

首先要提高科技人员的思想道德水平,良好的思想道德关系到其才能的发挥,从而影响事业的成败。其次,创造力是科研人员的重要能力,它是在认识能力、实践能力基础上产生的更高层次的能力。科学研究其实就是不断地推陈出新,因循守旧不可能搞好科学研究工作。只有不断地创新,不断地发散思维不断地拓展自己的视野,科研人员的科研能力才能提高,科研工作才会硕果累累。再次,科研人员内部要形成良好的学术氛围,注重理论与现实问题的结合要定期不定期组织学术交流活动,科研人员之间进行交流和沟通,这样既可以提高团队的协作精神,又可以促进整个科研团队水平的提高。最后,建设良好的科研环境,做好科研人员的继续教育工作,提高科研人员业务水平。当今时代,科技突飞猛进。为了适应新形势,在职人员的继续教育尤为重要。它可以使科研人员知识不断更新和补充,知识结构得以扩展。

4. 相关制度的建设

相关制度可以视为科研平台建设运行的"法律法规",制度的建设对于科研平台的重要性不言而喻。在建设科技创性平台时要十分注重平台管理制度的创新,并分别从平台的组织结构和管理模式创新、教职工聘用制度创新、平台制度体系创新等方面进行了分析研究。中国农业大学针对科技创新平台的建设和管理提出了开放流动、公平竞争、择优聘用、合同约束、严格考核、奖罚分明的管理思路,完全采用科研岗位管理制度、全员聘任制和合同管理制度,以项目为纽带,以学术为中心,不设行政级别,建立以"学术带头人、核心专家、研究骨干"为主体的"塔型人才结构"。所以要大力深化改革,规范各项规章制度,更好地服务于科研平台建设。

(1) 人事制度的建设

人事制度建设是整个科研平台运行机制的关键环节,创造良好的用人环境和机制,建设一支高层次的创新人才队伍对于提高科研平台的发展水平将起到至关重要的作用。大力深化改革,规范各项规章制度。一是实行科研人员聘任制,拓宽用人渠道。坚持择优选聘,优胜劣汰的原则,提高人才需求质量。可以通过人才中介市场等各种渠道,选拔优秀科研人才加入平台当中来。建立所有科研人员的人事档案,科研成果档案。对科研人员所取得的科研成果,所获得的科研奖项,所发表的学术论文等都要记录在案。二是建立健全科研人员考核制度。根据工作性质、职责不同,分别设置考核标准和指标体系,实行同一工作、同一职务、同一层次的工作人员用同一标准对聘任人员履行职责情况进行考核。

(2) 管理制度的建设

管理体制决定科技创新的发展,要变"身份管理"为"岗位管理"。实行固定岗和流动岗相结合的多元化人员准入和退出流动模式,建立统一标准和制度约束下以研究和开发为主体的科研动态联盟体系,增强平台团队研究成果分配制度的建设,在人员编制、岗位设计等方面必须权、责、利明晰,解决好分配制度问题。科研平台中各个项目的研究,实行团队制度,项目负责人由各专家教授、高级研究员、学科技术骨干构成,可以在国内外公开招聘,广泛招贤纳士到平台参加研究工作。尤其是那些跨学科、视野开阔、思想活跃、开拓进取心强、有很强的团队协作精神的复合型人才,他们是平台建设的重要组成部分科研平台同时还要设立专职科研助理和实验技术人员队伍,进行平台的专门管理和维护,以确保平台的正常有序运转。科研平台的流动岗位,通过制定积极优惠政策和完善的制度保障,一方面面向国内外公开招聘优秀客座研究人员,鼓励其自带课题和经费利用科研平台开展中短期的科研活动。同时,科研平台设立开放型研究课题,并提供一定经费支持和研究所需软硬件，支持优秀科研人员来平台进行科研活动和学术交流等。

5. 新的产学研合作机制

科研平台的建设就是为产学研服务的。加快以企业为主体、市场为导向、产学研相结合的技术创新体系建设是走具有中国特色社会主义自主创新道路的根本途径。在市场经济条件下，企业作为投资主体、利益主体和风险承担主体它扮演"产"的角色，在技术创新中具有无可替代的作用。科技实力和竞争力的提高，很大程度上就是表现为企业的技术创新能力。

高职院校及科研院所等机构服务企业的意识要得到进一步强化，通过对企业提供技术咨询，技术转让获得经济效益，用知识创造了价值。高职院校及科研院所扮演的是"学"和"研"的角色。高职院校及科研院要克服重科研轻服务和科研、服务分离的倾向，把技术服务与科学研究更紧密地结合起来，并从中找到创新的突破口，不要把科研工作仅仅停留在实验室阶段。建立产学研机制，目的是集成优势资源开展一些前沿技术、关键技术、核心技术和共性技术的研究。在产学研机制下，鼓励高职院校及科研院所和企业通过双方或多方联合，优势互补，提高企业和高职院校及科研院所的自主创新能力，增强产业发展后劲。对于实际意义重大的方向和领域，要组织研发实力强的大企业和高等院校、科研院所进行联合攻关，以求尽快掌握一批核心技术。同时，健全产学研一体化的各类中介机构，包括资金运营、技术攻关、成果转化等一系列服务机构，更好地为产学研服务。

（四）硬科研平台和软科研平台的辩证关系

硬科研平台是基础，是进行科学研究的前提条件。软科研平台是支撑，起到协调整合平台内各要素的作用。硬科研平台建设在加强实验设备、科研场所等硬件建设的同时，更要注重制度建设、人才的培养、学术交流和机制创新等软环境的构筑。注重制度规范建设、人才队伍建设和科技条件建设的相互促进注重条件建设和科技攻关的协调推进。注重提供创新服务和开展自主创新的有机结合，努力使平台做到管理规范化，运作市场化，服务系列化。硬科研平台各要素是点，软科研平台各要素是链。点通过链串联起来，最终形成一个关于科研平台的大网络。

二、科研平台对科技创新能力的影响

（一）对科技团队创造能力的放大

1. 科技创造能力放大的主要内容

创造力具有"无中生有""首创"的意义。由于各位学者研究的切入点不同，以及所采取的评判标准不同，对于创造力的理解众说纷纭。但主要还是从创造力的"4P"而探讨：创造者个人的特质（personality）、创造的过程（process）、创造的产品（product）与创造的环境（press）。

创造力是一种人类高层次心智的天赋潜能；它能在个人、家庭、学校、社会文化等环境支持或刺激条件下，针对某项特定目标，以不同形式作品呈现出具有流畅、变通、独特、开放、精通、冒险、好奇、想象、挑战等创造特质。

创造力是指个体在支持的环境下结合敏觉、流畅、变通、独特、精进的特性，透过思考的历程，对于事物产生分歧性的观点，赋予事物独特新颖的意义，其结果不但使自己，也使别人满足。所谓支持的环境是指能接纳及容忍不同意见的环境。思考历程是指创造者在解决问题时所经过的准备、酝酿、豁朗、验证等阶段。创造力不是单纯的心智状态，必须有丰富的知识和经验背景，从原有的基础上加以拓展引申，有推陈出新的涵义。

创造潜能的发展是人类社会生生不息的转变过程。而科学技术的进步，使人类的生活更为进步。科学与技术的进步均与"人"的创造发展有关。杰出的科技人才的出现与成长一直是研究"创造"的学者所关心的课题。

科技创造力是指科技人才在科学技术研究领域创造新事物，以及在创造新事物过程中发现新规律的本领和能力。科技创造力发展的动力机制既包括组织机构、制度、政策、文化构成的外在动力系统，又包括科技人才的动机、需要、兴趣等内在动力系统，是内在动力与外在动力系统交互作用的结果。其中动机是产生创造行为的内在动力。需要又是产生动机的条件和前提。

科技创造力的发展除了有科技人才的创造动机、好奇心、兴趣、需要、理想与信念等内在动力因素，也有来自社会需求、团体内部的竞争机制、科技奖励制度、专利制度等外在的动因因素的推动。社会需求是科技创造力发展的重要动力因素。科技团体内部的竞争机制促进科技创造力的发展。科技奖励政策、奖励制度给科技创造力发展以强大外在支撑。

2. 科技创造能力的放大的基本途径

（1）要善于捕捉稍纵即逝的灵感

新颖的意念通常快速闪现，穿越你的意识。如果不能敏捷地抓住，这些新念头也许将永远消逝，再也不出现了。有的时候一念之差的遗憾经常会出现。美国科学家罗伯特·爱泼斯坦（Robert Epstein）发明了一种称之为"捕捉白日梦"的简单训练方法，很有作用。它要求你闭上眼睛。让自亡的思绪完全放松，自由地驰骋几分钟，不对全面展开的思路给以任何的指导。这时候，你就会产生一种离开了房间、飞出了地球，甚至告别了银河系的感觉，结果一些在现实中不可能有过的经历就有可能看到、听到或者体验到。科学研究工作就是要发现新的科学规律，创造新的事物。灵感有的时候能起到一种催化剂的作用，虽然不是决定性因素。当科学研究遇到暂时的障碍，又长时间解决不了眼前的苦难时，灵感的出现可能会成为解决困难最好的钥匙。灵感不是凭空想象的，它其实是科研人员潜意识的反映。没有长期的科学研究积累，科学的灵感也不可能出现。所以，当科学的灵感来临之际，科研工作者切勿把它错误地认为是毫无意义的杂念。要及时记录下灵感或念头，以备后用。

（2）有在困境中顽强拼搏，不畏艰难的科学精神

正确的科学精神可以指引科学研究朝着一个正确的方向前进。科学研究不是一朝一夕的事情，要耗费大量的人力、物力和财力等。同时，科学研究的过程肯定不会一帆风顺。各种各样的困难会贯穿整个研究过程始终。科研人员谁都想取得成功，想获得丰硕的科研成果，失败总不是好事。但是，我们要辩证地看待失败，有时坏事能变成好事。总结失败的经验教训，还可以促使新构思加速涌出。从某种意义上来讲，失败能够成为创造力的源泉。科研平台建设是一个长期复杂的过程，是一个长期的不完善—逐渐完善—完善过程。正是由于有这样一个长期的发展过程，科研平台中许多科研设备的添置工作也是逐步开展的，它要受到很多因素的制约，不可能一蹴而就。很有可能在科研平台建设的初期，各个方面都处于起步阶段，硬件方面不一定能满足科研人员的工作需要。尽管如此，科研人员也要克服困难，积极开展科研工作。不能等到各项硬件条件成熟了再进行科学研究。硬件条件的缺乏所带来的困难可想而知，毕竟在科学的道路上苦苦探索仅仅靠人的力量是远远不够的。

（3）努力学习，开拓思维，丰富相关科学知识

培根说过，知识就是力量，这简单的六个字蕴含了丰富的含义。科研工作者只有掌握更多的知识，拥有的知识类型更多样化，产生创造力的潜能也就更大。这里我们强调的知识，不仅仅局限于科研工作者自己熟悉的领域，对自己未涉及的或极少涉及涉的领域，也要大胆地去探索，去汲取知识的养分，丰富自己的知识库，开阔自己的眼界，发散自己的思维，以便提高自身的创造力。在知识经济和全球化的时代，很多科学研究的着眼点已不再局限于某一学科，学科的交叉与融合成为普遍的现象。科研平台建设中，科研人员的培养是重要的一环。一个科研项目，纵有先进的硬件设备，最终还是要依靠科研人员去完成。人，是决定性因素。再优秀的科研人员，学习是必不可少的，否则必会被科学发展的脚步所淘汰。要在平台中大力开展学习活动，使科研人员在学习中提高自己的各项素质。在这里我们要注意一点，学习要有目的性和针对性，要紧密结合科学研究实际工作。以实际工作指导学习，让学习促进科学研究工作更好地进行。

（4）和谐的团队文化理念

罗伯特·爱泼斯坦强调道：你如何与其他人相互作用，也是一种影响创造力的困扰。我在自己所从事的研究中，创建了一个"转换"小组，它的任务是不断地将个人创意与群体争论进行相互间的转换作为一种个体化过程的创造活动，又要借助不同于以往概念的创造能力，就能达到预期的目的。科学研究是一项群体性行为，不是个体行为。一个良性运转的科学团队可以取得个体难以取得的成绩。由于受到各自知识背景和研究经验的影响，

对待同样一个科学问题，每个人的态度和观点是不一样的，特别是在一些科研项目处在攻坚阶段，大家各执己见，乃至争论在所难免。争论是好事情，矛盾是事物变化发展的内在动力，是根本原因。争论不意味着争吵，通过争论，了解了其他团队成员的想法，梳理了自己的思维，更能激发出各自的科学创造性。在科研平台建设中，一定要做好科研人员的学术交流工作。这种交流可以是科研平台内部的交流，也可以是不同科研团队之间的交流，同样我们可以放眼世界，积极开展国内与国外的交流工作。还要大力引进优秀的科研人才，使科研团队始终有新鲜血液流动，这同样是交流的一种有效形式。

3. 持续保持放大过程的有效方法

科学有效地工作方法，是提高广大科技人员创造力的核心内容。

（1）利用创造欲望来激发创造性思维

创造，首先是思维的结果。所以开发创造力的关键是激发创造性思维。科技人员的科技创造活动，总是在产生和形成创造欲望以后才能进行的。所有的科学新思维都是建立在旧思想的基础之上，或加以修改或添加行的东西。科研人员要敢于驰骋自己的科学思想，让自己的思维摆脱条条框框的束缚，要敢于打破常规。常言道：打破拘谨，创造性才能向你握手，很多科学研究都是这个道理，倘若不敢想，不敢进行寻根式的追问，成功可能就与你失之交臂。反之，摆脱束缚，思想自由了，积极行动起来，成功也许就离你很近了。

（2）全面普遍的联系、思考、类比

德国哲学家康德（Kant）说过：每当理智缺乏可靠论证的思路时，类比这个方法往往能指引我们前进。意思就是说，类比会帮助我们将某个课题和思维对象相联系，从它们的相似关系中获得启示，拓展思路。科研人员在解决科研过程中的问题时，先思考一下相似问题是如何解决的，看是否能从中得到启发，寻求解决问题的方法。

（3）持之以恒的探索

攻克并且出色地完成一个科研项目，并不是一朝一夕的。创造性高的人，是经常不断开动自己思绪的人。我们在科学研究中经常会碰到许多障碍，暂时的放弃是为了日后的成功，这是一种迂回战术。要有"咬定青山不放松"的岩竹精神。精诚所至，金石为开。要相信，世界上没有攻不破的堡垒，胜利属于持之以恒的人。科学研究的对象错综复杂，研究周期长、影响因素复杂，其发明、创造需要较多的技术、知识和经验积累。只有做长期的观察和系统的分析，才能得出符合实际的规律性认识。

（4）多思与多记相结合

思，是"看"的回味；思，是"问"的求解；思，是"看"和"问"的进一步深化任何一项研究课题，从提出，到整个研究过程，到最后的完成，都是与"思"密切联系，百思才能得其解。思维是人的最显著特点。在日常工作中，无论是观（学）到的现象（知识），提出的问题，还是思考的结果，都要及时地记录下来。这是积累知识和经验的重要方面。俗话说好记性不如烂笔头。有些资料，在今天看来或许没什么用途，但在明天申请课题，制定方案和论证问题时，也许就变得非常宝贵。尤其是在紧张思考中出的一个主意或想得一个点子，往往稍纵即逝，因此要多记。

（二）对科研人员创新心理的影响

科研平台是科研人员进行科学研究的场所，它的完善程度直接关系到科研人员的创新心理。

1. 对科研人员创新心理的正、负效应

（1）科研平台促进了科研人员新科研观念的建立

科研观是以科学研究的本质、规律为主，在整体的形态上讨论科学研究的各项功能。随着科技的进步，社会的发展，传统的科研观念必要产生变化。人们逐渐认识到，科学研究最重要的还是科研环境的改善和提高，出色的科研环境，高素质的科研队伍，两者相辅相成，才有可能创造出更多更好地科研成果，才能为国家的进步与发展多用。

（2）高水平科研平台建设促进科研方法、手段的现代化

撇开人的因素不谈，科学研究要顺利进行，科学的方法和手段是必不可少的，它们是通向成功的钥匙。任何一项科学研究，都是一个浩瀚的系统工程，不是一朝一夕可以完成的，而现代化的科研方法及手段为科研的有效进行提供了保障。

（3）科研平台的建立对科研人员的创新心理起到促进作用

科研人员进行科研工作不是一个孤立的个体，他必须依托一系列科研设备作为载体，没有科研设备，科学研究也是一纸空文而已。科研平台，以其自身的多元化的科研设备，良好的科研条件，使科研人员有施展自身才华的武器。可以稳定科研人员的心理，让他们感觉自己在科研平台中进行科研工作，有最后取得成功的可能。可以使他们能够更好地认识自己，了解自己，最大的发挥自己的科研潜能。也可以使这种稳定的心理长期保持下去。

科研平台的建立，尤其是良好的硬件设施，可以极大促进科研人员的研究工作，从而多出成果，出好成果。同时，人才建设尤其是高层次人才的建设，也成为科研平台良性发展的保证。

2. 正效应的保持和放大

科研平台建设只有做到科学、合理、有效，才能取得效益最大化，才能更好地为广大科研人员服务，发挥他们的最大潜能，多出科研成果。

首先，发挥并巩固正面效应，使科研平台发挥自身特点。科研平台建设不是简单的科研设备的堆积，任何科研平台都是由硬科研平台和软科研平台构建而成，这里面又包含了很多元素。科研平台的建设，将很多元素进行整合和重组。这样一来，整个科研平台作为一个大系统所展示出来的能量远远大于各个元素单一能量之和，因为 $1+1>2$。我们要重

视相关制度的建设，完善合理的制度，使科研平台运转有章可循。科研人员在平台内进行工作，可以做到心中有数。制度是科研平台运转的保障，科研人员乃是根本。要定期进行学术交流，项目阶段性总结等活动。良好的交流和互动，促进了科研人员素质的提高，也可以在平台内营造一种良好的竞争氛围。有了良好的科研氛围，科研人员进行工作的动力才会更足，内心也会更加稳定。他们更愿意在平台进行科研工作，也可以使科研平台能够良性发展。还有，要及时添加先进的科研设备，为科研人员的科学研究工作增添强有力的"武器"。当今世界，科技水平日新月异，一方面科学研究是为了科技水平的不断进步，另一方面又需要先进的科研设备为科学研究服务，两者之间存在你中有我，我中有你的关系。

其次，既要重视科研平台硬环境的建设，也要重视软环境的发展，尤其是重视科研人员的相关诉求。人才是个活生生的人，人是有意志和感情，它是人才非智力的重要心理素质，它对人们的工作态度与工作成效具有不可替代的重要作用。也就是说"意志是成功的大门"。而积极地感情则是成功的催化剂。及时了解科研人员的思想状况，了解他们对研究项目的看法，对科研平台发展的建议，甚至他们生活上的点点滴滴。帮助他们排除各方面干扰，解决他们的后顾之忧，使他们拥有健康的心理状态，保持他们在科研平台中的主体地位，从而更踏实的在科研平台中工作，取得更多的优秀科研成果。

最后，国家相关主管部门要在各科研平台之间协调好科研资源，既要向重点科研平台倾斜，给予一系列优惠政策，也要兼顾公平。科技水平的进步，是靠集体力量一点点奋斗取得的，每一分子都在贡献自己的力量，只是存在贡献多少的区别。

第二节 高职院校科研育人的科研平台建设对策解决的方案

一、制定合理的平台建设方案、路线和策略

科研平台的建设，在很大程度上可以促进国家科技创新能力的提高，可以使国家的科学技术有较大的发展，提高国家的整体科技实力乃至国力。所以我们在考量科研平台建设这个关系国家命运的问题时，一定要有科学和严谨的态度。制定出合理的平台建设方案、路线和策略。

首先，以国家宏观大方案为指导，以微观子方案为辅助。宏观方案与各子方案要采用统一的标准规范，通过推行各类标准规范，统一、规范、协调平台建设工作，保证平台所建设的资源与服务的可广泛利用、可互操作和可持续发展，为实现科技平台资源与服务的共建共享创造条件。科研平台的建设，归根到底是为了使国家的科学技术保持一个较快的发展速度。国家应该拿出一个能够在全国范围行得通的总领性方案。它指明今后相当长的

时间内，国家科研平台建设发展的总路线，以及要采取什么样的发展策略。只有先确定发展建设总纲，然后才能谈如何落实到各个微观层面。否则的话，平台的建设发展一定是杂乱无章，最终也不可能有提高。

其次，平台建设方案、路线和策略的制定一定要科学合理。这一点尤为重要，之前要做大量的调查研究，充分掌握第一手资料。重点发展什么类型的科研平台，然后再发展什么类型的科研平台，要做到心中有数。发展不可能一步到位，而是一个长期的过程。如何在发展中协调好各方面的步调显得非常关键，发展的步伐不可能完全一致，也不能差别太大。总之，统一中有区别，不同中见一致。

再次，细化各子科研平台的建设发展方案。这里所说的子科研平台就是具体的科研平台。不同类型的科研平台有其自身的特点，发展建设的过程中不能一概而论。要具体问题具体分析，各种科研平台所承担的科研功能是不一样的，它为国家所做的科研贡献是不同的。要尊重每一个科研平台自身的特点，同时也要充分挖掘其自身的潜能。方案制定是需要严格的细化。资金的投入，科研设备的购买，人才的引进和管理，平台运转相关管理机制的建立等都需要明细。同样类型的科研平台，在东部、中部和西部地区，在不同的科研院所中，其建设发展的方案也是不同的。大到不同的地区，小到不同的科研机构，经济实力的不同，科研软环境的不同，直接导致了区别的存在。

最后，各个科研平台建设要量力而行，又要积极争取跨越式发展。科研平台的建设和发展，是国家大力发展科技的具体体现，也是落实科学发展观的具体要求。

二、创新科技管理体制，特别是国家级科研管理体制

科研平台不是光依靠行政隶属机制来维系的，而是出于合作各方共同的战略目标而自愿结合在一起的战略联盟，具有组织系统的开放性、合作行为的战略性、合作伙伴的平等性、合作关系的长期性和整体利益的互补性等特点。要想在科学研究工作中充分发挥科研平台的巨大作用，就必须建立一套科学的管理体制，特别是国家级科研管理体制。

（一）采取扁平式管理机制

科技平台实施平台委员会的管理体制，重大科技项目实施学术带头人负责制。委员会对平台重大方针政策及科技发展方向进行战略决策和宏观协调。平台面向国内外聘请学术带头人或者是客座专家学者，以大项目为载体，组成各个研发团队；鼓励与平台互为支撑，由掌握关键技术的创新组织牵头，联合其他具有互补性资源和核心能力的组织建立虚拟创新组织，共同完成新产品或新工艺的开发。采用扁平式管理机制，减少管理层次，简化管理过程，加强各方的沟通与协作，鼓励团队之间的互相学习和知识共享。通过项目分解和实施，使平台参与各方能够各司其职，各负其责，便于管理和评价。

（二）做好科研设备的管理以及科研项目和成果管理

科研设备管理要做到责任到人，责任到物。设备存放在平台的哪个位置，谁使用过该

设备，都要做详细的登记记录。同时也要做好设备耗损情况的记录，了解科研设备的使用寿命情况。科技档案管理是研究所管理的一个重要环节，在日常的工作中担负着十分重要的基础工作。科技档案的涉及范围很广，主要包括大型仪器档案、科研档案、试验报告及原始记录档案、获奖档案等几个方面的管理。尤其是科技档案管理中科研人员个人科技档案的管理，对科研人员个人科技档案管理主要体现在：①公开出版的学术专著等。②在期刊上发表和在学术会议上交流的学术论文。③科研成果鉴定证书和相关获奖材料。

（三）以人为本的人力资源管理机制

科技平台的人才构架复杂，流动性强，只有通过政策激励、文化激励和产权激励，招贤选能，才能建设一支充满活力和国际竞争力的研发队伍。在激励政策上，对学术带头人实行高薪酬制，对重大的原创性技术发明实行重奖制，在项目经费上，重点扶持重大科研项目。对技术发明人实施产权激励，保护技术发明人的合法权益；重视科研平台文化建设，要着力打造基于学习、竞争与合作的平台文化，形成一个为不同学科、不同主体之间的交叉和渗透创造出气氛轻松自然、形式自由多样、思想相互激励的合作平台，增强平台内部的科技创新活力。在开放、合作、共享的原则指导下，技术成果通过知识产权交易市场进行转让，发明人按一定比例享有股权。

三、建立科学合理的评价指标，选择适当的检查时点

评价体系对于推进科研创新具有决定性的导向作用。通过科研平台的构建，能建立和完善一整套客观公正、科学合理的评价体系。优化科技创新的土壤，形成崇尚创新、倡导高质量研究成果的学术氛围，使研究人员克服浮躁心理，避免短期行为，有时间和精力在学术研究领域打造学术精品。质量为先的机制把制定和完善各种科研评价管理规定的过程当作一个改变思想观念的过程来进行，帮助科研人员树立质量第一的观念，使质量为先的评价理念深入到每一个在平台工作中的科研人员心中。细分管理式管理机制。科研平台在制定科研评价体系标准时，除了形成正确的激励导向外，根据不同科研项目的特点，分类管理各科研项目，不要采取单一模式。重点扶持与兼顾其他的机制。我们要大力扶持重点项目的研究，从政策、资金和人才构成上加以倾斜，但同时也要兼顾同一平台内非重点发展项目。我们要重视大型重点科研平台的建设工作，同时也要关注非重点科研平台的建设与发展。

创立与国际接轨的学术评估体系。由知名专家组成学术委员会。条件允许的情况下，可以邀请国外知名专家加入委员会中。学术委员会是科研平台的学术指导机构。负责平台的总体发展战略规划、科研项目的申请和评审、人才的引进和交流、学术评估及国内外学术交流等活动。

组建国内外一流专家学者参加的评价咨询委员会。该委员会将对科技创新平台重大的

事件提供评价咨询意见。他们拥有建议权,但没有决定权。顾问委员会可以选择固定的时间,定期对科研平台的阶段性发展提出自己的意见和建议。人员构成上可以采取1—2—1模式,即平台内的一位学术带头人,两名国内知名专家和一名国际科学家。

创新平台的学术考评将实行短期(年度)考核、中期评估和项目周期考核相结合的方式。

短期(年度)考核:科研平台由平台学术委员会和评价咨询委员会,对个科研团队的工作进行年度考评。考评的结果于第二年的科技资源分配相挂钩。

中期评估:平台学术委员会和评价咨询委员会每一到两年对主要负责人和在研究项目的进展进行中期评估,并提出建议和意见。

项目周期考核:科研平台按项目完成为一周期,对主要负责人和相关人员的聘期内的研究成果进行考核。依据考核结果决定续聘和奖励等事项。此项考核由评价咨询委员会主持进行。评价基于创新平台实地考评和被考评人自评价相结合。经过实地考评后,评价咨询委员会将确定被考评者科研工作的突出部分和薄弱部分,并提出改善措施,同时对被考评者是否具有进一步发展的潜力做出评价。在进行考评之后,评价咨询委员会向科研平台学术委员会提交一份详细的书面报告。学术委员会依据报告对平台的各项发展事宜做出相关决定。

第三节 高职院校科研育人的科研平台构建策略

一、基于学科交叉的科研平台建设策略

一个国家综合实力和国际地位主要依赖于本国的科技发展水平,在跨学科交叉基础上构建科研平台是国家科技创新体系的重要组成,同时也肩负着建设创新型中国的历史使命,是国家战略部署的有机组成,同时也是解决科技问题的实际需求。纵观科学史的发展历程中所出现的重大突破点和学科成长点都是在不同各学科交叉点上出现,因此需要打破学科之间的壁垒,在科研工作深入推动多学科协同攻关。

随着科技的不断进步,科学自身的发展和社会的发展越来越多的依赖学科间的交叉融合,科学理论和关键核心技术的重大突破也是在多学科的交叉渗透中产生,因此,推动学科交叉、构建基于学科交叉的科研平台已成为大势所趋。

(一)构建学科交叉科研平台的必要性

1. 构建学科交叉科研平台是实现国家科技战略规划的重要载体

国家战略规划中的重大科技计划的落实依赖于高水平的科技人才,高水平的科技人才需要有高端科研仪器设备等科研条件的支撑,而高职院校科研平台正是这一类科技创新活

动的重要载体，其具有较高的硬件水平，拥有大批高水平、高素质的科研人才队伍，因此构建学科交叉科研平台，能为承担国家重大科研项目提供重要支撑，是实现国家科技战略规划的重要载体。

2. 构建学科交叉科研平台是汇聚高水平创新人才的重要基地

构建科研平台可以将技术、项目、成果、人才和设施集中，能够持续承担较高前沿水平的科研任务，其优势就是能够为科技人才培养成长和凝聚提供发展空间和平台。目前，因为高职院校原有的科研大多是依托院系，院系基本上是依据一级学科进行划分，这种组织模式为学科交叉类研究造成了无形的学科壁垒和行政壁垒，从事学科交叉研究的科研人员往往在资源分配、科研评价、聘任晋升等方面相对受限，因此，学科交叉科研平台的构建不仅可以突破院系壁垒，实现科技创新的"横向"融合，还可以为从事交叉研究的人才提供更好地发展平台。

3. 构建学科交叉科研平台是学科建设的重要支撑

学科建设的关键是学科领域的建设，随着科技的进步和社会的发展，学科领域也有其自身的生命周期，需要不断地调整和创新，因此需要推进多学科的交叉融合，学科交叉融合是实现学科领域创新的主要途径，而构建学科交叉科研平台则是实现学科领域创新的主要支撑，通过科研平台和学院构建紧密合作、共同发展新的协同组织形式，不断发掘新的学科增长点，真正把交叉学科融入整体学术生态中，从而为学科建设提供强有力的支撑。

4. 构建学科交叉科研平台是培养创新型复合人才的重要依托

人才培养是高职院校最重要的社会功能之一，当今科技高速发展的社会需要大批的复合型创新人才，而培养复合型创新人才仅仅依靠单学科的知识传授是无法实现的，需要跨学科的知识背景和问题解决能力。

在高职院校构建学科交叉科研平台，以问题为导向，面向国家及社会的各种需求进行跨学科交叉研究，同时科教融合，让学生接受跨学科课程学习和科研训练，构建交叉融合的知识体系，掌握利用多方面的知识寻找最适合的途径解决问题的能力，是实现复合型创新人才培养的重要依托。

(二) 基于学科交叉科研平台建设的措施

1. 建立专门的协调部门

学校应建立专门的学科交叉类科研平台，设定专门的机构和人员用来协调多学科资源，以实现学科交叉科研平台的建设需要，加强各学科科研团队之间的交流。根据每个学校的发展情况在相对便捷的地点设立协调机构，帮助处理团队之间的关系。回顾一些重大项目的研究都是涉及多个学院，因此要建立相应的制度，允许学院间的教师实行"双聘"制，通过协调部门或者结构实现资源共享。如虚实结构、首席教授负责制、全职兼职结合人员聘用机制等。另外，为了能够提供更加便捷的服务，可以利用互联网构建网络协调平台，负责各教师或实验室之间的沟通，学生与教师之间也能够通过网络平台进行学术上的交流讨论，让交流和沟通更为顺畅、便捷，进而提高科研和管理效率。

2. 设立专门的支持经费

学校应设立专门的基金，用于支持交叉研究，在新兴的交叉学科起步阶段给予一定扶持和重视，在兼顾评价结果和资源配置之间的平衡下，为交叉学科成长创造好的发展软环境，让从事交叉研究的科研人员不必过多地考虑繁琐的项目申请评估和激烈的竞争，不受短期目标的束缚，在较长一段时间内能够潜心研究，孕育重大原始创新成果。

3. 完善评价激励机制

改革单一的评价模式，建立有益科技创新质量、贡献和绩效为导向的分类评价体系，按照科研成果的科学价值、技术价值、经济价值以及社会价值给予全方位评价。评价程序需要考虑到评价人员的多学科性，评价的方法也要考察学科参与度、关联性以及综合性，公正公平选择适当方法。

同时，加大力度推动体制机制创新，突破现有的院系聘任机制，通过多种形式的组织，推动交叉合作。学校通过建立交叉学科科研平台，开拓前瞻性的研究领域布局，组建交叉研究团队，建立交叉共享平台，营造交叉学科的研究氛围，努力推动交叉学科研究的发展和人才的培养。

4. 加强学校内部交叉，鼓励多元化学科文化

高校内的学院划分数量繁多，学科单一，如我国大学学院数量一般都在 30 个左右，这种精细化的学科分类必然将导致单一体制的知识无法满足科技发展和社会发展的需要，不利于培养未来社会所需的复合型创新人才。而学科文化也是学科知识性文化与学术性文化的统一，在长期发展过程中逐渐形成价值取向的行为规范，在研究中发现，每种文化都具有优势和劣势的两面性，学科之间的文化差异将导致合作冲突。因此高职院校需要建设鼓励多元化学科文化，要拓展同学们的学科知识，促进跨学科之间的对话交流，同时要探索研究的共同范式，形成统一的合作模式，最后只有共同认同参照框架，才能促进科学水平的对话交流。培养更多具有多学科背景的人才才是真正有利于推动交叉研究，有助于应对重大科学挑战的最佳路径。

综上所述，在学科交叉科研平台建设中面临的困境，需要通过建立专门的协调机构，实现资源共享，明确设立专门的经费给予支持，并不断地完善评价激励机制，按照分类评价原则，对于交叉研究成果给予激励。最后加强学校内部交叉，鼓励多元化学科文化的学习，创造更加有利于交叉学科人才的培养环境。在高职院校，应从全局出发，努力转变观念，构建学科交叉科研平台，打造一流学科群，培养一流交叉人才。

二、基于"三位一体"模式的大学生创新科研平台的构建

以培养大学生的实践和创新能力为目标，通过构建基于"课堂教学—科研训练—科技

竞赛"三位一体模式的创新科研平台,将科研成果引入课堂教学、实践环节中,以科技创新和课题研究为纽带,促进学生全面发展,可以极大地推动高等教育教学的改革。

21世纪教育的主题是创新型人才的培养。重视和提升大学生创新能力,已经成为高等教育改革的一项重要任务。实践教学是培养学生创新能力的关键环节。加强高职院校实践教学不仅是提高高职院校教育质量、培养高素质人才的需要,更是我国社会发展的客观要求。如何为大学生构建有效的科研平台,促进对学生创新思维及创新能力的培养已经成为当前亟待解决的重要课题。经过近几年的不断摸索和实践,我们为大学生构建了基于"课堂教学—科研训练—科技竞赛"三位一体模式的创新科研平台。以科技创新和课题研究为纽带,加强师生之间的交流,促进学生全面发展,极大地推动了高等教育教学的改革。

(一) 创新科研平台的构建

1. 将科研内容引入课堂教学

教师在课堂上传授课本知识的同时,还应向大学生讲授科研与创新的基本方法,把与课程相关的最新专业技术和科研成果引入教学中来,在潜移默化中开阔学生的视野,激发学生学习的热情。通过专业前沿技术的学习,可以有效促进学生科研活动的开展,发挥其自身潜力,这是开展大学生科研实践的良好基础。教师在本专业课程的教学过程中,应充分贯彻理论与实践并重的原则,在加强基础理论学习的同时,进一步强调科研训练的作用,突出对学生创新思维与能力的培养。教学中应教给学生常用的科研方法、如何进行科研选题、检索科技文献资料、如何进行数据的统计、科技文献综述及论文的撰写等。使学生明确科学研究的基本要求,掌握科学研究的基本方法,用所学知识来发现问题、分析问题和解决问题,把最新的研究成果传授给学生,不断拓宽学生的知识面,充分调动学生进行科研创新的兴趣,最大程度地激发学生的科研创新热情。同时有意识地引导学生结合自身专业特点,开展课外科技活动,使学生尽快对本专业的研究领域、未来发展以及职业前景等有所认识。学校通过定期举办不同层次的学术报告会、学术交流会等,活跃校园学术氛围,激发学生科研兴趣,有助于提高大学生参与探索研究的积极性。

2. 开放科研实验室

科研实验室在课余时间面向学生全面开放。学生可以自主选择感兴趣的实验项目,设计实验流程及预约实验时间。同时鼓励学生参与教师正在研究的科研项目,进行基础项目的研究。科研实验室的开放无疑为学生创新能力的提升提供了最为合适的平台,为学生营造一种探索、研究的氛围,不仅可以充分调动学生的积极性、主动性,充分发挥学生自身潜能,提高学生的动手能力、综合素质,以培养学生的创新素质。这样的科研训练模式使学生克服盲从性和被动性,真正自主地完成科研任务,体会到置身科研所带来的愉悦。实验室的开放为学生提供了充分发挥自身特长的空间,同时也极大地提高了实验室资源的利用效率。

3. 积极参与科技竞赛

教师应鼓励大学生积极参与科技竞赛。教师可以提出科研创新课题的主要目标，由参与的学生研究具体可行的试验方案和流程，并由指导教师推荐参加学校及省级的大学生科技创新训练项目的评审。一旦科技创新训练项目被审核通过准予立项后，教师可以组织学生开始进行科技创新训练项目的研究工作，一般研究周期为一年。在此期间，指导教师全程给予协助，并定期与学生进行研讨，在关键环节给予必要的指导，引导学生在创新试验训练中发挥主观能动性。同时学生也要定期将实验的结果向指导教师进行阶段性汇报，最后，在教师的指导下，完成论文与结题报告的撰写。在完成科技竞赛的过程中，教师应着重培养学生对于学术问题思考的客观性和多样性，鼓励发散性思维，强调科研创新的独创性。

科技竞赛的选题是决定竞赛结果最重要的因素，选题不能太大、太难，也不能过于简单，要让学生通过努力可以完成任务，并且有发挥自己创造性的余地。从课题的立项到结题，导师的引导作用非常重要。我们鼓励学生自主选题或在教师指导下进行合理的选题。选题可以是学生提出的自己感兴趣的课题或是和所学专业联系较紧密的题目，也可以是指导教师科研项目的一部分，或者是来源于生活或科研过程中的实际问题；可以是理论探讨，也可以是实际应用研究；可以是系统研究中的一部分，也可以是一个独立完整的内容。同时选题要考虑学术团队的研究方向，应尽量与正在进行的科研项目相近，符合学生的专业背景和知识结构。同时还应对科研平台现有的仪器设备、经费情况等多方面的因素进行统筹。

（二）创新科研平台的效果

基于"课堂教学—科研训练—科技竞赛"三位一体模式的创新科研平台的建立与学生创新能力的培养起到了相辅相成的作用。一方面，科研平台的建立，为大学生创新能力的培养提供了一定的技术保障和实践的场地。通过科研平台的建设，培养了大学生独立思考的能力，极大地促进了学生的创新实践。另一方面，大学生创新能力的提升，能促进科研平台的建设和完善，从长远角度来看，平台的开放可以带出越来越多的优秀科研成果，从而助力整个学科科学研究的发展。近几年的实践表明，创新科研平台的构建将课堂教学与科研训练及科技竞赛有机结合起来，科研与教学互动，以科研活动带动教学活动，将最新的科研进展引入教学内容中，可以大大提高教学质量；科技竞赛与科研互动，鼓励学生自主设计或参与教师的科研项目，不仅可以培养学生的主观能动性，还大大提高了参赛作品的质量；科技竞赛与教学互动，竞赛既是巩固教学内容的有效方式，同时又是教学内容的拓展和延伸，对于激发学生的科研潜能和提高教学质量发挥了重要作用。

(三) 遇到的问题及解决办法

1. 教师对学生的指导应该纳入教学常态

虽然现在高职院校学生的科研活动已日益受到重视,有一些学校已将提高大学生的科研创新能力列入了培养计划。目前,学校十分重视对大学生科研创新能力的培养,提出了促进大学生创新能力培养的对策,制订了中长期的培养目标。指导教师利用课堂教学或课外训练的机会,对大学生的科研思维及创新能力进行有目的的训练,引导学生在遇到问题时积极寻求解决的方法。同时,学校还建立了相关的激励和评价制度,鼓励教师进行教学改革和科研创新,培养出一批具有科研创新能力的师资队伍。

2. 搭建学术交流的平台

通常首次参与科研项目的大学生多为低年级学生,由于专业理论知识欠缺,在选题、实验设计、科研写作及具体操作等方面势必会遇到许多困难与问题。针对上述问题,我们采取了一系列有效地措施,注重于对学生进行科研基本功的训练和基本知识的培训。例如,教授学生如何查找和利用文献,如何发现问题、解决问题,如何使用各种仪器设备,如何对实验结果进行科学分析等。此外,学校还针对不同学科专业、不同院系的大学生的特点,以学术沙龙、读书报告会等形式营造浓厚的学术氛围,使学生了解本学科学术发展的前沿动态,拓宽学生思路,吸引大学生积极参与科研实践中。同时学校不定期地邀请知名专家、学者举办学术报告会,创造机会促进学生和老师进行学术交流,使学生沉浸于丰富多彩的科研氛围中,培养他们对科学研究的兴趣。另外,学校应该为大学生提供展示研究成果的平台,让大学生定期发布自己的科研作品和成果。

3. 依托科研平台,加强师生之间的交流

大学科研的主力是教师,大学生在学习阶段没有充分地时间和教师接触从事科学研究。因此,教师应该通过教学环节的设计将教师个人科研方面的经历、知识和经验传授给学生,有效地将科研训练融入课堂教学。同时依托科研平台,针对一、二年级的学生专业知识掌握不足的特点,可安排他们进行有目的的知识储备,通过检索和阅读文献,熟悉科研平台的仪器设备,完成一些简单的实验操作,以培养学生对科研的兴趣;经过必要的科研基本功训练之后,对三年级以上的学生可以结合选题进行细致的科研指导,也可结合毕业设计,进一步提高学生的综合素质。通过这一培训过程,使学生对科学研究具有清晰完整的认识,通过经历不断地失败最终取得预期结果的过程,感受到运用所学知识解决科研问题的成就感,培养学生的团队合作精神,从而取得了课堂教学达不到的效果。

针对国家对高质量创新型人才的需求,依托学科综合优势,构建高水平创新型高级人才培养体系是高等教育改革发展的趋势。实践证明,依托基于"课堂教学—科研训练—科技竞赛"三位一体模式的创新科研平台,不仅可以培养大学生的创新能力,使学生的综合

素质得到极大提高，而且可以有效促进学科的快速发展，推动教育教学改革的不断深入，为构建有利于创新能力培养的实践教学体系拓宽了思路。

三、基于开放共享模式的高职院校科研平台建设的机制

（一）研究背景

1. 高职院校科研平台的相关概念

创新是引领发展的第一动力，是建设现代化经济体系的战略支撑。加强软硬基础设施建设，完善科研平台开放制度，完善国家科技资源库，培育一批尖端科学仪器制造企业，加强知识产权保护和产权激励。科研平台是高层次科研的基础条件和根本保证，是由包括先进、大型科学仪器通过组合和适配而形成的研发和创新平台。科研平台的建设更多是为了满足一类学科的科研和发展需求而不是仅仅服务于单个学科或者课题项目组。科研平台的建设具有类似于公共服务平台的特点，有利于为一系列科研项目和人才提供理论研究和技术创新研究的基础条件。随着世界各国对科技研发的愈发重视，我国也对科研教育加大了投入，高职院校及各研究单位的科研设施配置日益完善，覆盖学科日益全面，大型科研设备以及国际先进设备的比重不断增大。

建设共享开放的科研平台，可以完善科技资源的配置，更加合理地分配科研经费的使用，减少科研设备的重复购置的同时更能集约资源建设一批国际领先的科研平台，科研平台的共享也提高了科研资源的利用效率，带动共享资源范围内科研群体创新能力的整体提升。建立共享开放科研平台的意义在于其可以为该区域甚至全社会对科研创新有需求的单位或个人提供科研设施和平台。一方面，共享科研平台优化科研资源的资金配置可以为本校的科研人员和学生提供不同层次的科研设施并引进国际先进设备，提升高职院校科研创新效率和水平。另一方面，开放科研设施与平台可以为一定范围内对科技研发有需求的人员提供场所和平台，突破了传统高职院校与各科研单位设备设施不互通的阻碍，为一定区域内的人才提供培育和成长的环境，也改善了区域整体科研环境。

除此之外，建设共享开放的科研平台能够汇集全社会不同领域的从事创新活动的人员，这些人员在使用科研平台进行创新活动的同时，也为高职院校带来了各领域最前沿的创新思维。来自社会不同层次的科研人员通过科研平台产生创新思维和科研创意的碰撞和交流，提升了全社会的科技创新活力。

2. 文献综述

目前，高职院校共享科研平台收到了经济学者的广泛关注。在探索高职院校大型科研仪器共享平台构建模式方面：①加强对人才队伍建设、提高大型仪器的管理和使用、加强校企合作力度等途径，来解决大型科研仪器平台构建过程中存在的问题。②加快和完善科

研设施建设，提高科研仪器设备的利用率和效益，健全和完善规章制度，加强技术队伍建设的举措。

在研究高职院校共享科研平台现实意义方面：①从大众创业，万众创新的角度论述了共享科研基础设施的必要性，提出通过建立激励的共享机制和体制、建立相对集中的仪器共享中心、自主根据市场需要聘用仪器操作人员、构建仪器管理方与公众创新者之间全方位的信息沟通渠道、健全资金保障和建立创客空间等方面打造公众科研基础设施共享平台。②从提高仪器利用效率、增进跨学科交叉融合的角度提出地方高职院校的科研设施与仪器开放共享是当前和今后一个时期高等院校面临的重要任务，需从构建具有操作性的仪器设备开放共享制度、设立专项共享开放基金、校企合作、强化开放共享在仪器设备购置论证过程、建设直接隶属学校的大型分析测试中心、改革人事管理制度等方面推动地方高职院校科研设施与仪器开发共享。

在目前我国探索高职院校科研平台建设经验方面：①我国需要从综合考虑政策内容、用户与资源、合作关系及教育培训等方面内容出发，建设科研数据共享服务平台。②影响国家投资建设的高职院校科研平台共享开放的关键因素包括：第一，创建一套有利于加强基础研究的激励机制；第二，创建适用于科研资源开放共享的科研环境和适合项目合作开展的结构体系；第三，建立一种企业与高职院校协同创新的创新机制。

本文重在讨论基于三螺旋模型背景下的高职院校开放共享的科研平台的运行机制，并从企业、政府、高职院校三者协同发展的角度，为我国共享开放科研平台建设提供借鉴参考。

（二）基于三螺旋模型的高职院校科研平台共享机制的建立

1. 三螺旋模型概念及模型构建

高职院校建立共享开放科研平台的本质原因是围绕着高职院校的各科研机构和企业的研发部门可以根据自身的科研要求而共同使用高职院校的科研资源。开放共享科研平台的建设与运行大致需要有三类角色的参与，一是以高职院校为典型代表的大型科研资源需求单位，二是以企业为代表的社会科研需求单位，三是以政府为主导的建设与管理单位。高职院校共享开放科研平台的建设与运营成效首先取决于这三类主体直接能否建立科学有效地运行关系。美国社会学家亨利·埃茨科威兹（Henry Etzkowitz）的有关于高职院校—产业—政府的相对关系的三重螺旋模型值得我们参考研究。

该理论认为，在传统意义上作为知识输出方的高职院校与作为知识接收方企业的合作正在越来越发达的知识经济背景下相比于以前变得更加密切，原本二者泾渭分明的角色分界线也在慢慢消失。另一方面，作为传统管理角色的政府应对高职院校和企业的这种密切合作给予大力支持，因为两者的合作符合国家发展的利益，有利于国家协调发展。亨利·

埃茨科威兹提出的三重螺旋理论解释了在知识经济时代高职院校、企业和政府相互合作的重要性以及各自的角色定位，构建了三者良性循环创造经济利益的一个合理的理论模型。显然，该模型与我国正在大力推行的开放共享科研平台建设中三者的定位有着异曲同工之妙，值得成为研究共享开放科研平台的理论基础。

高职院校开放共享科研平台运行机制并非只是资源的共享，只有高职院校、企业、政府三者之间紧密配合，发挥各自的主体作用，形成相互促进的良性循环，才能发挥三螺旋模型中高职院校、企业、政府"1＋1＋1＞3"的系统功能。因此，如何建立一套协调三者之间精诚协作、紧密配合的体制机制，成为开放共享平台真正发挥提升科研资源运用效率，提高我国科技创新水平的最关键的因素。

2. 共享科研平台运行过程

基于三螺旋模型的高职院校开放共享科研平台在运行过程中由两个部分组成：一是政府和高职院校所构建的传统产学研合作平台。该平台通过政府对新兴技术的科研方向进行立项，对符合新兴研究方向的科研平台建设进行拨款资助，研究成果通过市场资源配置间接流入企业，为企业的产品创新提供源源不断地动力。二是企业和高职院校建立的校企合作创新平台，企业和高职院校开展紧密合作，采用委托开发、联合开发、共建研发机构等形式来帮助企业解决技术难题，在一段时期内发挥了积极地成效。

从三个方面促进了创新效率的提升。一是优化了高职院校和企业的创新环境。开放共享的科研平台营造了一个良好的创新环境。高职院校建设开放共享的科研平台避免了传统高职院校为了独占科研资源而自建科研平台，开放共享的科研平台对高职院校的科研成果产出效率提出了要求。同时开放共享的科研平台为企业营造了科研设施在内的硬环境和创新的社会文化环境、政策环境、法律环境等组成的软环境，降低了企业科研的准入门槛，同时帮助企业建立规范、高效的研发流程，提高了企业创新的积极性，为企业提供了良好的创新环境。二是加强了高职院校和企业的信息交流。在开放共享科研平台中，两者在共享科研平台中可以加大相互交流，提升科研效率，从基础研究到应用研究的直接转化可以提升科研成果的转化效率。高职院校人才在毕业后也可通过共享科研平台直接流入企业，研究过程的无缝衔接可以使人才发挥最大的效用。三是降低了高职院校和企业的创新成本。共享科研平台可以节省高职院校和企业的研究成本，提升了整个社会的资源利用效率。政府拨款应成为大型科研平台建设的资金来源，因为大型设备的购置无论对于企业还是高职院校都将是相当大的负担，增加了两者的研究和创新成本。政府作为投入主体，可以减轻高职院校和企业创新成本，加快新技术的孵化和应用。

（三）三螺旋模型各主体间关系及功能定位

高职院校开放共享科研平台的建立和运行主要涉及三个主体，分别是高职院校作为科研主体、政府作为投入主体和企业作为创新主体，三个主体之间各自有角色与功能定位，三者之间相互配合，密切协作，形成了一个良性的三螺旋循环。

1. 高职院校：科研主体

高职院校作为科研主体，还包括大学、各种研究机构。高职院校可以为共享科研平台提供一个开放的场地和环境，完善的管理体制也有利于共享科研平台的长期、稳定和可持续的运行。另外，高职院校可以提供大量的高质量人才和全面、前沿的知识，把科研平台建立在高职院校可以使科研平台得到最充分地利用，避免资源的浪费，提高资源的利用率。而且，高职院校培育出的高质量的人才进入到企业之后将带入大量的前沿技术，进一步加强高职院校和企业在研发方面的联系，形成一个良性的循环。高职院校还可以和企业进行合作，高职院校为企业的创新提供技术支持和人才支持，企业则回报一定的经济利益，促进高职院校科研的良性发展。

高职院校与企业通过共享科研平台进行研发的交流还可以促进高职院校的研发水平的提高，保证高职院校的研究成果朝着适用于市场的方向进行，也可以促进企业的创新水平更加的深入和可持续。

2. 政府：投入主体

政府是整个开放共享科研平台的领导者和协调者。首先，政府可以通过高职院校对科研平台设备和研究经费的申请，提供经费的支持。政府的拨款应成为科研平台建设和运行的主要经费来源。我国目前高职院校与其他科研单位的科研经费来源主要是国家拨款、政府有关部门拨款、自身筹建以及其他来源。而科研经费中约87％是项目经费，所以说我国目前高职院校及科研单位的科研平台大部分来自项目经费。其次，政府作为发展方向的掌控者，可以主动引领和推动前沿技术的研究方向和企业科技创新方向，提高科研平台创新成果转化为经济利益的转化效率。政府还可以引导具有某方向科研优势的院校，与有良好资信状况和创新水平的企业开展合作，通过政府的牵线搭桥，使企业与高职院校在共享科研平台的合作中更加的融洽并且高效。

3. 企业：创新主体

企业作为创新主体。企业作为市场的风向标与市场需求结合最为紧密，能根据市场的变化迅速做出反应。一方面可以通过加强与政府、高职院校的合作，整合各方资源，实现以市场需求为导向的创新，为高职院校的科研指引方向，提高高职院校的科研成果转化效率，推动科研平台实现利益的最大化。另一方面通过企业的市场表现和市场反馈对研究成果的应用的表现进行反馈，收集到的大数据可以进一步用于改进原有的研究。技术创新是经济发展的重要的推动因素之一。技术创新首先是一个经济活动，企业作为市场经济中的投资、收益以及风险承担的主体，在技术创新中承担着重要的角色。企业的技术创新能力的提升，很大程度上依靠高职院校基础研究，只有高职院校科研能力提升，企业的技术创新才更加具有活力。开放共享平台中企业角色的不同在于，过去的产学研合作中企业只能被动的接受高职院校的科研成果，而不能直接地参与到科研过程中来。在共享科研平台中企业和高职院校的界限变得模糊后，企业可以主导自身创新方向，更加有利于成果的转化和更加灵敏地应对市场的变化。因此，建立以共享科研平台为纽带的校企合作新模式，可以提升企业的创新效率，赋予企业在创新活动中更强的活力。

（四）基于开放共享模式的高职院校科研平台建设对策

目前基于开放共享模式进行的高职院校科研平台建设的实践还存在相当大的问题，在共享水平、人才培养、考核评价以及奖惩机制还需进一步改进和提升。下面从三螺旋模型各主体层面对高职院校开放共享的科研平台建设提出一些对策和建议。

1. 企业层面

企业由于规模、资金、人才的不统一，大多数企业很难仅仅依靠自身的力量建设用于创新研究的科研平台，通过加强"校企协同"，探寻企业与高职院校更加紧密的协同创新模式，是企业提升自身创新能力与水平的重要方式。企业可以从以下几个方面推进开放共享科研平台的建设。

（1）加强信息安全和知识产权保护

用户独立开展科学实验形成的知识产权由用户自主拥有，成果发表时应明确标注利用科研设施与仪器情况。同时高等学校要加强网络防护和网络环境下数据安全管理，依法保护用户身份信息以及在使用科研设施与仪器过程中形成的科学数据、技术秘密和知识产权。

（2）建立成果收益分享机制

企业通过对共享科研平台中科研资源的整合，建设自身研发团队，建立自身在市场中技术的领先优势，并可根据与高职院校合作模式的不同，组建利益共同体，建立高职院校与企业的利益分享机制，从而推动科技创新资源共享平台高职院校可持续地运行。

（3）建立企业与高职院校科研院所的交流合作机制

选派研发水平高，科技成果多的优秀人才到高职院校科研平台从事研发工作，提高科技开发能力。鼓励企业内优秀的研发人员到高职院校从事教学、科研和人才培养工作，借助高职院校实验室的精密仪器和设备，从事创新课题研究。

（4）健全科技成果转化体系

提高科技成果转化资金在研发投入经费总量中所占的比例，引导企业外部投资用于高科技成果的转化。同时也要加强对市场的研究，市场决定科技资源配置，顺应市场需求，才能使科研成果为企业带来经济效益，促进企业创新的可持续发展。

2. 高职院校层面

高职院校拥有众多专利，技术，人才和知识，可以为企业提供丰富的创新资源，是共享科研平台建设的主力军。高职院校应主导前沿技术的研究方向，提供建设共享科研平台的具体举措，管理并运营好共享科研平台，提高创新的可持续性，让科研资源真正得到充分地利用。高职院校可以从以下几个方面推进开放共享科研平台的建设。

（1）建立开放共享机制

高职院校应认真统计整理原有科研设备与仪器的数目与使用情况，包括功能类型、所属领域、管理单位和目前运行状况，建立一套科学有效地开放共享科研设备与仪器的管理与服务体制，并满足高职院校自身实际使用需求。除了一些特殊的设备和涉密设施仪器之外，对社会科技研发有共性需求的设备进行开放共享。

（2）强化法人主体责任

高职院校作为共享科研平台拥有和管理运行的主体，应强化自身的法人主体责任，明确高职院校内各共享科研设施运行与管理的责任主体，才能有效地督促各责任单位切实履行自身职责。高职院校应由校领导牵头设立专门的工作小组，制定本校科研设备与仪器对外开放的使用与管理条例，明确各管理单位的职能，并上报给上级部门备案。

（3）建设信息服务平台

高职院校应根据可用于开放共享的科研设备与仪器的拥有和使用情况，建立全校范围的信息和服务平台，一方面有利于完善共享开放科研平台的使用流程，扩大受众群体，提高共享开放水平，另一方面有利于推动共享开放科研平台的配置、管理、服务、考核监督和评价的有序实施。并根据上级管理部门的要求对接和纳入政府统一网络管理平台，推动形成区域完善的共享科研资源服务体系。

（4）建立合理的服务收费机制

共享科研平台的运行有利于加强高职院校的人才交流和培养，提升高职院校科研创新的水平，高职院校应本着非盈利性的原则，切实核算开放共享科研平台的运行费用，制定公开透明的合理服务收费标准。平台运行的服务费用应统一纳入学校的预算管理，并接受上级部门的监督。

3. 政府层面

政府在建设开放共享的科研平台过程中担任着投入、规范、监督和调控的角色。政府部门应立足于当地经济发展的实际需要，针对性的培育自身科技创新优势，建立相应的国际领先的科研平台，合理制定共享科研平台的运行和管理机制，为共享科研平台的建立和运行提供一定的经费支持，还应对共享科研平台的运行和发展进行监督，对共享科研平台运行中高职院校与企业产生的矛盾及利益纠纷进行协调，保证共享科研平台稳定运行、逐步扩大。政府可以从以下几个方面推进开放共享科研平台的建设。

(1) 建立创新平台的市场导向机制

通过设立共享平台的有偿使用机制，保证共享科研平台的可持续运行，并通过发放"创新券"的形式鼓励中小企业的创新积极性。通过设立绩效评估机制、利益分配机制，完善共享科研平台的提供者、使用者与一线服务人员的利益分配，提升科研平台的服务水平与能力，保证科研资源利用效率和创新成果产出效率的最大化。

(2) 加强引导和督查

政府应将高职院校的科研资源开放共享水平的评估结果作为高职院校科研管理的评估内容之一，并与下一步规划投入和发展的安排挂钩，引导高职院校积极投入到共享科研平台的建设与服务中去。政府还应成立专门工作小组，对社会公布有关共享平台的科研设施情况和运行情况，对各共享开放的科研平台运行情况进行不定期监督检查。

(3) 建立分类考核评价办法

政府应对通用型和专业型科研设备建立起分类的考核评价办法，对通用型科研设备，应重点考察科研设备的开放水平、服务评价、有效地服务机时以及跟踪相应的研究团队，统计其相关研究的产出数量、质量和贡献。对于专用型科研设备，考核部门应重点评估其有效使用情况，相关研究团队成果的水平和贡献以及研究成果所带来的科研价值和经济价值。

(4) 建立激励和调控机制

政府应建立高职院校开放共享科研平台的补助机制，探索区域范围内的科研资源调配制度，建立用户参与的共享科研平台考核评价体系，并将其考核结果与后期设备购置和维护经费相挂钩。并根据共享科研平台的产出成果对提供服务的单位和个人给予绩效奖励，提高共享科研平台管理与运行服务的积极性。

高职院校共享开放的科研平台是目前国家政策关注的重点。建立共享开放的科研平台，可以促进高职院校的科研资源充分共享、整合和利用，解决高职院校科研资源重复购置、利用效率低下，企业科研资源匮乏、创新成本高等难题，提升全社会的创新效率与创新水平。本文基于三螺旋模型构建高职院校共享开放的科研平台，在充分研究企业、高职院校、政府3个主体之间各自定位以及其相互关系的基础上，对如何进一步改进共享开放的科研平台的建设提出了对策建议，以推动高职院校、企业提升技术创新效率和水平，为社会创造更大的经济利益。

四、产教深度融合下的高职特色科研平台构建

我国是世界上对职业教育最为重视的国家之一，特别是随着新时代深化产教融合大战

略的提出，赋予了高职教育更高更全面的要求。作为高职院校三大核心功能之一，高职科研工作将直接面对多元主体协同育人的新局面。如何继续推动高职科研助力产业发展和人才培养质量提升，急需探索一条既符合自身特点又满足企业需求的特色科研之路。从地方经济需求特点出发，本文提出了以对象定位精确、技术精炼、响应快速和产业转化高效为特色的服务平台构建，应对产教深度融合背景下的高职科研新挑战。

职业教育与普通教育是两种不同教育类型，具有同等重要地位。作为类型教育，和普通高校不同的是，高职提炼和秉持了以"产教融合、校企合作、工学结合、知行合一"为核心的办学理念。这是一种跨学校和企业之间、理论和实践之间、学习和工作之间的教育。当产教深度融合形成涵盖政府、行业协会、企业、学校、科研院所等多元主体共同参与的协同育人局面时，就需要进行跨界的有效整合，形成以成果转化、地方产业改造提升和技术技能型人才培养为核心的新型教育体系。这个转变，把当前起校企合作粘合剂作用的高职科研，提升到了一个全新的高度。因此，通过对标和分析地方经济中支柱性产业的需求特点，探索构建一个定位精准、服务快捷的科研平台，全面满足产教深度融合背景下产业发展的科研服务需求。

（一）地方经济的需求特点分析

高职院校的产教融合，融的是地方经济中的支柱性产业。因此，从技术和人才需求特点调研入手，才能把握其改造升级趋势，精确找到相互融合的共振点。以宁波地区为例，作为全国首个试点城市，其众多的中小型装备制造企业过去引以为豪的开放优势、民营经济优势、计划单列市的体制优势正逐渐丧失，产业结构、需求结构、劳动力素质等问题则日益凸显。"要在新一轮区域竞争中赢得主动，关键是要向科技要空间要资源，向创新要质量要效益，向发展方式转变要核心竞争力"。

"加快转型发展必须强化创新驱动"逐步成为一种共识。面对中小企业投入能力有限的不足，"通过技改专项，鼓励企业引进智能化、自动化、集成化的机器设备，用'机器红利'代替'人口红利'，以制造过程的自动化实现制造业的高端化、精密化"。这些要求就是创新高职科研服务的最好导航和指南，这些新旧动能转化所体现出来的特点，提出了对人才、技术、项目、资本和市场等一系列要素进行整合的要求。因此，通过服务平台进行资源的高效整合，可以有效解决中小型企业对生产多要素聚焦、多向流动和技术服务的需求。

（二）特色科研平台架构

1. 特色科研平台总体架构

建立定位精准、服务快捷的特色科研平台，关键是要做好为谁服务和服务成效的文章。

平台为谁服务的问题，就是解决如何精准定位的问题。高职科研应该以融合对象—即地方经济中的支柱性产业—特别是作为学生就业主阵地的中小型企业为客户。这既是实现高职育人目标的要求，也是高职科研在产教融合中的价值体现。

平台服务成效的问题，关键在于培育服务特色，形成"独门绝技"，因为中小企业普遍对科研服务需求迫切但是投入有限，而对经济效益回报要求快速。因此平台就要实时响应、高效转化，以"快"为胜。

2. 紧贴地方中小企业，以应用科研为主导

中小企业是地方支柱产业中最丰富的单元，谁抓准了中小企业的科研需求，谁就会成为排头兵，从而获得科研进步源源不断地动力。为了找准需求，平台应聚焦以下三个方面。

（1）以校企合作为切入点

中小企业是科研需求中最活跃最有效地载体，但其内在和外在的创新动力天生不足。当前高职院校各学院各专业都和一系列相应的企业进行校企合作，有的是校企联办工厂，有的是各类订单班培养，有的是长期合作的实训基地等。这些浅层次的合作，积累的合作机制和纽带，是产教深化融合条件下进行企业深度科研服务的最佳切入点，也是精确定位服务对象最经济、最有效地方法。

（2）主打应用科研服务

中小企业是直面客户需求的生产，所需要的科研服务主要是解决技术和工艺应用中的难点和痛点，这和我们高职"工学结合"的培养思路高度一致。因此，以应用科研为主线，就找准了高职科研的定位，做到了有的放矢。其服务内容应主要集中在应用技术的开发、科技成果的推广和转化、企业生产工艺改进、科技咨询等方面。

（3）联合承担政府扶持项目

科研创新始于技术，成于资本。对中小企业来讲，科研投入是一道难以逾越的障碍，能不能打通资本进入科技创新的通道，一定程度上决定了中小企业转型升级的生命力。因此，要充分利用政府扶持的各种产业项目引导，通过建立产学研创新联盟等方式协同技术攻关，为中小企业的快速成长保驾护航。

3. 精炼科研服务技术，聚焦短平式抓重点

中小企业的生产重心是市场需求，而高职院校注重潜移默化和长效机制的非营利性活动。因此要做好中小企业的科研服务，重点是要精炼有效、抓大放小，不搞"大而全"，而是要聚焦"短平快"。

（1）技术研发简洁直接

企业产品的性能是明确的，市场定位是清晰的，研发的需求也是直接的。提供企业的

研发服务,必须简洁明了、不能拖泥带水,应瞄准企业最关心、最迫切需要解决的问题,提供一目了然、直达问题本质的解决方案。

(2) 技术应用可靠明确

市场对中小企业产品的要求是苛刻而挑剔的,特别是现在的传统产业和新兴产业,大都处于产能过剩需要进行供给侧改革的历史条件,明确可靠的科研服务对企业而言尤为重要。不能片面要求高指标、高性能和高附加值,而要以稳定的质量、可靠的性能取胜,确保企业在经济的大浪中持续生存、然后发展。

(3) 短平快式科研服务

市场的手在无形的指挥着经济活动,中小企业的经营行为都是围绕这个指挥棒高速运转。高职的科研服务要充分体现这个特点,对企业的科研服务既要细致到位,更要"短平快",做到灵活多样、快速响应,杜绝各种拖拉延后。

(4) 舍得之间聚重点

高职科研主力军是教师,而高职教师最主要的工作是教书育人。因此高职科研工作应聚焦在企业最迫切、最需要解决的技术难题上,忽略一般性和常规性的课题,有舍有得,提高服务的针对性。

4. 快速响应技术需求,实时提供解决方案

快速响应企业的实际需求,是体现高职应用性研究特色的着力点之一。以中小企业实际生产的改进和优化为主线,实时无缝地提供解决方案是做好高职科研服务的重中之重。

(1) 教师企业实践制度化

要响应企业的需求,就必须要先获取企业的技术症结所在。当前高职教师的下企业,让教师到一线的生产实践,既是对教学工作的极大促进,也是在过程互动中获取各种各样技术难题的有效手段。这个活动要制度化的长期坚持下去,促使教师和企业更加紧密的捆绑在一起,不断打开科研合作的大门,使企业的技术问题能够无障碍的进入教师的研究课题中。

(2) 双师无缝对接

技术问题的解决往往是一个反复来回的过程,有时候甚至是不断验证和不断失败的过程。高职科研要提供有效的解决方案,就需要教师和企业工程师特别是一线技术人员进行实时的互通和全天候的技术交流,缩短研发过程以及减少中间环节引起的干扰信息。

(3) 头脑风暴日化

为企业提供完整的技术方案是个综合反馈的过程,需要各种人员多种要素的协同作用。一些涉及交叉学科的技术难题,尤其需要各类技术人员和差异化专业背景人员的共同参与解决,而头脑风暴是其不二之选。激烈的头脑风暴,可以在各种思路的良性碰撞中产

生出解决问题的方案火花。持续、稳定、经常性的开展头脑风暴，有利于高速高效的破除企业面临的各类技术障碍和重大风险。

5. 成果高效产业化，注重经济效益回报

中小企业的最终合作目标是明确的，那就是产业化并攫取市场经济效益。因此，高职科研要走出自己的特色，就要面对这个难题迎刃而上，走研发与成果转化并重的发展路子。

（1）拓展宣传推广渠道

科研成果要转化成经济效益，首要的就是让成果走出实验室，走进社会，要让教师成为产业转化的有生力量和重要宣传队。这就需要充分发挥高职院校基于产业教育服务的宽广社会联系，发挥其公益性带来的社会高度认可优势，进行多种多样灵活多变的推广，打通科研成果产业化通道的"第一公里"。

（2）研发成果转化共享

成果转化是一个艰难并夹杂着巨大风险的过程，高效可靠的成果转化，需要通过共享型合作模式来保障。充分调动产教融合双方的积极性，以合理的利益共享机制为动力，确保科研成果转化为实际生产力。

（3）经济效益高速回报

在充分利用各项共享机制和充分推广宣传下，探求各种资助、无缝对接天使投资基金、科技金融服务中心等项目平台，促进科研成果向经济效益的高速转换。

如何在产教深度融合的背景下，通过科研服务实现高职人才培养各要素的有效流动和集聚，是提升高职院校发展水平的战略手段之一，值得广大高职教育工作者进行不断深入研究和细致探求。

总之，走具有高职特色、着力服务地方中小型企业的平台化之路，是一条可持续发展的科研道路，是一条产教深度融合背景下，促进高职办学蓬勃向前、向上、向强发展的必由之路。

五、高职院校科研平台建设策略与实践路向

高职教育要适应经济发展、产业升级和技术进步需要，密切产学研合作，培养技术技能人才，服务区域经济社会事业发展。研究高职院校科研平台的职能、定位和建设方法，通过一系列规章制度保障其健康运行，可以促进高职院校走产学研用相结合的健康发展道路。

在科学技术发展日新月异的时代，高职院校必须建设品类齐全的科研平台，分类聚集学科精英，潜心研究产业趋势和产业技术，通过科教融合、产教融合、校企合作，保持教

育教学工作与时俱进，切实履行高职院校的各项职能。一流科研支撑一流专业。职业院校要"加强职业教育科研教研队伍建设，提高科研能力和教学研究水平"。近年来，教育部针对高职院校的"示范""骨干""优质校""双高"等建设项目，科研都是重要建设内容。较之本科院校，科研是高职院校的短板，也是造成高职院校专业落后于市场的主要原因。

（一）科研平台的功能及价值

高职院校科研平台一般分社科、工科两类。根据院校专业群构成、所属区域、合作对象的不同，科研平台再进一步细分。常见的社科类科研平台如马克思主义研究中心、学生行为与发展研究中心、蜀道文化研究中心等；常见的工科类科研平台如 AI 技术研究中心、VR 技术研究中心等。高职院校的科研平台一般分为校级、市级、省级、国家级四个级别。校级科研平台建设到一定水平后，就可以择机向院校属地的市、省、部等政府机构申请评审，而成为相应的市级、省级、国家级科研平台。在高职院校，科研项目（特别是社科类项目）的级别、配套经费与科研平台的级别有直接关系。

1. 功能及作用

高职院校的使命是对接产业发展需求，以就业为导向，为适应技术进步和生产方式变革以及社会公共服务的需要培养高素质劳动者和技术技能人才。这就要求专业建设必须与产业技术变化同频共振，实时地将新理论、新技术、新工艺、新设备引入课堂，保持专业常新，让千千万万的学生受益。可"新"从何来？只有从科研中来。教师热衷于科研，进而科教融合，将科研成果转化成课程、教材、实训指导书、仪器设备、教具、操作手册，甚至是一个新专业方向，第一时间进入课堂，提高人才培养质量，引领专业建设上档升级。

高职院校的教师不是"操作工"，要知其然、知其所以然，既要会做、又要会讲。科学研究是提高教师理论水平、实践能力和跨学科能力的重要途径，同时能助推教师快速向双师型、高职称过渡，科研能力是一个教师综合实力的标志之一。

高职院校服务区域经济社会发展，是先进前沿的、有技术含量的、高附加值的服务，具有一定理论和技术含量是其特征。高职院校的科研平台正是这样一个为行业、区域的企事业单位提供技术咨询、解决方案、关键技术、先进工艺、人力支撑、技术培训、项目实施的有效载体。

标志性科研成果的数量和质量是国家级和省级示范校、优质校、双高职院校等项目的指标之一，也是高职院校各类排名的关键要素（如中国科学评价研究中心 RCCSE、中国科教评价研究院 CASEE、中国教育质量评价中心等机构）。标志性科研成果是长期培育出来的，是一个团队辛勤劳动的结晶，持续地培育标志性科研成果正是科研平台的重要作用。

2. 发展定位及其使命

支持企业、学校、科研院所围绕产业关键技术、核心工艺和共性问题开展协同创新，加快基础研究成果向产业技术转化。引导高职院校将企业生产一线实际需求作为工程技术研究选题的重要来源。高职院校的科研工作要主动适应这一需求，立足区域产业转型升级和社会事业发展需要，紧密结合院校本身专业优势，研究方向侧重于技术创新与应用、专业建设与人才培养、教育教学理论与实用方法、职业教育法规与院校治理、校园文化与区域文化等诸方面，研究成果主要向教学改革、管理创新方面转化，不宜定位于以发明创造为目标的高、精、尖领域的理论研究。事实证明，凡是综合实力强的高职院校，科研平台都起了支柱作用，如深圳职业技术学院有区级以上科研平台35个、校级科研平台18个。

（二）高职院校科研平台建设策略

1. 创新科研平台管理机制，激发科研活力

（1）充分认识到科研平台建设的重要性

高职院校要将科研平台作为院校（准）二级单位建设，纳入财政预算，划拨专门的运行经费、项目经费、成果奖励经费，项目负责人、成员是科研成果转化的主要受益者。部分项目（如实训设备开发、服务本地项目）以委托科研方式立项下达给科研平台，给足科研经费和资源，并建立容错机制，支持科研平台广泛开展校地合作、校企合作、校校合作，争取社会资源，让科研平台走出校门，活跃于更广大的科研舞台，产生效益和影响。

（2）加强对科研平台的指导服务

一是严格科研平台建立、撤销程序，科研平台采取科研平台主任负责制，责权利下放；二是积极落实《国务院关于优化科研管理提升科研绩效若干措施的通知》（国发〔2018〕25号）文件精神，建立以信任为前提的科研平台管理机制，项目优先立项，赋予科研平台人财物自主支配权（如技术路线、团队成员、仪器采购、经费使用等方面），日常检查采取"里程碑式"，减轻平台人员的非科研事项工作量，充分释放创新活力；三是参照教务处教学工作量核算办法，对科研平台成员日常科研工作核算一定课时量，保障基本津贴待遇，调动其工作积极性；四是设置科研平台运行经费，支持科研平台成员参加对应领域的学术培训、学术交流活动，成为"科研达人"。

（3）完善科研平台分类评价机制

推行分类评价和开放评价的新机制，建立以创新质量和贡献为导向的科研项目考核、评价和奖励制度。要充分尊重科研平台的社科、工科特点，研究型、应用型区别对待，不同科研项目采取不同结题方式，不同级别科研平台采取不同考核标准。校级科研平台由学院学术委员会专家考核，市级、省级、国家级科研平台委托第三方机构考核。考核要注重目标任务，要轻过程重结果、轻资料重实效，甚至开辟典型成果、成果超额、成果已应用

等绿色考核通道，突出高职院校科研平台的特点。

2. 内培外引，提升科研团队研究能力

(1) 培养校本科研团队

一是将科研平台和双师教学团队结合建设，互相促进，聚焦科研平台每个成员的科研方向；二是分类设置"助教科研基金""博士科研基金""教授科研基金""科研平台基金"等，专项支持教职工做项目，不断吸纳有科研潜力的教职工进入相应的科研平台；三是建立科研平台主任和成员科研能力持续培养机制，将科研平台主任培养成专业带头人，以实现科教融合、产学研用于一体；四是高职院校每年招聘新教师时，除了专业、学历要求，适度增加科研能力（含成果）要求，储备科研人才。

(2) 引进校外科研精英

一是制订高水平人才引进办法，加强科研平台与院士专家、千人计划、长江学者、学术带头人、技能大师等个人及其团队的合作，引智聚力，借船出海；二是加强与区域院士（专家）工作站、工程中心、研究基地、研究院等机构的合作，通过横向服务提升本土科研团队能力。

3. 对接区域外围科研部门，拓展科研资源

(1) 加强校地合作

科研平台要与属地的区、市、省级政府部门（如社科联、科协、教育局、科技局、经信局、教育厅、科技厅、经信厅等）密切联系，将科研平台实时升格为市级、省级科研平台，授予区级、市级、省级"研究基地""工程技术中心""重点实验室""技术研究院"等称号，积极参与区域科技普及、脱贫攻坚、创新创业活动，获得政府更多的带资金的项目，增加科研平台实际价值和社会影响力。

(2) 强化校企合作

依照校企共建专业的方式，校企共建科研平台（或技术创新中心）。根据科研平台的研究方向，优选企业，共同投入资源，充分发挥双方优势，共建产业技术实验室、中试和工程化基地，对新理论、新技术、新工艺、新设备开展应用层面、改进层面的研究，将院校科研工作与企业生产实际相结合，利用产业投资基金支持科研平台的创新成果和核心技术产业化。

(3) 扩大校校合作

论科研优势，本科院校重理论研究，高职院校重应用研究。理论研究引领应用研究是科研规律。高职院校科研平台要与本科院校同类科研平台密切合作，实时交流学习、关注热点领域、联合申报课题。

教育部近期公示了我国高职院校"双高"拟建单位名单，197所高职院校上榜（其中

高水平学校建设单位 56 所、高水平专业群建设单位 141 所）。通过查阅校方官网可知，这 197 所院校均建有科研平台，数量众多的科研成果为院校上榜升格起到了重要支撑作用，其导向作用十分明显。院校拥有良好运行的科研平台，其成效主要体现在以下四个方面：第一，专业建设方面，易于施行产教融合、科教融合建设模式，通过生产、科研、教学三者互动共进，可以迅速提升专业内涵。同时，科研平台可以很专一地面向 5G、AI、VR 等新技术率先开展研究，储备知识、技术、案例和人才，方便院校及时申报新课程、新实训室、新专业（方向），提升专业内涵，优化专业结构，保持专业先进性；第二，师资建设方面，科研平台可以招贤纳士，吸引专家学者参与院校建设，从而培育能教学、能生产、能科研的高水平双师教学团队，是引领院校快速发展的捷径；第三，服务社会方面，科研平台作为实体可以大量承接区域项目（或工程），能拓展学校对外技术创新与服务的渠道，增大广大师生战场练兵的机会，极大地提高院校服务区域经济社会事业发展能力；第四，科研平台可以培育、转化科研成果，提高院校标志性科研成果、科研荣誉的数量和档次，如国部级科研项目、带资金科研项目、发明专利、SCI 论文、学术专著、成果转化，以及省市级学术技术带头人、科技进步奖、科技成果奖等，提高学校的核心竞争力和社会认可度。

高职院校要发展，专业是核心、教师是关键。强化科技育人，培养创新人才，建立高水平科研支撑高质量人才培养机制，率先布局区域发展急需、影响院校未来发展的学科专业，是新职教的要求。建设高职院校的科研平台，制定一系列规章制度为其健康运行保驾护航，有十分重要的现实意义。

六、高职院校科研平台评价体系的构建

科研水平是高水平大学建设的决定因素，科研平台是高水平科研成果的孵化器，科研平台的科研能力是提升高水平大学建设进程的关键因素。针对目前科研平台评价体系存在的问题和不足，提出高职院校科研平台科研能力评价体系指标分析要素，建立高职院校科研平台的科研能力评价体系框架模型。

科研平台承担着高职院校科研的重要任务，是高职院校组建科研团队、培养科研人才、产出高水平科研成果的重要载体，它不仅是高水平科研成果的"孵化器"，也是加快高水平大学建设进程的加速器。因此，在建设高水平大学的时代背景下，提升高职院校科研实力不仅需要加强高职院校科研平台的建设力度，也要发挥评价体系的导向和激励功能，完善高职院校科研平台的评价体系，构建科学、客观、全面的科研能力评价体系的框架模型。

（一）构建科研平台科研能力评价体系框架模型的必要性

评价是一种管理工具，评价活动的目的不仅仅是描述和判断实践活动的价值，而且也

是对被评价者的一种引导，使之向着符合价值主体目标的方向发展。科研评价所产生的排名并不是开展科研评价的目的，科研评价的真正目的是通过评价总结成绩和经验，找出科研工作中存在的问题，进而有目的、有针对性、有重点地加以改进，从而进一步提高大学的科研实力和综合实力。科研评价是科研平台建设和管理中的重要一环。合理、有效具有可操作性的科研评价，不仅利于促进科研平台的快速发展、高职院校科研实力的整体提高，还具有导向和激励功能，更能发挥科研平台的凝聚力，进一步聚合资源联合攻克国内外的科研难题，推动高水平大学建设的进程。目前，在我国高职院校科研平台的运行和绩效管理的研究中，还没有形成有效可行的科研平台科研能力的评价体系。因此，构建科研平台科研能力评价体系，评价科研平台的科研能力，加强评价体系的导向功能，对于促进高职院校科研平台的建设，加快高水平大学建设的进程具有举足轻重的作用。

（二）科研平台科研能力的评价体系模型构建

科学技术评价分类不明确，用同一评价标准评价不同类型的科学技术活动，不能客观、真实、准确地反映不同评价对象的实际情况。还强调在进行科研评价时，应区别不同评价对象，明确各类评价目标，完善各类评价体系，并根据不同对象以及不同类型的科研活动，确定不同的评价目标、评价内容和评价标准，采用不同的评价方法进行分类评价，应该避免简单化、避免"一刀切"。

科研评价指标是高职院校发展目标与科研评价目标的综合体现，指标体系中指标选取、指标权重确定合理与否都将影响到整个评价过程及评价结果的合理性、有效性。为了更加客观全面、科学有效，本文主要从科研平台所包括的因素进行分析，将硬件实施和软实力的科研环境等放在一个层面上进行量化，首次将科研平台出台的管理办法、社会影响力、成立时间等纳入定量分析中，并将其作为构建模型中的因素，这也是以往科研平台评价体系所忽略的因素。

本文针对科研平台的科研能力评价体系所包含的因素，并根据这些因素的内在逻辑关系，构建出科研能力的评价模型。

第一，考虑到科研平台所属层次是科研能力评价体系的核心因素。如国家级、省部级、市级等平台，因级别不同，科研能力也不同。一般来说，国家级平台的科研能力会高于省部级平台的科研能力。平台所属层次作为评价体系中的重要因子，它与评价体系中的其他指标所乘得到的分数，即为整个科研平台科研能力的得分。因此，平台层次是高校科研平台科研能力得分的一个重要指标。

第二，科研团队是科研平台实力强弱的关键因素。团队数量反映了科研平台的规模，团队数量越多表明该科研平台团队规模越大。科研经费的多少反映了国家或企业对该科研平台的投入程度。也进一步证明，科研平台的科研水平在该科研领域的影响力。科研团队的数量和科研经费是相辅相成的，所以设计的评价体系模型中，本文将二者相乘所得到的积，作为一个整体纳入评价体系模型当中，两者相乘所得的积，越高表明该平台实力越强。

第三，科研平台成立的时间也影响科研平台的科研能力得分。一般来说，科研平台成立时间的越长久，表明该科研平台的科研成果积淀越多，科研能力也越强。科研平台的社会影响力代表科研平台的软实力，也是考核该平台科研能力的一个指标。将科研平台成立时间和科研影响力这两个软实力两者相乘视为一个整体，作为评价体系中的一个指标，表明一个成立时间长或社会影响力高的科研平台会比同等实力的平台，科研能力得分更高。科研平台成立时间和科研平台影响力是以往科研平台评价体系中经常忽视的两个因素。

第四，仪器价值也是影响科研平台实力高低的重要因素。仪器价值越高表明该科研平台的基础设施越完善，能为各科研团队队伍提供更好地科研环境和研究设备，从而更能提升该科研团队科研能力，进一步影响在评价体系中的得分。

第五，获奖情况表明该高职院校的科研平台所包含的科研人员的科研能力更加雄厚，能够在所处的科研领域获得领域专家们的许可，也是反映科研平台科研水平的一个基础指标。

第六，科研管理办法呈现了该高职院校科研平台的科研队伍的管理能力，一个高科研水平的科研平台应为各科研人员提供一个适于研究的环境。

第六章 高职院校科研育人实践模式探索

第一节 科教融合育人模式实践研究

在人工智能技术快速发展的环境下,学术界与工业界正处于一个紧密融合的状态,工业研究在某些方面甚至走在了学术研究的前端,培养同时具有理论和实践能力的创新型人才,逐渐成为我国世界一流高水平大学建设的重要评价指标。科教融合是高职院校强化科研与教学相结合、提高人才培养质量的有效途径,以"机器学习"课程为例,从个性化学生培养方案、启发式课堂模式、多源联合教学机制三个方面对科教融合系统创新育人模式进行了探索。

一、科教融合在教育领域的应用

19世纪,德国教育学家洪堡(Wilhelm Humboldt)在德国教育界提出"教学与科研相统一"的原则,"科教融合"由此诞生。美国将"洪堡理论"应用于高等教育之中,设计出了如校企联合研究所、商业实验室等科教融合体制,使培养出来的学生更加符合产业发展的要求,创新能力、科研能力、科研素养均有明显提升,大大促进了美国科学研究的发展,使美国的高等教育和科技创新领先世界。国内高职院校虽然相对起步较晚,但也对科教融合的育人模式进行了积极地探索,近年来逐渐应用到高等教育改革中。

高职院校对以科教融合模式建设国家一流化学专业进行了探索,提出了将学校的科研实力转化为教学实力的主要举措和成就,并提出了下一步建设和改革的主要规划。可以从课程体系建设、师资队伍配置、实训平台设置、创新创业保障等方面来建设大学生的科教融合教学体系,本文将根据以上已有成果,对人工智能技术快速发展的国际视域下的大学生科教融合培养模式进行探索,并通过"机器学习"课程对大学生的科教融合培养模式进行实践,摸索出一套适合大学生的科教融合教育培养体系,使高校的教学产出与科研产出同时向世界一流水平迈进。

二、科教融合下的课程改革探索

(一)"机器学习"课程性质与特点

在当今学术界,前沿学科的重大成果创新和突破,大多是学科融合交叉的结果,故大学生的培养方案需要充分考虑跨学科教学体系。"机器学习"课程是一门涉及概率论、统计学、凸分析、计算复杂性理论等多门学科的课程，目前已广泛应用于数据挖掘、计算机视觉、自然语言处理、生物特征识别、搜索引擎、医学诊断等交叉融合领域。

（二）课程改革的探索与实践

基于大学生的培养需求，要对跨学科课程体系的建设进行合理的安排，同时要在课程中引导学生树立正确的世界观、人生观、价值观，增强爱国主义主义教育，解决"为谁培养人"的问题。目前的大学生教育，还是以满足学科需要为目的进行的传统教学为主，而随着新一轮科技革命的到来，教育的重心转移到培养具有科研操作能力和创新能力的高素质领军人才，基于此就需要解决创新实训与课堂教学相脱离的问题。"工业4.0"时代是学术界和工业界紧密结合的时代，工业界的科技发展在某些方面引领了学术界的研究方向。这就要求大学生的课堂教学必须紧扣工业发展前沿，让培养出的科技创新人才时刻保持对前沿方向的敏锐嗅觉。为解决以上三个问题，本门课程的教学将以科教融合为驱动，在教学内容上从以下几个方面进行探索研究。

1. 制订个性化学生培养方案，推进科研与教学相结合

具体而言，大学生的个性化培养方案将从以下几个方面进行探索：

第一，开展跨学科项目式教学。利用创新发展基地本身具有多学科背景的师资队伍与研究团队的优势，打破传统高职院校中的学院建制，邀请不同研究方向的教师为具有不同专业学科背景的学生设置两个或多个学科之间的跨学科项目，以此类项目作为课程的一项考核内容，既能让大学生学习到"机器学习"课程的内容，又能使其进一步掌握本专业领域的核心知识，最终提高其跨学科实践能力，让学生在以后面临专业问题时，能从更广阔的学科视野来分析解决问题。第二，鼓励大学生制定学习计划。学生的自主学习能力培养是提升学生学习兴趣的重要环节，考虑到不同学科专业之间的大学生知识基础不同，即使是相同专业的大学生也可能具有不同学习四背景。任课教师可以建议学生根据自己已有的知识和能力以及感兴趣的研究方向，设立学习目标和制定学习计划，教师对学生制订的学习计划和学习目标进行指导，并在课程结束时对学生的学习计划完成情况进行评价。第三，跨学科前沿视野扩展及思政教育。"机器学习"这门课程注重数学模型的建立、算法的改进与应用，对学生的数学基础要求较高，而且课程的教学过程也较为枯燥。因此课堂上的教学内容不仅要从机器学习的基本概念、算法逻辑的基本原理等方面进行设置，也要注重将课程思政与学科前沿视野拓展结合，在讲授前沿方向的同时做好思政教育。

2. 开放交流启发式课堂模式，推进创新实训与教学相结合

在国际视域背景下的大学生培养，不仅要求大学生要有专业知识能力、实践能力，还要有服务社会发展需求的科技创新能力。"机器学习"课程要求学生对知识的应用能力较强，教学重点并不局限于课本上所罗列的各种算法公式，更重要的是学生逻辑思维的培养

以及应用算法公式解决实际问题能力的培养。①在课堂教学中，对于课程中的重点难点，鼓励学生与教师进行互动问答，思考所学知识内容的应用领域，培养学生主动发现问题、提出问题的能力。②组建科研小组，让各小组采用不同的机器学习算法模型去处理实际问题，将研究成果在课堂上进行分享，对比不同算法在处理问题上的优势与劣势，并提出改进建议，在此过程中培养学生多维思维解决问题的能力，使学生不仅对课程内容掌握得更加深刻，更训练学生解决实际问题的实践能力。③通过已有的机器学习相关的企业项目或科研项目，引领学生参与研究方案设计、科研信息收集、数据处理分析、结果验证评估全过程，通过正确的方法提升学生的知识创新能力。

3. 建立多源联合指导教学机制，推进专业前沿认识与教学相结合

在传统的高职院校教学模式中，授课教师自身的知识水平与综合素质对教学质量起到决定性作用，而由于"机器学习"等新兴技术知识更迭速度快、技术创新幅度大等特点，以及多数授课教师与工业界前沿领域联系不足等原因，容易导致教学过程中的思路理念及方法落后，这会对大学生创新能力的培养造成影响。在"机器学习"课程中，将会针对我校专业特色，邀请国内外知名科技公司中科研一线的学者和工程师讲授前沿的科技动态和技术手段，在人工智能领域为学生进行理论知识和实践操作的指导。同时，改革传统的课堂教学模式，采用更适合科教融合创新的"互联网+教学"课堂模式，校外导师通过"腾讯会议""钉钉"等网络平台对大学生进行长期长效指导，开展创新训练、职业规划、生活关怀等一系列工作，确保科教融合协同育人指导方式的科学性、指导效果的长效性，最终打破科学、技术和教学之间的屏障，使学生的知识扩展能力、创新能力增强，成为与国内产业发展需求相契合的复合型创新人才。

在人工智能时代，针对当前国际视域下的人才需求进行教学改革，建设具有中国特色的高等教育体系势在必行。围绕国家需求和行业发展趋势，培养能够解决科技发展中技术难题的领军人才是我们目前面对的挑战。本文对当前大学生的培养模式进行了剖析，将科教融合和以"机器学习"为核心的跨学科人才培养体系引入大学生培养方案的探索中，从个性化培养、课堂模式、多源联合指导等方面进行了探索，以理论教学为基础，以创新实践为过程，以获得解决实际问题的能力为目标，辅以专业前沿的视野拓展，凝练出一套符合社会需求的大学生培养体系。

第二节 工匠精神与科研协同育人模式探究

新时代背景下急需具备熟练实践操作技能和工匠精神的各类新工科应用型人才，从剖析融合工匠精神的科研协同育人的优势出发，提出从教育理念、工作理念、科研管理机构、保障机制、导师制度、协同培养、鼓励申请和参与科研、激励参加学术会议、发表论

文和学术成果转化、实践课程体系调整等育人路径，以及完善评价机制提升融合工匠精神协同科研育人的效力，培养具有职业情操的高素质复合型人才，提升就业率，提高教学质量和教师育人水平。

科研协同育人是将科研和教育相融合，培养高精尖技术人才的一种新型育人理念和育人模式。新时代背景下急需各类新工科应用型人才，这些人才不仅需要具备熟练的实践操作技能，也需要"工匠精神"。所谓工匠精神是指工匠对产品精雕细琢、精益求精、追求完美的精神理念，是追求卓越的创造精神、精益求精的品质精神，也是新时代对应用型人才培养的新诉求。高职院校是培养新型工科人才的摇篮，在培育工科高素质复合型人才过程中，以科研协同培养创新思维和提升实践操作能力，同时以工匠精神培养学生的职业情操，反哺科研和教学以实现协同育人。国内学者对工匠精神的研究主要集中于工匠精神对大学生的培养及路径、政治教育融合、就业、职业认同等方面。工科高职院校须以学生为本，生活、学习、意识、思维等方方面面中深植"工匠精神"，精雕细琢、精益求精做科研，提升科研认同感、成就感、获得感。以理论和实践教学为基础，以学生科研管理机构为创新平台，以申报或参与教师科研项目为支撑手段，引导和启发创新思维，不断提升学生学术研究的兴趣和创新能力以及培养工匠精神。工科高职院校应积极探索适应"工匠精神"视域下科研协同育人的路径，以培养新时代有追求卓越意识、精湛技艺的专业应用型产业人才为目标，不断调整培养模式，加大产学研力度，培育和弘扬"工匠精神"。

一、工匠精神科研协同育人理念

育人包含思想、人格等精神层面精神和知识、技能等专业两个层面，以科研协同育人获得两个层面的提升均为科研协同育人的成果。科研协同育人是教师从事科学研究或科研相关活动提升自身科研水平，将科研过程和成果融入教学过程，整合科研与教学资源，鼓励、激励学生积极主动申请学生类别科研项目和参与教师科研项目，组织学生听取专家研究报告、参加学术会议、论坛等科学研究活动，拓展创新思维和提升实践能力、保障应用型人才培养质量，释放科技创新活力、促进科研成果产出，以及培养学生正确的思想观、人生观和价值观，提高教师育人意识，提升学生科研能力，以及提高就业率和就业质量的新型育人模式。科研协同育人模式打破了传统剥离教学与科研且仅以知识传授为中心的单一教学模式，提倡以科研兴教，科研促育人。

工匠精神要求高职院校工科学生需具备精益求精的理念、精雕细琢的科研素养，要求高职院校精细化育人路径，学生以质优取胜。工科高职院校融合工匠精神指导科研协同育人，提升科研竞争力学科发展潜力，培养具备创新能力、实践能力、良好职业情操的高层次人才。

二、工匠精神科研协同育人的优点

融合工匠精神开展科研协同育人是以精雕细琢、精益求精的理念，以卓越的创造精神、精于细节的品质精神做科研，提升学生科研路径上的认同感、成就感、获得感。教师以丰富的实践经验与理论积累的反复磨合，提升科研实践水平，促进教学质量。工匠精神开展科研协同育人的优点主要体现在教师层面、学生层面、教学资源层面三大方面。使学生掌握学科前沿学术动态，促成理论与实践的互动，结合科研前沿案例丰富课堂教学内容，深化扩展教师的理论知识体系，不断完善教学方法和提升教师的课堂教学能力，使学生易于理解和接受教学内容；增强学生独立思考和自主学习能力，培养创新思维；以主持、参与科研项目，养成"提出－分析－解决"问题的科研思维习惯，激发科研兴趣，增强理论知识的深层理解，不断优化知识结构，提升探究思辨和实践能力；丰富教学资源，形成案例库、数据库等网络化教学资源，科研成果、案例，以及课题研究过程中涉及知识的综合性、广泛性，培养学生独立探索能力、实践创新能力、批判思辨能力。

三、融合工匠精神的科研协同育人路径

（一）深挖融合工匠精神的科研协同育人路径

融合工匠精神的科研协同育人，能够提升学生创新能力、实践能力以及职业情操，根据自身发展特色，以科学有效地科研协同育人路径，激发科技创新潜力，培育应用型高素质的新时代优秀技术学子。

1. 树立融合工匠精神的科研协同育人的与时俱进的教育理念

融合工匠精神的科研协同育人路径围绕"匠心强技、全面发展"，强化理论联系实际，培养求真务实的科学态度和严谨务实的科研精神，建立团结互助的科研团队。

2. 注重融合工匠精神的科研协同育人工作理念

融合工匠精神的科研协同育人须培养针对性、科学性团队，以工匠精神培养学生以竞赛、社团、创新创业、项目申请、专利申请等方式合力共同开展科研项目，注重学生的科技创新视角，促进大学生创新精神培养，激发大学生的创新意识。

3. 建立完善的学生科研管理机构组织

融合工匠精神的科研协同育人须建立完善的学生科研管理机构组织，促进工匠精神科研协同育人进程，搭建优秀的科研平台，专业教师团队引领学生科研、学习专业的知识，吸引更多学生掌握将科学知识转化为科研能力，激发学生创新灵感，同时磨砺学生的意志，锻炼坚忍不拔品质，培养科学严谨的治学态度，务实求真的精神品质。

4. 建立健全学生科研保障机制

基于工匠精神的科技创新视角，建立科研管理机构与完善的健全保障机制，加强理论

研究，制定完善的规章制度，注重科研成果的转化。

5. 建立大学生新型导师制度

将大学生吸纳入专业教师课题组，在完成培养计划的课程的同时拓展专业理论知识、接触学科前沿问题，初步参与导师课题，进行基础性数据收集，掌握科研方法和独立思考能力等，指导学生参加专题讲座、学术沙龙活动，引导学生结合理论知识展开分析，逐步安排相对独立的科研任务进行分析、应用、解决问题的全方位科研锻炼，促进教学与科研的互动。

6. 硕士生协同培养机制

注重将最新科研成果、科研方法引入教学过程，形成科研、教学、学术讨论融为一体的新型机制，注重学术研究的独立性、创新性、协作性，以最新的研究成果和案例引导学生思考和展开互动，激发学生学习热情和科研动力，提升教学水平和质量，促进教学与科研的有效融合。

7. 鼓励学生申请和参与科研项目

鼓励学生积极参加科研和创新活动，参与教师科研课题。学生在教师的帮助下，自主选题，填写大学生创新基金申请书，从文献查阅、实验方案设计、材料购买、实验过程、数据处理、撰写科研论文和研究报告全过程均独立完成，接受系统的科学研究训练。

8. 激励学生参加各类学术会议

学生通过参加学术会议，接触到前学科前沿成果和案例，接受科技头脑风暴，激发科研兴趣，不断提高科研创新能力。

9. 发表论文和学术成果转化

激励学生将科研活动中的成果发表或转化为专利，提升学生在科研活动的成就感、价值感和获得感，促进学生科研动力。

10. 修整实验课程

以"教研互促"为主导思想，整合、优化原有课程体系和优质教学资源，注重科研成果向教学资源转化以及学科间的关联递进和交叉融合。实验课程突出专业特色，增加设计性实验和课程实践教学环节。积极改进和创新实验方式，增强学生思考能力、动手能力和创新能力。不断调整、改进培养方案体系的实验课程教学和实践教学。

（二）深化工匠精神，构建科研协同育人路径评价机制

科研协同育人评价体系是高职院校教师践行科研育人的评判标准和制度保障，完善评价考核制度、强化教师指导、搭建科研平台，以分类评价为原则，加强评价制度设计、运作模式和机制建设。从教师层面和学生层面分别完善评价考核制度，联合教师评价核心部门，改革现行评价制度，量化科研育人内容，促进科研育人工作交流，引领科研育人和谐发展；采用行程性与终结性相结合的方法，注重考评方式的多样化和考评指标的规范化，

将定量考核与定性考核结合起来，确保考核的科全面、客观、合理；强化教师指导，提升高职院校教师科研育人的效果，充分发挥专业教师的指导作用，实现全方位、多角度育人；搭建丰富的科研平台，增加高职院校教师科研育人的抓手，邀请行业专家做学术报告、提高科研奖励力度以及创办、扶持学生科研社团等措施。

融合工匠精神的科研协同育人作为新时代育人方式，紧跟时代的步伐，围绕高职院校工科学生工匠精神的科研协同育人路径展开研究，剖析科研协同育人存在的问题和优势，提出从教育理念、工作理念、科研管理机构、保障机制、导师制度、协同培养、鼓励申请和参与科研、激励参加学术会议、发表论文和学术成果转化、实践课程体系调整等路径，以及完善评价机制提升融合工匠精神协同科研育人的效力，以科研、教学融合为引擎，多层次协同创新的立体式协同育人模式是培养高素质复合型人才的突破口，使学生毕业后以最佳状态、最短时间融入工作岗位，提升就业率，同时提升教学质量、提高教师育人水平。

第三节 "七位一体"科研育人模式的构建与实践研究

科研水平是衡量当今高职院校办学质量的重要指标，科研能力也是衡量当今高职院校人才培养的重要因素，"科研育人"的提出正是基于时代发展的需求和创新发展的背景。文中以某高职院校理科学院为例，提出"七位一体"科研育人模式的构建，从科研育人的重要意义、预期目标、模式实践、活动开展、活动效果、经验反思六个方面进行阐述，以期在实践中为科研育人的途径与方法提供参考。

当今世界，科学技术迅猛发展，知识经济已经来临，国家的发展依靠创新，创新的发展依靠人才，人才的培养在教育，高职院校在社会发展中发挥着越来越重要的作用。要强化大学生创新创业教育培训，推动高职院校科研院所创新创业深度融合。大学肩负着培养创新创业人才的重任，事实证明，这种人才的培养需要通过科研活动、科研训练来达成。

一、适应时代发展，明确科研育人重要意义

科研育人指的是高职院校广大科研工作者在从事科研工作中对学生产生的有益帮助和积极影响，是一种有目标、有责任、有意识的教育引导行为，是培养大学生综合素质和创新能力的有效方式。科研育人的理念最早是由世纪德国著名的教育学家威廉·洪堡提出来的，洪堡认为大学要把教学与科研相结合，美国教育家吉尔曼（Gilman）对洪堡科教结合"的理念进行了本土化，使科研与高等教育相关性的理念得以最终确立。

（一）科研育人是适合时代发展需求、高职院校素质教育的需要

科研育人坚持了科技创新的发展方向，中国想要在世界竞争中立于不败之地，就必须

不断加强科技创新。科研育人坚持了高等教育的培养目标,培养合格的社会主义建设者和接班人是我国高等教育的目标原则,培养科技创新人才更是高等教育人才培养目标任务的重中之重。科研育人体现了思政教育的创新发展,思想政治教育工作必须紧紧围绕高等教育的培养目标,完善工作内容、优化工作设计、拓宽工作思路、实现方法创新。科研育人体现了素质教育的根本要求,素质教育的根本内涵,就是要培养学生的个性发展和创新能力,促进了学生个性特长的发展和创新能力的提高。

（二）科研育人是树立学生创新意识、孕育良好学风的手段

科研是追求客观知识的过程,是发现探究真理精神的培育。学生在进行科学研究的过程中,能够了解学科发展的最新动态,能够接触科技发展的最新成果,激励着学生对知识的不断追求,对理论的不断探索,对未知领域的不断深入,激发学生的创新意识和创造精神。同时,学生在通过对研究方法、研究习惯和研究能力的训练过程中,培养了坚韧不拔、团结协作的精神,在各类科研创新项目中互相学习、互相合作、互相影响、互相提高,是孕育良好学风的重要手段。

（三）科研育人是培养学生完整人格、开拓进取精神的途径

无论是自然科学还是人文科学,都可以培养学生的理性气质和思辨能力,养成学生自由探究和开拓进取的意识。从事思政研究,可以培育学生的爱国情怀和政治意识;从事化学研究,可以培养学生对于物质的解构与整合;从事生物研究,可以培养学生对于生命的理解和重视;从事美术研究,可以培养学生的审美与情趣;从事历史研究,可以拓宽学生的视野与胸怀。在科学研究的过程中,通过理论性与现实性的融合,引导学生扎实开展研究,达到寻求真理的目的。

二、落实"七位一体",构建科研育人的模式

本着为学生成长成才服务的宗旨,学院经过长期的探索与实践,创造性开发出"七位一体"科研育人模式,其构建如下。

（一）构建原则

1. 主体性原则

以学生的内在需求为出发点,以学生科研能力的提升为目标,充分激发学生科研的内动力和积极性,将学生的个人需求与社会需求相结合,注重对学生主体性的培养,在科研过程中培养学生独立思考、独立实践、独立完成的习惯,形成学生自我管理、自我教育、自我服务的意识。

2. 发展性原则

在模式建构的过程中,注重发展学生的能力素质,包括学习能力、思考能力、创新能力、实践能力、协作能力、抗挫能力等,在掌握科研技能的同时指向精神世界的重构,注

重知识向实践的转化，使学生在从事科研的过程中形成自身的发展思路和大学的生涯规划。

3. 整体性原则

"七位一体"科研育人模式的建构，需要发动全院上下教职工充分配合，协调进行。学院领导的支持是科研育人的前提，学院教师的指导是科研育人的关键，学院政工的组织是科研育人的基础，实验中心的配合是科研育人的条件，学生的奋发努力是科研育人的根本。因此，这一育人模式需要上下联动，协同配合，形成全方位的育人环境。

（二）构建模式

1. 科研导师制度

学院设立导师制，按照师生比，基本做到一对四，由一名专业教师指导四名学生，着重从学习、科研等方面进行指导，贯穿大学期间，通过学习会、项目化等方式引导学生参与科研，积极实践。全面实现"人人都有导师，人人都是导师"，每位教师都把学生成长成才作为自己的育人职责和目标，真正做到全程育人、全员育人。

2. 科研学分制度

设立独立学分，使学生参与科研学分化。学生参与大学生创新创业训练计划项目可以获得学分；依托非正式课程，通过参与科研活动可以对学分进行认定，学生可以通过灵活多样的方式参与科研；学校还开设有创新创业课程，结合专业背景开展创新思维培训，为学生提供多种选修课程，在课堂上率先实现对学生科研思想的灌输，以及科研动力的激发。

3. 科研激励制度

教师指导科研与考核、绩效挂钩，学生参与科研与评优、保研挂钩。按照学院的相关制度，教师指导科研按照比赛级别和获奖情况给予一定的奖励，并计入年终评优考核；学生参与科研结题或获奖可以在优秀学生奖学金评选中给予加分，并在学院"学风建设表彰大会"中予以表彰及颁发"科研积极分子"证书。

4. 科研项目制度

通过设立科研项目，拓宽学生科研平台，提供学生学习科研的途径，实现科学研究的层层递进、步步深入。

5. 科研活动制度

学院设立的科研创新主题活动包括科技学术节和化学知识竞赛。科技学术节主要包括"挑战杯"学生课外学术科技作品竞赛的申报与指引，能够加强学生对科学知识、科学方法的学习，对科学思想、科学精神的领悟，全面提高学生的创新能力；化学知识竞赛，通过化学基础知识和日常生活中较为常见的化学知识进行问答、抢答和解说，使学生在竞赛中体验到化学的乐趣、提高对化学的兴趣。

6. 科研比赛制度

通过全国性的比赛，提高学生课外科研的积极性和主动性，增强学生考研就业的核心竞争力，提高学生的综合素质。目前学院学生主动参与并取得成果的比赛有：全国大学生课外学术科技学术作品竞赛（挑战杯）、全国大学生化学实验技能大赛、全国大学生化工安全设计大赛、全国大学生环保知识竞赛、全国大学生环境实践虚拟仿真创新大赛。

7. 科研讲座制度

人文科技一百讲，通过系列讲座的定期举办，可以让学生接触到最前沿的科研动态，与学术大咖面对面接触，交流学术思想、解决疑难问题，可以促进学科之间的交叉融合，发现新的创新点，形成开放、自由的学术氛围，有利于开阔学生视野，提升创新能力。

三、搭建多种载体，促进科研育人活动开展的建设途径

学院在开展科研育人活动过程中，始终坚持一个中心，依靠两条主线，完善三项制度，构建四级体系，拓展五种平台，实现科研的全员育人、全程育人、全方位育人。

（一）坚持一个中心，强化培养目标

以培养科研创新人才为中心，以服务学生成长成才为目标，强化人才培养过程中教学环节的设计、实验技能的锻炼和科研能力的提高。学院各专业的培养方案，都着力体现了创新型人才培养的理念和设计，从课程安排到专业实践到毕业论文，不仅注重巩固学生的专业基础知识，同时注重提升学生的创新实践能力。

（二）依靠两条主线，助力科研启航

通过教学和科研两条主线，培养学生的自主学习能力、发现问题能力、研究探索能力。在科研方面，实施"三早"。早动员。入学之初先向学生介绍学院整体的教师科研和学生科研情况，增强学生对科研的向往之心；早准备。通过导师制，让学生先"进门"，再"授艺"，让学生初步了解科研与实验平台，提前做好准备；早实践。构建模块化、系列化、层次化、特色化的实践教学体系，以供学生进行专业实习和实践。建立基于问题、基于项目的实验体系，推动学生开展研究性学习、创新型实验。

（三）依托三项制度，完善科研管理

学院制定了较为完备的科研管理制度，对经费的使用有严格规定，完善考核评价体系。建立健全科研协作制度，充分优化资源配置，拓宽科研平台，以此带动学院师生的科研发展，有效提升科研成果。在科研激励制度方面，学院对获得省级及以上挑战杯的团队进行奖励，针对学生发表论文依据影响因子的高低进行奖励，并在本校保研中给予加分。在实验管理制度方面，规范且详尽的化学实验室管理制度为科研工作的规范化和安全化提供了基础和保障。

（四）构建四级体系，提升科研成果

构建院级、校级、省级、国家级自下而上的比赛机制，以赛促练，环环相扣，层层递

进,重点培育优质项目,形成院级比赛多参与、校级比赛多成果、省级比赛争上游、全国比赛有奖拿的倒金字塔结构,使大部分学生能参与科研,少部分学生获得丰硕成果,极个别学生成为科研标杆。使学生在这种循环比赛的过程中,能树立切合自身实际的科研目标,用比赛成果激励自我的进一步发展,在学院形成"人人向往科研,人人努力科研"的良好氛围。

(五)搭建五种载体,拓展科研平台

以课程、活动、项目、比赛、交流为平台,不断拓宽科研育人的有效途径。学院每年定期举办科技学术节和化学知识大赛,科技学术节主要包括两个部分:科研成果展示、项目申报辅导;化学知识大赛主要是通过对化学基础知识的背诵与抢答,巩固所学知识,孕育良好学风。通过申报"课外科研项目""大创项目""攀登计划""金种子计划""挑战杯"等,以项目为平台,使一部分学生能获得科研机会与成长平台。学术交流方面,学院设立了人文科技一百讲,定期邀请国内外知名专家、学者,传播科学精神、交流学术思想,推动创新人才的培养。

四、科研成果突出,彰显以科研成果为导向的科研育人实践成效

(一)学生科研成果突出,学院科研氛围日渐浓厚

学院学生在挑战杯、化学实验大赛中屡获佳绩,在发表论文、科研立项方面逐年递增。在全国挑战杯、实验技能大赛、环保知识大赛、化工设计竞赛中,斩获国家级奖项,省级奖项;近三年发表论文总数篇,发表专利个,参与大创项目国家级个,省级个。在科研大格局的影响下,学院孕育了良好的院风学风,形成了传帮带的优良传统,科研氛围日渐浓厚。

(二)学生综合素质提高,就业竞争能力明显增强

在学院良好院风学风的影响下,在大学导师的辛勤指导下,学生们的综合素质得到明显提高,学院的就业率和保研率逐年上升,学生在开展科研活动的过程中,培养起了吃苦耐劳、坚韧不拔、无惧失败的意志品质,具备了对抗挫折、积极乐观的心理素质,在取得丰硕成果的同时,往往也能在激烈的人才竞争中脱颖而出,找到理想的工作。

第四节 "1+3"科研育人模式实践探索

在新时期的背景要求下,高校在创新人才培养工作中要更新育人理念、创新育人思维、拓展育人体系。文章结合实际工作,尝试探索形成高校"1+3"科研实践育人培养提升模式,在挖掘科研育人要素的同时发挥科研育人的作用,旨在为构建新形势下高校科研育人体系提供更多的方案与思路。

20 世纪 90 年代，首次明确提出研究 21 世纪人才素质的要求和改革教育思想、教育观念与人才培养模式的任务。坚持把立德树人作为中心环节，把思想政治工作贯穿教育教学全过程，实现全程育人、全方位育人，努力开创我国高等教育事业发展新局面。不断加强高校科技创新人才培养的研究，努力提高科技创新人才培养质量、实现科研育人质量的提升，显得尤为重要。

一、高校科研育人的基本内涵

高校肩负着人才培养、科学研究、社会服务、文化传承创新、国际交流合作等职能。其中，人才培养作为大学的根本任务，要求高校的一切工作都要围绕这个根本任务来开展。特别是在科学技术迅猛发展的当今时代，高校的科学研究和人才培养的关系日益密切，科教融合育人已然成为大学的一种重要教育思想和教育理念。

科研育人是适应时代发展的育人模式，是指高校广大科研工作者在从事科研工作中对学生产生的有益帮助和积极影响，是一种有目标、有责任、有意识的教育引导行为，是培养大学生综合素质和创新能力的有效方式。科研育人的内涵从高等教育的视角来看，是指与课程育人等其他方面相配合，学生在参与科研实践活动的过程中习得相关的知识和技能以及培养和提高科学研究的素养；从思想政治教育的视角来看，是指学生通过参与科研实践活动培养良好的道德品质和健康的心理品质。

二、高校学生科研育人的现状

业界学者们普遍认为高校科研活动的开展是培养学生创新能力的最佳方式与途径，特别是对于体量较大的大学生群体。这是因为科研实践活动的开展不仅能够拓宽学生的知识面、完善知识体系、锻炼实践动手能力、提高分析解决问题的能力，还能培养他们至诚报国的远大理想、百折不挠的探索精神、锐意进取的创新意识和严谨求实的科研作风。

但是，尽管近些年来国内外不少专家、学者从教育教学体制改革、课程体系设置、课堂教学等方面对学生创新人才培养以及创新人才培养质量提升体系建设进行了相应的理论研究，而这些研究在一定程度上也有力地推动了"人才辈出、人尽其才"的良好局面形成。

三、高校学生"1+3"科研实践育人机制

结合目前高校学生科研育人工作中存在的现实问题，在遵循思想政治工作规律、遵循育人规律、遵循学生成长规律的基础上，探索构建形成科研实践活动育人体系，不仅能挖掘育人要素，同时对于完善育人机制、提升育人质量也将起到重要的促进作用。

高校学生"1+3"科研实践育人模式以学生为教育对象和参与主体，结合不同年级学

生的学习特点和成长诉求,在一年级阶段配合课程体系和课堂学习内容,围绕"助学"开展培养和提升学生科研创新意识、科研创新精神的培训;在二年级阶段围绕"赋能"有目的地开展能够参与科研实践的心理、知识和能力储备教育;通过前面一、二年级的积累和提升,在三四年级阶段通过引导学生积极参与科研项目,在课题研究的"践行"过程中进一步提升和培养学生的创新能力。与此同时,在项目开展的全过程中,始终融入"以人为本""德育为先"的思想政治教育理念,从而达到创新人才的培养目标和发挥科研实践的育人功能。

四、高校学生"1+3"科研实践育人模式

（一）育人模式构建原则

1. 以学生为主体,发挥学生主观能动性

高校人才培养工作坚持以人为本,而高校学生"1+3"科研实践育人模式也秉持了以学生为主体的原则,在育人工作中重视学生发展的内在需求,针对不同阶段学生的特点,设置能够激发和调动该阶段学生群体积极性、主动性、创造性的培训和实践活动。在科研实践育人的活动组织形式上,注重发挥学生的主观能动性。比如,三年级学生在导师指导下开展的课外科研实践创新课题的研究,由学生作为课题的负责人自行招募成员组队后与导师商议课题研究内容,同时课题负责人要完成老师与学生之间、学生与学生之间科研创新实验内容的沟通与协调。由此,在提高学生参与主动性、积极性的同时,能够更好地发挥学生自我教育、自我管理、自我监督和自我完善的主观能动作用,从而达到科研育人的良好效果。

2. 遵循思想政治工作规律、遵循教育规律、遵循学生成长规律

高校要遵循思想政治工作规律、遵循教书育人规律、遵循学生成长规律,提高工作能力和水平。高校学生在校的学习和成长是一个循序渐进的过程,不管是在思想认识、知识水平还是人格心智等方面都有着一定的发展成长规律,所以,对于他们的教育不能一成不变也不能跨阶段冒进。高校学生"1+3"科研实践育人模式结合受教育对象在不同学习阶段和不同学习层面所存在的现实情况和成长需求各不相同的特点,将大学学习期间整个培养提升体系分解为不同阶段、不同层面来进行,同时充分挖掘学院科研工作的育人要素,在课堂理论学习的基础上,围绕学生参与科研实践活动进行不同维度的培养提升训练。该科研实践育人模式将思想政治教育融入"助学""赋能"和"践行"的各个环节,是在遵循思想政治工作规律、遵循教书育人规律、遵循学生成长规律的原则下契合大学阶段创新人才培养的需求而设计和构建的。

3. 体现科研实践育人的针对性、阶段性和发展性

高校学生"1+3"科研实践育人模式涵盖学生整个大学期间的学习,从大一到大四针

对不同年级阶段的学生群体在思想认识、理论学习、实践技能和心理品质等方面设计具有较强针对性和阶段性的"助学""赋能"和践行"的系列培养提升训练，而每个阶段的培养提升训练又具有承前启后的发展性作用，注重点向面的推进、知识向实践的转化，满足学生"知情意行"动态发展的需要，体现科研实践育人的动态发展特征，是对科学发展观的一种实践与运用。

（二）育人模式构建框架

高校学生"1+3"科研实践育人模式紧扣学生所学专业，同时结合导师制的教育管理方式，在大学学习阶段有针对性、阶段性和系统性地对学生进行思想认识、创新思维、科研能力、自主学习能力等的培养和提升，能够有力促进高校创新型人才的培养，发挥科研育人的作用。

1. "融思"方面的设计与构建

"融思"作为"1+3"科研实践育人培养提升模式中的"1"，体现的是从始至终贯穿于学生学习期间的思想政治教育这条主线。正如前面提到的，高校育人工作不管是十大育人体系中的任何一种，都涵盖了思想政治教育层面的教育内容。高校培养的创新型人才是为我国社会主义现代化建设奉献的高素质人才，因此，对于学生的培养教育必须始终坚持"育人为本""德育为先"的原则。通过在科研实践活动中对学生学术道德、科学精神、价值取向等的塑造和完善，帮助他们形成正确的世界观、人生观和价值观，提升学生的综合素养。

2. "助学"阶段的设计与构建

"助学"作为"1+3"科研实践育人培养提升模式"3"阶段中的第一个阶段，主要面向大一年级的学生，在课堂学习的基础上，通过入学教育专业导论介绍、参观学院实验室、参与学科论坛讲座等，在帮助学生适应大学学习的同时，使学生进一步全面深入地了解本专业的相关情况，加深对专业的认同和兴趣，激发学生学习掌握科学知识、敢于探索创新的内生动力，由"要我学"向"我要学"主动转变。通过大一阶段对学生在思想认识、心理构建等方面的教育和指导，帮助学生做好顺利完成后续学习的充分准备。

3. "赋能"阶段的设计与构建

"赋能"作为承接"助学"和开启"践行"两个阶段中间的培养提升模块，主要通过科技文献检索、科研实验技能培训、科研学术论文撰写等几个主题的培训和锻炼，为学生营造积极参与科研活动良好氛围的同时，鼓励他们在整合所学理论知识的基础上利用学校学院开放实验室的资源，在培训学习的过程中习得能够进行相应科技创新实验的研究能力，为今后的工作和再学习赋能。

4. "践行"阶段的设计与构建

经过"助学"和"赋能"两个阶段的学习提升，在大二阶段为每个学生配备的导师，引领学生进入导师科研团队和实验室进行科研实践活动。如学校组织开展的大学生创新创业项目、学生课外科技创新基金课题、提高经济困难学生综合能力项目等，由学生自行组队并主动进行申报，由导师作为课题指导教师。在各项创新科研实践项目开展的过程中建立相应的管理制度和效果评价机制，促使学生在实验过程中将所学的理论知识进行梳理、整理和运用，达到科研实践育人的目的。

高校学生"1+3"科研实践育人培养提升模式在挖掘科研育人要素的同时，充分发挥科研育人的作用；进一步完善高校育人机制、提升育人质量的同时，为构建新形势下高校科研育人体系提供了更多的方案与思路。

第五节　科研团队—小组二元育人模式实践探索

创新是引领发展的第一动力，是建设现代化经济体系的战略支撑，在高等教育改革的背景下，培养学生的科研素质显得尤为重要。科研素质是科研精神和科研能力的综合体现。针对这种情况，科研团队探索出一种综合指导教师培养和科研团队培养的新型育人模式——科研团队—小组二元育人模式。二元育人模式是以自主管理的方式将整体的科研团队按科研方向分割为数个独立的科研小组，并设立课题负责人和管理组长。科研小组由指导老师把控大局，小组课题负责人和管理组长共同负责科研小组的运行维稳。

一、教学改革实践与探索——二元育人模式

科研团队采用"团队——小组"的二元育人模式，以自主管理的方式将团队分割为数个独立的科研小组。指导教师负责对学生进行专业性的指导，由传统的科研主导者转变为指导者，科研项目的选择，科研工作的开展及进程，以学生为主体，充分调动学生的内驱力。使学生对科研有一个直观、丰富的理性认知。该模式基本实现了以学生为主体的科研活动的自主运行。让学生以第一身份去亲历科研活动，对培养具有科研素质和创新能力的人才具有重要意义。以下将从科研团队和科研小组两方面进行介绍。

（一）科研团队——初步培养科研素质

科研人员从事科学研究的态度、方法、习惯的形成可以追溯到大学阶段。从团队整体层面上出发，形成一套规范的、有序的、定位准确的制度是团队的机制保障。科研团队培养模式从纳新开始，以制作解剖标本为基础，加之定期的专题讲座、撰写文章等活动形成了一套相对完整的团队成员科研素质的培养制度。

1. 科研团队创新机制

为保障学生科研相对平稳的进行，团队成员的配比应与学生科研特点相适应，一套具

有目的性和计划性的纳新机制显得尤为重要。科研团队纳新分为递交简历－科研讲座－新生面试三个过程。在这三个过程中，科研团队和报名同学进行双向了解，从而筛选出具有自身特长且可与他人性格优劣互补的新成员。团队成员的专业界限相对模糊，以充分协调发挥各专业的优势，适应不同的科研课题。在后期科研小组的搭建时，便可根据科研课题从团队中选取相匹配的成员，在坚持学生共性的前提下，充分发掘其个性的潜力。

2. 科研团队活动及意义

科研团队为教学科研实践型课堂，通过开展实践活动、制作解剖标本、撰写变异报道和文献综述、组织专题讲座等培养学生团结协作意识，发挥主观能动性，提高实践能力，巩固理论知识，增强学生动手及思维能力、自学及观察能力，在日常活动中培养科研素质。

3. 科研团队的管理制度

科研团队由带教教师，组长，在组成员构成。组长各司其职，共同监督日常工作及各项规章制度的落实，如纪律制度、财务制度、后勤及卫生制度、英语角制度等，并负责科研团队重大活动策划、变异审核及新生技术考核等。设定科研团队章程，要求科研团队成员自觉遵守纪律，积极参加各项活动，认真完成各项任务。

4. 科研素质的培养与建立

团队层面以培养学生的科研素质为最终目标。科研精神和科研能力是科研素质的主要内涵，从这两方面对团队成员进行有目的、有计划的科研训练，为后续工作的开展打下坚实的基础。指导教师定期对科研团队进行科研讲座，内容涉及文献检索、问卷的制作、科研文章的撰写等，训练学生的科研思维，使其具备初步的科研能力。同时，创新并形成了团队的早会制度，周六定时由指导教师分享多年科研感悟，为团队营造出一种隐性的科研文化氛围，使人文教育和科研精神渗透融合，从侧面影响学生，培养其严谨的科研精神。培养学生科研能力和科研精神，使其具备初步的科研素质，提高其对科研的认知基础，为进一步在小组中具体接触并开展科研活动做好有机衔接。

(二) 科研小组——科研素质进一步拔高的具体手段

将团队进行分割，成为数个独立的科研小组。小组是学生进行科研实践活动的基本单位，是学生内在动力的主要载体。学生相互协调，相互补缺，在具体的科研活动中培养其科研素质。

1. 连续性

即对科研项目的系统性与层次性的整体把握，是学生科研能力的深层次反映。科研项目的运行维稳，间接影响了科研的后期成果。目前我国各高校学生科研团队普遍存在着盲目性与随意性，无计划性和组织松散性等特点，使得项目往往半途而废。为保证项目的连续性,科研小组实行二维管理制度,在课题负责人之外另选出一名管理组长。课题负责人明确课题方向,进行有目的、有计划的科研建设。管理组长协调外界各项条件,处理各类突发状况,开展能动性建设。二维管理使科研小组最大精力可以投入到科研,使学生的科研创新能力发挥最大效益,是学生科研小组连续性的外在表现。

2. 革新性

学生科研小组应该是灵活的、动态的,能根据外部环境和内在需求及时的改革完善自我的组织。科研项目结束往往意味着小组的消失,制度的反馈、科研经验的累积等,由于与他组无交互关系,他组无从得知,不再对他组构成现实影响,造成时间和精力的浪费。点加团队科研小组有完整的工作资料储备系统,科研课题结束之时,各组将自己的工作资料进行分析、总结和共享。同时,团队对所有小组的资料进行优化整合,并依此对制度进行改革与完善,使之与学生科研更深入的结合,为今后科研课题的进行奠定基础,形成一个良性循环机制。适时的对自身制度进行变革,是学生科研小组自我革新性的具体内涵表现。

二、未来有待解决的问题

该模式依托于学生自主科研,规范化的对学生进行培养,从多维度拓展了学生的科研素质,在教学教育改革中具重要意义。然而,该模式仍然存在自身无法克服的问题,将从以下几方面进行说明。

(一)着力培养合格的学生科研团队专职教师

学生科研团队应有专门的指导教师,高校应在教导教师方面予以改革,报酬等方面予以支持,以吸引更多教师参与到建设教书育人的伟大事业中来。借助教师的理论水平和专业背景,对学生进行及时的指导,科学的调动学生内在动力,为学生自主科研提供重要保障。

(二)加强学生科研团队建设,提高团队名额的配置

高等人才保持终生学习的能力,已成为不可或缺的要求。对此,应主动地改革教学方式,将一线教学与学生科研团体相结合,理论课程教学作为学生科研团体的基础,学生科研团体的开展促进专业教育的延伸,二者相互促进并互相融合。学校应主动为学生科研活动的开展给予充足的物质保障,提升科研团队质量,使更多的学生从科研活动中受益。

第六节 "1+6式"科研育人模式建构与实践研究

在新时代创新型高素质人才培养背景下,地方高校科研育人工作需要创新思维,更新

育人理念,创新育人模式。以问题为导向,结合地方高校科研育人的实践,创建"1+6式"科研育人新模式,探索地方高校科研育人新机制。

深入挖掘科研育人的要素,不断创新科研育人的模式和机制,充分发挥科研育人的功能是地方高校科学构建"三全育人"系统工程的基本要求和重要内容。本文结合地方高校科研育人的实践,创建"1+6式"科研育人新模式,探索地方高校科研育人新机制。

探索一种既符合新时代高校育人规律,又可落地见效的新型科研育人模式是摆在地方高校面前的重要任务。地方高校经过长期探索,创造性地开发出"1+6式"科研育人模式,其育人机制及模式建构可分为以下几个方面。

一、育人机制

"1+6式"科研育人模式中的"1"为学生,"6"为育人维度,即科研育人以学生为主体,着力从科技讲习、课程科研、科研导师、科研平台、科技活动、科技交流等六个维度建构科研育人体系。这一育人体系结合地方高校的办学定位、人才培养目标,根据地方高校的科研基础条件、学生实际及育人环境,坚持问题导向,通过科技讲习、课程科研、科研导师、科研平台、科技活动、科技交流等六个维度的有效教育,建立立体式、多途径的科研育人协同机制,让学生在参与科研过程、使用科研方法、运用科研结果中培养他们的科学精神、科研理想、学术道德、科研作风、科研能力。

二、育人模式

(一)建构原则

1. 坚持以学生为主体的原则

"1+6式"科研育人模式坚持学生的主体性原则,以"1"为中心,"6"始终围绕"1"推进,在育人实践中关注学生自身发展的内在需求。以激发学生的能动性、自主性、创造性为出发点建构科研育人体系,在具体的育人过程中打通学校与社会的交往壁垒,将学生的个体需求与社会需求结合起来,注重对学生主体性的培养,实现个体价值与社会价值的和谐统一。在育人方法上以主体间性教法为主,着重激发学生内在的科研兴趣,开发学生的开放性思维,鼓励跨学科探究合作,形成学习共同体并学会自我教育,最终提升学生的实践能力。

2. 坚持知识、能力、情意"三维目标"协同发展的原则

教育的基本目标主要体现在三个维度:知识目标、能力目标和情意目标(情感态度价值观)。知识、能力、价值观就像一个立方体的长、宽、高一样。首先,统一指向人的发展。其次人的发展又是'三维目标'的整合,缺少任一维度,都会使发展受损。知识、能

力、情意目标是教育中缺一不可的三个目标维度，必须协同发展。"1+6式"科研育人模式坚持知识、能力、情意"三维目标"协同发展的原则，让学生在获取科研基础理论知识、掌握科研技能的同时激发其科研的内源性动力、强化其科技伦理、培养其科学精神并树立正确的价值观。

3. 坚持育人的发展性原则

"1+6式"科研育人模式是科学发展观的一种实践应用。这种模式在育人过程中注重发展导向，指向学生动态的精神世界，强调学生的自我建构，注重知识向实践的转化，具有鲜明的动态发展特征。在这种模式中，育人主客体的关系不是固定不变的，也不是单向度的"受"或"授"，而是在互动生成中形成一种交往关系，在交往关系中自主建构知识体系、形成能力、培养情意。这就决定了1+6式"科研育人必须是全过程育人，育人的每个环节都不可忽视，都是达成育人目标的必经过程。只有每个环节环环相扣、相互作用、相互生成，才能实现育人目标。

4. 坚持育人的整体性原则

"1+6式"科研育人模式因其系统多样的育人内容和动态发展的育人过程使育人环境变得多面而复杂，需要学校科研、教学、学生、宣传、后勤等管理部门及二级学院的参与才能顺利实施。因此这一育人模式需要全校整体联动，协同配合，形成全方位育人的校园环境才能达成育人目的。

（二）建构模式

"1+6式"科研育人模式以"科技讲习"为阵地牢固科研知识、强化科技伦理、培养科学精神、达成科研育人的情意目标和知识目标。利用"课堂科研"培养学生科研行为习惯的养成，训练学生的自主学习能力和科学探究能力。在"科研导师"的知识传授和专业引领下，以科研项目为载体，通过开放性的科研平台进行科研专业技能训练，积累专业基础理论知识、培养专业能力。以科技竞赛等科技活动为形式进行训练，提高学生的实践能力。以科技交流为桥梁促进科研成果转化，实现知识与能力的实践转向。

1. "科技讲习"维度

"1+6式"科研育人中的"科技讲习"维度是科研育人体系的起点，这一维度主要突出育人的情意目标和知识目标，侧重于培养学生的科技伦理、科学精神、学术道德，使学生掌握科学知识和科技前沿。因此，在讲习内容的设计上主要有"科学发展史讲座""科技名人档案""科技先声"等专题，使学生通过聆听各种专题的科技讲习掌握科学知识并内生科技创新的兴趣与动力，培养其树立正确的科学价值观。

2. "课程科研"维度

"课程科研"育人维度的建构意在通过各门课程的学习来培养学生的自主学习能力和

探索能力，育人形式主要有"研讨式教学""翻转课程""寓研于教"等。"研讨式教学""翻转课程"是要求各科任教师在日常教学中采用研讨式和翻转课堂的教学方式进行教学，在课堂上围绕教学重点和难点科学设计教学问题，以问题引导学生进行课堂研讨、课后探究，充分发挥学生的主体性，促使学生通过研讨问题、探究培养、提升自主学习能力和探索能力。"寓研于教"则要求科任教师将与课程相关的科研成果融入课程教学内容中，通过教研结合激发学生的科研热情、培养学生的探索能力。"课程科研"维度使所有科任教师参与到科研育人队伍中，使所有学生都能通过日常课程学习训练科研能力。

3. "科研导师"维度

通过为每个学生配置科研导师，在科研导师的引领下掌握科研知识，进行科研能力训练，培养学生调研、实验、文献检索、综合分析等科研技能。通过参与导师主持的"科研项目"进行科学研究的实战操作，在具体的科研实践中培养学生的科研能力。并在每周固定时间的"教授接待日"让学生与教授进行零距离交流，从而拓展学生的研究视域，为学生解决在科学研究中遇到的各种疑难问题，包括跨学科问题。

4. "科研平台"维度

意在让大学生参与诸如企业孵化器、大学生科技园（创业基地）、各级各类开放实验室等科研平台建设，在科研平台建设中训练科研合作能力和研发能力。地方高校都有各级各类开放实验室，大学生可根据研究需求充分利用开放实验室进行科学研究，通过总结科研方法、训练操作技能提高科研能力。

5. "科技活动"维度

通过开展大学生"科技竞赛""科技展"等科技活动成为地方高校的"第二课堂"，以此培养大学生的科技创新意识和创新能力。大学生活动的参与人员涉及国家级、省级和学校各部门的组织者，以及学生、指导教师、评审专家等，充分体现了以学生为主体的"全员、全方位、全过程"的"三全"育人内涵。"科技竞赛""科技展"等科技活动可以激发和鼓励大学生养成大胆探索、质疑问题、攻克难题、勇于展现自我创意的科学精神和创新能力。

6. "科技交流"维度

"科技交流"育人维度意在为大学生的科技成果转化搭建与企业、市场的信息沟通平台，从而激发大学生的科技成果转化热情，增强大学生的科技成果转化能力。

在新时代创新型高素质人才培养背景下，地方高校需要创新思维，更新育人理念，创新育人模式。"1+6式"科研育人模式充分体现了地方高校"全员育人、全过程育人、全方位育人"的"三全"育人要求，以鲜明的学生主体特征建构完整的育人体系，充分发挥了科研育人的功能，为地方高校提供了一种新型科研育人理念和方案。

参考文献

[1] 周建松. 高等职业教育高质量发展研究［M］. 杭州：浙江大学出版社，2020. 10.

[2] 董尚兵. 高等职业教育数学基础课程教材高等数学［M］. 上海：同济大学出版社，2020. 12.

[3] 刘建林. 高等职业教育现代学徒制探索与实践［M］. 西安：西安电子科学技术大学出版社，2020. 08.

[4] 刘建林，朱晓渭. 陕西高等职业教育改革创新实践研究［M］. 北京：北京理工大学出版社，2020. 09.

[5] 彭薇. 区域高等职业教育国际化理论与实践研究［M］. 长春：吉林大学出版社，2020. 11.

[6] 周建松，陈正江. 中国特色高等职业教育发展道路探索与研究［M］. 杭州：浙江工商大学出版社，2020. 11.

[7] 李子云. 中国高等职业教育国际化［M］. 北京：北京工业大学出版社，2019. 04.

[8] 周建松. 高等职业教育优质学校建设综论［M］. 杭州：浙江工商大学出版社，2019. 01.

[9] 曹勇. 高等职业教育课程发展性评价研究［M］. 沈阳：东北大学出版社，2019. 08.

[10] 张天华，李家元. 高等职业教育"十三五"规划教材计算机专业英语［M］. 成都：西南交通大学出版社，2019. 08.

[11] 滕跃民. 新时代出版印刷高等职业教育教学研究与实践［M］. 上海：上海三联书店，2019. 06.

[12] 任旭东，马国建. 新时代高校科研育人理论与实践［M］. 镇江：江苏大学出版社，2021. 05.

[13] 都宏霞. 高职院校科研育人体系的构建研究［J］. 云南化工，2022（6）：116－118.

[14] 戴圣海，刘省红. 高职院校科研育人实施路径探究［J］. 教师，2022（2）：12－14.

[15] 张尤波. 高职院校科研育人的发展路径探讨［J］. 科教导刊（电子版），2021（31）：72－73.

[16] 余燕. 高职院校科研育人特色形成策略［J］. 昆明冶金高等专科学校学报，2021（4）：99－104.

［17］刘红梅，刘峰源，丁咚．高职园艺专业科研育人实践研究［J］．安徽农学通报，2021（20）：170－172．

［18］韩慧仙，刘彤，颜克伦．高职院校科研育人的内涵研究［J］．大学，2020（41）：101－103．

［19］范昊雯，胡冬艳．高职院校科研育人的发展路径［J］．江西电力职业技术学院学报，2020（8）：81－82．

［20］韩慧仙，曹显利．高职院校科研育人保障体系的构建研究［J］．辽宁高职学报，2022（6）：86－89．

［21］廖力．高职院校科研平台育人存在的问题及对策探赜［J］．成才之路，2022（17）：10－12．

［22］廖力．高职院校科技创新平台科研育人机制研究［J］．辽宁经济职业技术学院辽宁经济管理干部学院学报，2022（1）：34－36．

［23］曾朝锋，钟焱．医卫类高职院校科研育人路径的思考与对策［J］．卫生职业教育，2022（2）：1－3．

［24］朱婷婷．高职院校开展科研育人的思考［J］．文教资料，2019（15）：115－116．

［25］王澜瑾．高职院校科研育人实施路径的探索与研究［J］．魅力中国，2021（39）：279－280．

［26］李登昌．新时期高职院校科研育人现状、问题及路径研究［J］．农村经济与科技，2021（24）：315－317．

［27］李自强．高职院校工科专业科研育人存在的问题探析［J］．农机使用与维修，2021（12）：103－104．

［28］刘省红，戴圣海．"三全育人"背景下的高职院校科研育人策略探究［J］．丝路视野，2021（11）：68－69．

［29］杜倩，潘成菊．"三全育人"视阈下高职院校科研育人创新路径探究［J］．黑龙江科学，2021（21）：18－19．

［30］龚绍波．新时代高职院校科研育人路径研究［J］．智库时代，2020（18）：100－102．

［31］陶东波，唐秀永．基于导师制的高职院校科研育人模式的实践［J］．智库时代，2020（37）：129－130．

［32］陈志菲．新时代高职院校科研育人体系的构建思路［J］．南方职业教育学刊，2020（5）：13－17．

［33］韩慧仙．高职院校科研育人实施路径的探索与研究［J］．辽宁高职学报，2020

(11):97-100.

[34] 胡冬艳.基于创新能力培养的高职院校科研育人实现路径[J].现代职业教育,2020(52):42-43.

[35] 陶东波,刘小艳,唐秀永.关于高职院校科研育人模式的构建研究[J].时代教育(下),2020(12):131,133.

[36] 张本均.PDCA循环理论视角下高职科研管理育人实效提升策略探析[J].智库时代,2021(41):91-93.

[37] 刘彤,韩慧仙,颜克伦.高职"研究型"育人模式探索与实践[J].中国多媒体与网络教学学报(中旬刊),2022(2):69-72.